RCEP
制造业贸易网络结构及动态演化机制研究

朱妮娜 著

中国经济出版社
CHINA ECONOMIC PUBLISHING HOUSE
·北 京·

图书在版编目（CIP）数据

RCEP制造业贸易网络结构及动态演化机制研究／朱妮娜著．--北京：中国经济出版社，2022.11
ISBN 978-7-5136-7145-3

Ⅰ.①R… Ⅱ.①朱… Ⅲ.①制造工业-对外贸易-研究-中国 Ⅳ.①F426.4

中国版本图书馆CIP数据核字（2022）第205292号

策划编辑　燕丽丽
责任编辑　赵嘉敏
责任印制　马小宾
封面设计　任燕飞

出版发行　中国经济出版社
印 刷 者　北京富泰印刷有限责任公司
经 销 者　各地新华书店
开　　本　710mm×1000mm　1/16
印　　张　14.75
字　　数　230千字
版　　次　2022年11月第1版
印　　次　2022年11月第1次
定　　价　88.00元
广告经营许可证　京西工商广字第8179号

中国经济出版社　**网址** www.economyph.com　**社址** 北京市东城区安定门外大街58号　**邮编** 100011
本版图书如存在印装质量问题，请与本社销售中心联系调换（联系电话：010-57512564）

前言 Preface

2020年伊始，新冠肺炎疫情全面暴发并在全球范围内迅速蔓延。各国为遏制疫情纷纷采取暂时性边境封锁政策，全球供应链几乎中断，国际贸易遭受重创。在此背景下，国内外经济环境发生重大变化。2020年4月，习近平总书记在中央财经委员会第七次会议上提出“构建以国内大循环为主体、国内国际双循环相互促进的新发展格局”。2020年10月，党的十九届五中全会通过的《中共中央关于制定国民经济和社会发展第十四个五年规划和二〇三五年远景目标的建议》提出，要加快构建以国内大循环为主体、国内国际双循环相互促进的新发展格局。由此，构建基于“双循环”的新发展格局成为党中央在国内外环境发生显著变化的大背景下，推动我国开放型经济向更高层次发展的重大战略部署。

基于此，第四次“区域全面经济伙伴关系协定”（Regional Comprehensive Economic Partnership，RCEP）领导人会议于2020年11月15日举行，东盟10国、中国、日本、韩国、澳大利亚、新西兰共15个国家正式签署协定。2021年3月，我国正式宣布完成《区域全面经济伙伴关系协定》国内核准程序，成为率先批准该协定的国家。同年11月，澳大利亚和新西兰相继完成RCEP的国内核准程序。2022年1月1日，RCEP正式生效。RCEP将为我国有效利用国内国际两个市场、构建互利共享经贸合作关系提供有力支撑，也将成为中国在全球价值链重构的历史机遇中实现由制造大国向制造强国转型的重要平台。在全球贸易保护主义抬头和新冠肺炎疫情肆虐的背景下，RCEP为全球经济注射了一剂强心针。作为全球最大的自由贸易区，RCEP 早在谈判之际就引发了国内外学者的广泛关注。

本书以复杂网络理论为基础，在宏观、中观及微观视角下构建 RCEP 制造业贸易网络，结合网络特征指标对网络结构进行全面刻画与描述。在此基础上，本书以探究 RCEP 生效后的关税减让政策给各成员国制造业贸易带来的影响为主要目标，尝试在复杂网络框架内定量分析贸易关税政策的冲击效果并进行动态预测，进而探讨 RCEP 制造业贸易网络的动态发展趋势以及该网络在动态演变进程中形成的内在机制。

本书通过对 GTAP 模型的动态递归拓展，形成 RCEP 生效后的关税减让基线模型，利用逐年减税数据对相应年份的基线模型进行冲击，以形成减税冲击模型，并在此基础上将模型产出的贸易变动插入UN Comtrade 数据库，形成两个场景下的 HS 六位编码贸易预测数据，最终使用产出数据构建 RCEP 制造业贸易网络。考虑到预测研究对时间跨度的要求，本书构建了两个场景下的制造业贸易网络，以及机械器具及零件（HS84）、电机和电气产品（HS85）、车辆及其零附件（HS87）三类商品的贸易网络。基于此，本书对 RCEP 制造业贸易网络的平均聚集系数、互惠性、传递性、平均最短路径等网络特征指标以及接近中心度、限制度、网页排名、集聚中心度等节点指标进行测算，并创建平均净效应指标来分析网络动态发展趋势。最后，本书基于指数随机图模型（ERGM）以及可分离时态指数随机图模型（STERGM）进行网络实证研究。

相比已有研究，本书有以下几点创新：第一，本书构建了一个国际贸易政策评估的新视角，将一般均衡模型分析引入复杂网络理论框架，以此研究贸易政策变动导致的影响并进行预测；通过动态递归方法更新模型，赋予其时间维度，保证 RCEP 关税政策变化时间节点与政策冲击下各国宏观经济条件变化时间节点一致，由此确保模型的科学性；通过 GTAP 模型拓展产生 RCEP 生效前后的两期 HS 六位编码贸易预测数据，并将该预测序列插入 UN Comtrade 数据库，产生同等规格的双场景预测数据，为本书研究RCEP的净效应提供保证。第二，本书提出了构建高信息容量的二值贸易网络的新方法，采用高精度GTAP建模方案，对GTAP模型中的国家及生产部门进行非聚类处理，充分保留模型细节，避免由于过分聚类带来的数据失真。书中采用高步数自动精度的W. B. Gragg解法对模型进行求解，避免线性化误差，使结果具有统计意义上的高精度。第三，本书为贸易网络的随机指数图族模型中的变量赋予了更为精确的经济学含义。在构建无权重有向贸易复杂网络时，采用高阶网络互惠性、网络等级等统计量来抓取网络动态演化趋势特征。

通过研究，本书得出以下几点重要结论：

第一，中国、日本、新加坡、泰国在各类制造业贸易网络中属于核心节点，缅甸、柬埔寨、老挝、文莱和新西兰在各类制造业网络中基本属于边缘节点，其他RCEP成员国为中间节点。RCEP签署后，贸易网络的结构并未发生大幅度改变，网络中各国的度数中心度、接近中心度、关联度和网密度整体上升，而中间中心度则升降不一。

第二，由RCEP带来的关税政策冲击净效应将使区域内各国制造业贸易联系更加紧密，各国向网络中心靠近，区域一体化程度进一步加深。对机械、电子设备制造业贸易网络而言，成员国之间的贸易联系表现为逐渐松散的动态演变趋势，网络特征逐渐由中心化向去中心化发展，贸易自由化程度增强。汽车制造业贸易网络的发展趋势则相反，成员国间贸易联系的紧密性不断加强，并且在区域内部出现不同程度的“小集团化”发展趋势。

第三，从RCEP制造业贸易网络动态演化机制来看，RCEP的生效将弱化贸易集团化潜力对HS84、HS85、HS87三类商品贸易关系的建立及维持的影响。RCEP区域内HS87商品贸易的等级效应潜力有所上升；HS85商品贸易的等级效应潜力将在RCEP生效前中期波动上升、中后期波动下降，而总体制造业的等级效应变化趋势与之相反；HS84商品贸易的等级效应潜力将波动下降。

第四，RCEP区域内HS87商品的贸易互惠性将在RCEP生效后有所上升，而 HS84 商品及 HS85 商品的贸易互惠性将在 RCEP 生效后有所下降。RCEP 制造业贸易互惠性将在 RCEP 生效的前期、中期下降，在后期上升；RCEP 框架下的关税减让条款会对总体制造业以及 HS84、HS85、HS87 行业的贸易互惠性产生正向净效应。对于区域贸易互补性而言，HS84、HS87 及总体制造业贸易的互补性将有所提高，而 HS85 商品贸易的互补性则无明显变化。

本书撰写过程中涉及大量辅助研究工作。星火基金课题组成员贡坤瑶、黄思益、吕力行三位同学在“RCEP 货物贸易网络构建及动态演变机制”课题的立项和研究中做了大量的文献梳理、数据整合以及计算机建模等工作，为本书的撰写提供了大量素材。贡坤瑶、汪予晴两位同学负责文献梳理和 RCEP 区域制造业贸易现状的资料整合以及本书第 2、第 3 章的撰写工作；吕力行同学负责整理并计算贸易网络指标以及本书第 4 章贸易网络结构特征的撰写工作；黄思益同学负责网络模型构建、模型算法建立、计算机图形生成、数据处理以及本书第 5、第 6、第 7 章的撰写工作；孙佳琪同学负责本书第 8 章总结及对策建议部分的撰写工作。

目录 Contents

第1章　绪论

1.1　研究背景及意义

1.1.1　研究背景

自2018年美国单方面宣布对我国出口产品加征额外关税以来，两国针对彼此多种商品相互提高关税水平，并限制两国企业在各国境内的投资准入，中美贸易摩擦不断升级。此后，美国又在全球范围内对多国挑起贸易争端，这也意味着贸易保护主义在世界范围内再次兴起，至此其他各国都或多或少开始对本国进口产品加征关税或设置贸易壁垒，逆全球化浪潮再度兴起。2020年伊始，新冠肺炎疫情在全球范围内暴发，为有效遏制疫情扩散，各国对进口产品加强检疫，贸易保护主义在全球范围内进一步盛行。

然而，当今世界各国之间的分工越发明确，各国间经济与贸易联系更加紧密，经济全球化依旧是世界发展主流。反经济全球化的行为会导致各国苦心构建的全球供应链断裂，处于供应链下游或过多依赖供应链上国际分工的国家将会蒙受巨大经济损失，甚至有些国家的生产活动因此无法正常进行。贸易保护主义会导致各国之间的贸易往来受到阻碍，国内市场的商品多样性需求减少，无法满足消费者的生活需要，人民生活水平下降。因此，贸易保护主义和反经济全球化势必会给全球经济带来严重的负面影响。

近年来，一方面，中国重视自由贸易区（Free Trade Area）的建设，早在“十三五”国家规划期间就提出“要加快实施自由贸易区战略，推进《区域全面经济伙伴关系协定》谈判，推进亚太自由贸易区建设，致力于形成面向全球的高标准自由贸易区网络”，同时将自由贸易区的建设提升到国家战略层面；另一方面，国内外经济环境发生重大变化，为应对疫情冲击，习近平总书记在2020年4月中央财经委员会第七次会议上强调“要构建以国内大循环为主体、国内国际双循环相互促进的新发展格局”。

在此背景下，中国于2021年3月率先完成《区域全面经济伙伴关系协定》的核准程序，成为率先批准该协定的国家。随后通过多轮谈判，各国不断完善修订条款及规则，最终在2020年11月15日正式签订RCEP。RCEP是由发达国家和发展中国家共同组成的区域经贸合作组织，在追求共同利益的前提下，不仅能够促进各成员国的经济发展，还有助于削弱政治上的敌对关系，对亚太经济一体化和经济全球化的发展起到推动作用。

与此同时，RCEP生效将是我国有效利用国内、国际两个市场，构建互利共享经贸合作关系的世界平台，也将成为中国在全球价值链重构的历史机遇中实现由制造大国向制造强国转型的第一交会圈。因此，研究并分析RCEP制造业贸易特征，探究各成员国在RCEP制造业贸易网络中的地位及影响力，并在此基础上对RCEP生效给各国带来的经济净效应做出分析和预测具有重要意义。

1.1.2 研究意义

1. 理论意义

国际贸易的本质是网络，任何两国间的贸易关系均受到网络中其他国家的影响（De Benedictis et al.，2014）。De Benedictis 和 Tajoli（2011）称网络分析将是传统国际贸易研究的重要补充和完善。贸易网络研究已成为经济学领域的研究热点和前沿领域（Zhou et al.，2016）。最初与贸易网络相关的研究主要是对贸易网络整体特征、节点网络特征以及网络的整体演变趋势等问题展开探索。Serrano 和 Boguñá（2003）首先将复杂网络方法应用到国际贸易领域，随后 Garlaschelli 和 Loffredo（2004，2005）、Garlaschelli 等（2007）、Cepeda－López 等（2019）、Serrano 和 Boguná（2003）及 Fagiolo（2010）等对贸易网络的度分布（Degree Distribution）、无标度分布（Scale－free Degree Distribution）、网络聚类（Clustering）及互惠性（Reciprocity）等网络拓扑特征展开研究。基于前期的网络拓扑特征研究成果，Blázquez 等（2020）、Nguyen 等（2016）、Reyes 等（2008）、Fagiolo 等（2009，2010）以及 De Benedictis 和 Tajoli（2011）等又将度中心度（Degree Centrality）、接近中心度（Closeness Centrality）、介度中心度（Betweenness Centrality）等复杂网络节点统计量引入国际贸易网络研究，用于刻画各国在贸易网络中的地位和贸易模式。该研究方法为研究整体贸易网络与网络中节点的特征提供了新思路，但此类方法并不能有效捕捉贸易网络的动态变化趋势。本书借助网络“互惠性统计量”等分析工具，研究区域贸易互惠性的演化方向，同时通过生成制造业贸易网络的“出度分布演化”趋势图，有效抓取 RCEP 制造业贸易互补性的动态演化趋势。

随后，国内外学者就如何通过贸易网络局部特征反映贸易模式这一问题展开研究。Milo 等（2002）较早提出了描述网络局部结构特征的分析工具，即“模体”（Motif），用以表明网络中反复出现相互作用的基本子网络模式。这一分析工具为描述贸易网络局部特征，以及通过局部特征判断贸易模式提供了可能。在 Milo 等的启发下，Guan 等（2020）对国际光伏贸易网络的模体结构展开研究，探索功能性贸易模式对国际光伏贸易网络演化的影响。Squartini 和 Garlaschelli（2012）在构建的世界贸易网络中应用模体工具进行分析，并得出结论：模体可以很好地被“网络出度、入度”以及“互惠性”特征所解释。Y. Liu 等（2019）也借助“网络模体”分析了价格波动在国际钢铁市场中产生的影响。目前对局部贸易模式的研究大多数局限于通过单个特定模体的统计量在时间维度的变化来解释某一特定贸易模式的显著性在时间维度的变化。为了更加精准地描述贸易网络演化进程，为政策决策提供丰富精准的信息，本书提出“多模体联合分析方法”，即通过分析特定模体在演化过程中转化为哪些其他模体，进而分析多种贸易模式在时间维度上的动态演变过程。

目前，对贸易网络的前沿研究主要集中在贸易网络的形成与动态演变的内在机制上，即贸易网络内部的依赖及交互关系。研究成果的重要性正如 Ward 等（2013）所强调的：“双边贸易必然嵌入在复杂的国际贸易网络中，其复杂的交互和依赖模式最终构成了贸易网络本身的结构特征。”此类研究大多基于指数随机图模型（ERGM）的分析。Holland 和 Leinhardt（1981）提出的二元独立模型以及 Frank 和 Strauss（1986）都将马尔可夫依赖性假设引入模型，Snijders 等（2006）对此做出拓展性研究，将新的依赖性模型命名为 p^* 模型，该模型是目前多数学者使用的指数随机图模型（ERGM）。ERGM 首先强调贸易网络中的结构依赖，即一条边（贸易关系）出现的概率与其他贸易关系是否出现存在相关关系，从而有效克服个体独立性假设，同时除了传统的外生协变量以外，还允许验证关于内生性结构依赖的精确假设（Desmarais & Cranmer，2017）。在此基础上，Hanneke 等（2010）提出了基于离散时间网络数据的时态指数随机图模型（TERGM），其优势在于考虑到网络数据的时间依赖特征，适用于动态网络的观测研究（Leifeld et al.，2018）。Krivitsky 和 Handcock（2014）进一步分解了 TERGM 模型，提出可分离的时态指数随机图模型（STERGM），将网络连边关系的变化分为新关系的生成和原有关系的消失两类情况，并验证 STERGM 相较于 TERGM 能更充分提取历史网络数据所包含的信息，模型参数的可解释性因此得到显著提升。该系列模型也逐渐应用到贸易网络研究领域。

本书基于 RCEP 制造业贸易网络的动态时间序列构建了可分离的时态指数随机图模型（STERGM），研究网络演化中新贸易关系建立以及旧贸易关系维持的内在机制。在建模过程中本书提出生成高信息容量二值贸易网络的新方法。由于传统的经验阈值或百分比阈值生成二值贸易网络序列方法会造成不同程度的网络序列信息失真，为减少信息失真，本书提出基于图编辑距离与平滑滤波器（Savitzky – Golay），通过最大化网络演化差异的方式生成二值贸易网络序列的新方法。在此基础上，本书将进一步讨论区域贸易互惠性、区域贸易集团化潜力、区域贸易等级效应潜力及区域贸易互补性对网络动态演化的推动机制。

回顾现有文献对贸易网络的研究，可以发现复杂网络的分析方法还未被应用于贸易政策评估的分析及预测研究。Patton 和 Sawicki（1993）提出政策分析框架中主要包含四个分析步骤：问题界定、评估标准的确认、备选方案的评估、备选方案的比较和结果的评估。本书构建了 RCEP 关税减让政策的分析与预测框架，将着重讨论贸易网络在政策评估标准的确认、备选方案的选择中的应用。一般情况下，贸易政策的试点成本较高，RCEP 涉及的关税减让细则更不存在试点的可能性，因此通过预测备选方案产生的结果并进行对比分析是必要且高效的。由随机网络统计研究得出的相关性及具体相关系数对政策选择的指导作用较弱，备选方案的比较代表在预测的基础上对因果推论的需求（Athey & Imbens，2017）。根据 Pearl（2018）对三层次因果推断的定义：对政策评估而言，至少需要“干预”（Intervention）层级的推断，即如果 RCEP 协定生效，各成员国达成关税减让承诺，那么贸易网络特征将如何变化、网络演化机制会如何演变。以上两个研究目标仅在复杂网络理论框架内是无法实现的，因此本书将一般均衡理论研究范式嵌入贸易网络框架，同时设计了高精度模型结构，可以基于真实的关税协定减让数据，通过动态递归方法实现包含时间维度的 GTAP 模型序列，以上过程可以满足对网络的动态预测需求。最后，基线模型与冲击模型结果的比较也将实现“干预（政策）”层级的因果推断。

2. 现实意义

RCEP 包含东盟 10 国、中国、日本、韩国、澳大利亚及新西兰共 15 个国家，其总人口接近 22.7 亿，区域贸易规模占全球贸易总规模的 30%，区域总产出也超过全球总产出的 30%，吸引全球 20% 左右的直接投资，是目前世界范围内最大的自由贸易区。统计结果显示，2019 年该区域覆盖了全球 29.4% 的 GDP、42.8% 的资本、38.2% 的 FDI 流出、35.5% 的劳动力及 24.4% 的双边贸易额。在全球贸易保护主义抬头和新冠疫情肆虐的背景下，RCEP 的签订为全球经济打了一剂强心针。RCEP 作为全球最大的自由贸易区，在世界范围内影响力之大足以说明对其进行研究具有重要的现实意义。

与此同时，RCEP区域内制造业商品贸易额占货物贸易总额的95.9%，区域内高端制造业、中端制造业、低端制造业双边贸易额分别占制造业贸易额的44.6%、43.1%及12.2%，这意味着RCEP区域内高端制造业及中端制造业具有较大发展潜力及研究价值。其中，HS84、HS85商品的双边贸易额分别占高端制造业贸易双边贸易额的28.1%及60.8%，HS87商品双边贸易额占中端制造业贸易双边贸易额的9.4%。这三类制造业具有较强的高端或中端制造业属性，同时在细分行业贸易额中也占有较高比重，故本书对RCEP制造业贸易网络及HS84、HS85、HS87行业贸易网络的研究具有较强的现实意义。

1.2 主要内容与结构安排

1.2.1 主要内容

本书以复杂网络理论为基础，在宏观、中观及微观视角下构建RCEP制造业贸易网络，结合网络特征指标对网络结构进行全面刻画与描述。本书以构建RCEP制造业贸易网络为基础，重点研究以下四类问题：

第一，RCEP生效后，关税减让承诺逐年实施，区域制造业贸易网络将向什么方向演化？

第二，RCEP生效对制造业贸易网络演化是否产生净效应？各成员国的净效应如何测度？

第三，RCEP生效后，制造业贸易网络的内在演化机制是什么？

第四，RCEP生效将对贸易网络的演化机制产生多大程度的经济净效应？是否具有可持续性？

为回答以上四类问题，本书对RCEP生效后关税减让周期内，中观、宏观视角下，由网络演化导致的贸易结构演变展开研究，对RCEP生效后成员国之间的双边制造业贸易情况进行预测，同时对比分析静态、动态视角下RCEP产生的政策变动净效应。

首先，本书以GTAP模型为基础，对其进行动态递归拓展，形成

RCEP 生效后的关税减让基线模型，利用逐年减税数据分别对相应年份的基线模型进行冲击以形成减税冲击模型，并在此基础上将模型产出贸易变动量插入 UN Comtrade 数据库，形成两个场景下的 HS 六位编码贸易预测数据，最终生成动态贸易网络数据。

其次，本书有效提取了贸易网络的演化特征。为提取 RCEP 制造业贸易网络的等级效应潜力以及集团化潜力演化趋势，本书对贸易网络中的 300、030T、210 及 021C 模体进行统计并计算各模体对应的“相对显著性”。为提取区域贸易互惠性特征，本书选取复杂网络研究中的网络总体互惠性来刻画网络互惠特征的演化；为提取区域贸易互补性演化趋势，本书对制造业贸易网络的出度分布演化进行可视化展示。

最后，本书重点研究并论证 RCEP 制造业贸易网络动态演化机制，主要通过对贸易网络时间序列构建 STERGM 模型来实现。STERGM 模型引入了网络的时间依赖效应框架，即通过引入“持续效应”（Persistence Effect）子模型及“形成效应”（Formation Effect）子模型研究网络演化中新贸易关系建立机制及旧贸易关系维持机制。在该框架下本书引入互惠边、几何加权的沿边共享伙伴分布、几何加权出度分布等网络内生结构效应变量，分别讨论区域贸易互惠性、区域贸易集团化潜力、区域贸易等级效应潜力及区域贸易互补性对网络动态演化的影响机制。与此同时，本书通过引入主效应入边、主效应出边、主效应双向边及同质性等网络主效应变量探究 FDI 流入、FDI 流出、研发、关税、商业自由度、财政自由度、金融自由度、知识产权、投资自由度、基础设施、GDP、专利申请、通货膨胀等国家属性对网络演化的推动机制。另外，本书通过引入外生网络变量讨论了国家间地理距离、是否签订服务贸易协定以及商品贸易协定、是否存在语言共享等国家关系因素对网络演化的推动作用。

1.2.2 结构安排

本书其他各章内容安排如下：

第 2 章主要对复杂网络理论基础进行介绍和梳理，基于此对复杂网络理论及区域贸易网络研究现状做文献梳理。主要内容包括：①复杂网络理论与复杂网络模型的提出；②基于“复杂网络模型”的贸易网络研究；③区域贸易网络的相关研究及文献梳理，对“一带一路”区域贸易网络的相关研究、ASEAN 与 RCEP 区域贸易网络研究以及 EU 与 NAFTA 区域贸易网络研究；④复杂网络结构的统计研究。

第 3 章重点介绍 RCEP 区域制造业贸易规模、发展现状及重要特征。主要内容包括：①贸易现状及特征，区域货物贸易总体规模，区域制造业贸易整体规模，区域制造业贸易分行业现状；②中国在 RCEP 区域价值链中的地位；③中国与 RCEP 成员国（地区）制造业贸易互补性分析。

第 4 章构建了 RCEP 制造业贸易网络并对网络结构特征进行分析。主要内容包括：①构建 RCEP 制造业贸易网络；②网络特征指标的选取及测算；③RCEP 制造业贸易网络结构特征分析。

第 5 章是基于动态递归 GTAP 模型的 RCEP 制造业贸易网络预测分析。主要内容包括：①GTAP 模型介绍；②GTAP 动态递归方案设计；③GTAP 模型构建与 GTAP 模拟结果分析；④ 基于 GTAP 模拟结果的 RCEP 货物贸易网络演变趋势分析。

第 6 章为“模体”视角下的 RCEP 制造业贸易网络特征分析。主要内容包括：①网络“模体”的概念及在贸易网络中的应用；②“模体”识别及测度；③基于“频次统计”方法的模体分析、基于“Z - Score 显著性检验”方法的模体分析，以及基于“Z - Score 相对显著性”统计方法的模体分析。

第 7 章为基于 ERGM 模型的 RCEP 制造业贸易网络演化机制研究。主要内容包括：①ERGM 研究方案设计及结果分析；②STERGM 研究方案设计及结果分析。

第 8 章为总结及展望。

1.3 研究方法

1.3.1 复杂网络分析法

本书的主要研究目标是分析 RCEP 制造业贸易网络结构特征以及探究

其动态演化机制。基于此，本书首先要基于复杂网络分析法构建RCEP制造业贸易网络，描绘出RCEP制造业贸易网络结构的拓扑特征，结合复杂网络理论中的“中心性”“关联性”等网络节点指标与网络结构指标对RCEP制造业贸易网络结构特征进行测算，从而全面、系统地展现出RCEP制造业贸易网络在宏观、中观、微观视角下的结构特征，并为网络动态演变机制研究做准备。

1.3.2 动态递归分析法

传统的静态GTAP模型只能模拟分析贸易政策前后两个均衡状态之间的差异，无法呈现出不同时间节点的政策冲击影响差异，尤其不能实现RCEP关税减让期内每期关税减让的真实冲击效果。RCEP的关税减让是一个不断持续的过程，静态模拟分析方法有其局限性。故本书选择在GTAP静态模型基础上，对其进行动态递归拓展，以此保证每期关税税率调整后，政策变化对各成员国的制造业及制造业贸易的真实影响。

1.3.3 网络结构统计分析法

传统的回归分析方法不能探究复杂贸易网络结构在动态演变进程中形成的内在机制，ERGM是研究网络结构的统计分析方法，主要通过模型估计、诊断、仿真、比较和改进等步骤不断对模型进行模拟和参数修正，进而检验网络外生因素与网络结构内生因素对网络动态演化是否具有显著促进或抑制作用。本书采用网络结构统计方法分别构建ERGM和STERGM，以此考察RCEP制造业贸易网络结构内部的交互与依赖关系，同时得出网络演化进程中具有显著影响的内生结构因素及网络外生因素。

1.3.4 比较分析法

本书首先对不同维度的RCEP制造业贸易网络进行对比分析：对宏观层面的RCEP制造业贸易网络，中观层面的高端、中端、低端制造业贸易网络以及微观层面的特定商品HS84、HS85、HS87贸易网络进行对比研究。其次，本书在网络动态演变趋势问题分析中，对基于网络特征值的动态趋势时间序列与基于网络特征值的经济净效应时间序列做对比分析。

1.4 创新点与不足之处

1.4.1 本书的主要创新之处

本书的主要创新之处体现在以下方面：

第一，本书尝试构建一个贸易政策评估研究的新框架。本书将动态递归一般均衡模型研究引入复杂网络理论框架内，由此分析贸易政策变动导致的网络结构演化以及在网络结构演变过程中由政策调整带来的冲击效应。为此，本书设计了具有高精度的模型结构，基于 RCEP 的真实关税减让数据，通过动态递归方法拓展包含时间维度的 GTAP 模型，并将基于该模型预测的双边贸易变动序列插入 UN Comtrade 数据库，产生同等规格的双场景预测贸易数据。该建模路径可以产生支持微观商品贸易网络研究要求的数据库，本书的研究对象即可覆盖宏观、中观、微观网络三个层面，在对制造业贸易网络的整体演化趋势进行研究的基础上，下沉到对微观商品 HS84、HS85、HS87 的商品贸易网络研究。该研究框架同时可以实现宏观经济影响因素的剥离，仅就政策冲击带来的净效应进行考察。本书并没有止步于 RCEP 生效后的水平变量预测研究，在剔除宏观经济影响后，实现了对 RCEP 净效应的有效提取。

第二，本书提出了一个生成高信息容量二值贸易网络的新方法。研究中摒弃了经验阈值生成二值贸易网络序列的方法，以避免由该方法处理后的网络序列信息失真。为解决该问题，本书提出基于图编辑距离与信号处理学科中的平滑滤波器，通过最大化网络演化差异方式生成二值贸易网络序列。

第三，本书设计并应用新的网络变量抓取贸易网络特征。在网络结构的局部特征分析中，本书创新性提出并设计“联合模体”变量，将 021C 与 030T 模体的联合相对显著性引入贸易网络结构，并赋予贸易等级效应潜力的经济学含义。“联合模体”可以有效抓取贸易子网络的特征以及网络动态演变机制。

第四，本书尝试拓展随机指数图族模型的传统研究路径。本书创新性地在贸易网络研究中引入新变量，在对 RCEP 制造业贸易网络结构演化及预测分析基础上，进一步探讨网络演化内在机制变动的原因及影响因素，并首次将几何加权沿边共享伙伴分布（Geometrically Weighted Non – edgewise Shared Partner Distribution）以及几何加权出度分布（Geometrically Weighted Out – degree Distribution）引入贸易网络随机指数图族模型进行建模，分别赋予其特定的贸易结构内涵，以此研究区域贸易集团化潜力、区域贸易等级效应潜力及区域贸易互补性在网络机制中的经济学意义。

1.4.2　本书的不足之处

本书的不足之处体现在以下方面：

第一，受微观数据限制，RCEP 各国间制造业贸易的微观数据较难获取，同时东盟 10 国内有些国家由于自身贸易规模相对较小，其制造业贸易相关数据缺失，建模过程中在时间序列数据上有些按年份排列的数据并不完整。由于一些数据的遗漏和缺失，研究结果存在一定程度的误差。最后，由于数据更新的局限，本书未能将新冠肺炎疫情对贸易网络的影响纳入研究范畴。

第二，本书贸易网络的构建基于国家间双边贸易数据，在微观的企业行为层面说服力不够。在未来的研究中，将采用“二模网络”构建方法，将微观层面的企业信息引入贸易网络，以贯穿宏观、中观、微观三个层面的纵向网络研究。

第三，受限于随机指数图族系列模型仅能对二值网络进行研究，本书在对贸易网络内在机理进行研究时，不得不通过贸易流量阈值将数据二元化，这会导致一定程度上的贸易特征丢失。

第 2 章　理论基础及区域贸易网络研究现状

2.1　复杂网络理论的提出与发展

2.1.1　复杂网络与复杂网络模型的提出

1. “复杂网络”的概念

“复杂网络”（Complex Network）这一概念最早可追溯到 18 世纪数学家欧拉提出的“七桥问题”。欧拉将陆地抽象为点，将连接陆地的桥梁抽象为边，点与连接点的边就组成了网络。目前国内外学者对“复杂网络”还没给出精确严格的定义，学者们广泛认为复杂网络是现实复杂系统的拓扑抽象表达，它具有与随机网络和规则网络不同的统计特征，并且网络构建过程的准确性受到现实复杂系统结构复杂性的影响，是具有自组织、自相似、小世界、无标度性质的网络。国内学者郭世泽、陆泽明（2012）提出：不同于规则网络和随机网络，复杂网络是一种具有独特统计学特征，基于大数据信息对现实世界中的网络现象和网络内部复杂特性进行诠释的新兴学科。谢逢洁（2020）则认为：现实世界网络一般都具有小世界特性和无标度特性，面对随机攻击和蓄意攻击表现出不同的鲁棒性、脆弱性，同时具有明显的社区结构特征，体现了真实复杂系统的层次和模块结构。

2. 复杂网络模型的提出

复杂网络模型的研究源于 Erdos – Renyi（1959）提出的随机图的算法

(On Random Graph)，即从节点图中选择等概率节点对，并以预设定的概率将它们连接起来。此后，国外学者 Watts 和 Strogatz（1998）提出了“小世界网络模型”（Small World Network），Barabási 和 Albert（1999）构建了“无标度网络模型”（Scale - free Network）。这两类复杂网络模型是早期最经典，也是应用范围最广的两类复杂网络模型，小世界与无标度网络模型的提出也引发了对复杂网络模型研究的热潮。此后，随着复杂网络理论研究不断深化，各类具有其他特征的网络也逐渐被发现，如 Amaral 等（2000）构建的“指数度分布模型”，大批学者开始将复杂网络理论应用到自然、生物、经济、政治、社会关系等领域，并构建相应的复杂网络模型用以探究不同网络内部的拓扑结构特性。

2.1.2　基于“复杂网络模型”的贸易网络研究

复杂网络分析方法由于能够对网络中存在的不同关系进行分析，故也被广泛应用于国际贸易研究领域。Serrano 和 Boguná（2003）开创性地将复杂网络方法应用于国际贸易领域，构建了世界贸易网络（World Trade Web，WTW）。该网络以国家为顶点，两国之间的进出口贸易关系为有向边，基于 UN Comtrade 双边贸易数据，构建了一个包含 179 个顶点、7510 条有向边的世界贸易网络，并在此基础上对复杂网络的无标度性、聚集系数、度相关性等拓扑特征进行识别。此后，国际经济与贸易领域的学者们开始将复杂网络模型应用于世界贸易网络的研究中。

1. 早期研究

早期的学者们构建世界贸易网络并对度分布、无标度性、群聚性、互惠性等拓扑特征进行度量，研究贸易网络的整体拓扑结构特征。Garlaschelli 和 Loffredo（2004）、Garlaschelli 和 Loffredo（2005）对网络拓扑特征进行分级，考察单独节点度、两个节点的联合度分布、三个节点间的聚集系数和网络等拓扑特征，以及互惠性等重要拓扑结构特征。他们分别构建了无向贸易网络用以探究网络静态结构特征，以及有向贸易网络用以探究随时间发展的网络动态演进过程。此后，一些学者开始研究贸易网络的拓扑结构特征动态演变规律（Li et al.，2003；Garlaschelli et al.，2007；段文奇等，2008）。

2. 国际贸易网络研究的进展

在早期研究基础上，国内外学者开始从网密度（Network Density）、中心度（Centrality）、核心—边缘结构（Core－periphery Structure），以及网络社团（Community）集群结构、板块结构（Block）等维度对贸易网络的整体和局部结构特征进行分析，并由此分析各国在贸易网络中的地位和贸易模式。

早在20世纪80年代，以Snyder和Kick（1979）为代表的学者基于“世界系统”和“依赖理论”，采用“块模型”的方法将网络中的节点（国家）划分为处于核心、半核心和外围的国家，以此分析贸易网络的结构特征。该方法拓展了贸易网络早期的研究思路，很多学者由此受到启发，开始对贸易网络中的社群结构、核心—边缘结构等展开研究（Tzekina et al.，2008；Kostoska et al.，2020）。

Fagiolo等（2009）、Reyes等（2008）通过构建同配型（Assortativity）、群聚性（Aggregation）、中心度（Degree Centrality）等指标将节点统计量引入网络研究中，用于分析各国在贸易网络中的地位和贸易模式，网络统计量的运用使贸易网络内部的节点特征分析成为可能。与此同时，部分学者也对这些网络统计指标在时间序列上的协同演化进程展开研究。

3. 国际贸易网络研究的微观视角

基于国际贸易网络的分析框架，一些学者开始尝试构建微观视角下的商品贸易网络，对不同商品或行业的网络做对比分析。构建产业贸易网络的相关研究主要集中在制造业，结合新的网络分析方法，如社团划分及其演化路径、中心位置及演变特征等，对制造业贸易网络结构进行分析。许和连等（2015）对全球高端制造业贸易网络的社团演化经历进行阶段划分，指出该网络先后经历了“发达国家主导”“亚太地区崛起”和“后金融危机”三个阶段。Blázquez等（2020）对制造业出口产品中包含的中间服务价值增值（Service Trade Value－added）构建网络并展开研究，得出结论：

中国、美国、德国三国位于核心地位，但该网络节点分布相对密集，故不符合传统的核心—边缘结构。

另有一些学者构建了国际原油贸易、国际电池贸易网络并考察其结构特征以及动态演化趋势，对网络内重要社群的演变进行分析，并得出国际原油网络整体分布较为分散，大多原油进口国家的贸易伙伴比较集中，国际原油贸易网络核心节点主要集中在美国、中国、日本等国际原油需求大国以及沙特阿拉伯、俄罗斯等原油生产大国的结论（孙晓蕾等，2012；刘建，2013；Zhong et al.，2014）。朱丽丽（2017）构建了三种锂矿产品国际贸易网络，研究发现三种锂矿产品由生产国和消费国分别构成了四边形、三角形和辐射状结构；中国、美国、德国三国处于网络核心地位并主导形成了各自的国家贸易社团。

与此同时，国内学者袁阳、胡求光（2019）对 2002 年、2015 年的 G20 国家文化产品贸易网络进行核心—半边缘—边缘结构对比，研究发现核心国家与边缘国家文化产品数量有所减少，而半边缘国家文化产品数量有所增加。刘敏、薛伟贤、赵璟（2021）对全球数字贸易进行网络研究，发现存在两大具有互补关系的板块：一个由美国、英国、印度等经济体组成，该板块对内对外都存在紧密互补关系；另一个板块由中国、加拿大、越南等经济体组成，该板块仅对外存在紧密互补关系。

2.2　区域贸易网络的相关研究

2.2.1　“一带一路”区域贸易网络

2013 年“一带一路”合作倡议签订。由于覆盖国家数量多、贸易总体规模占比高等特征，该倡议为学者们构建区域贸易网络提供了现实研究依据。早期研究集中在“区域整体”视角，构建“一带一路”沿线国家的货物贸易网络并对成员国与中国的双边货物贸易关系进行整体分析。以李敬（2017）、Chong 等（2019）为代表的一些学者运用复杂网络分析法总体揭示了中国与“一带一路”成员国之间的货物贸易关系及演化机制；其间部分学者也开始从产业视角构建“一带一路”商品贸易网络，例如“一带一路”电子产品、农产品与天然气贸易网络（姜文学、王妍，2020；马远、徐俐俐，2017；韩冬等，2020）。这些学者基于不同产品视角构建的贸易网络，探究了随着“一带一路”合作倡议不断深入推进，中国与沿线国家之间的贸易联系是否逐步增强。

此外，还有一些学者将复杂网络研究方法与中间品贸易的价值增值研究方法纳入统一研究框架。国内学者王博、陈诺和林桂军（2019），程中海和屠颜颖（2020）等较早开始了这一尝试，通过构建“一带一路”制造业增加值贸易网络探究其结构特征与影响因素；鞠姗（2021）构建了“一带一路”增加值贸易网络并探究网络演化的内在博弈过程。

在此基础上，学者们开始关注“一带一路”贸易网络的局部结构特征，主要应用了网络“块模型”分析方法、网络核心—边缘结构、网络结构社区检测以及网络模体等方法。部分国内学者以“一带一路”贸易网络的中心性指标为基础对网络组团结构和板块进行分析，探究网络内部贸易组团特征和各国在网络中的位置，研究结果表明，“一带一路”贸易网络呈现核心—半边缘—边缘的结构特征，经济相对发达的国家位于网络中心位置，中国在该网络中的地位不断攀升（邹嘉龄、刘卫东，2016；赵景瑞、孙慧，2019；杨丽梅、翟婧帆，2019；龚炯、李银珠，2021）。张明倩、芦宇航（2020）在对“一带一路”跨国“专利合作网络”进行“模体”分析的基础上，对中国扮演的角色进行定位，研究发现“一带一路”沿线国家的专利合作呈现出由少数国家主导型合作向分布式合作转变的特征，我国在专利合作活动中发挥了主导作用。王佩玉、魏冶、高鑫（2021）采用社团检验方法探究“一带一路”沿线国家的商品贸易网络社团内部的经济收敛现象。王妍、路兰（2021）不仅对“一带一路”贸易网络“模体”进行识别，还创新性地对网络中重要节点和三元模体进行中断模拟，研究结果发现“模体”失效比国家节点失效对网络结构韧性的影响更大，且由中国、土耳其和俄罗斯组成的三元子网络对贸易网络结构韧性具有最显著的影响。

另有一些学者对“一带一路”贸易网络研究融入网络外部性的考虑。

王彦芳、陈淑梅、高佳汇（2019）开创性地将“一带一路”贸易网络与巨型自贸区 TTP、TTIP、RCEP 贸易网络的拓扑结构特征进行对比分析，引入异质性随机前沿引力模型，考察除自身与伙伴国外其他国家对中国贸易效率等的影响。

2.2.2　ASEAN 与 RCEP 区域贸易网络

1. ASEAN 区域贸易网络研究

国内学者对东盟（ASEAN）区域贸易网络的研究主要集中在探究中国与东盟经贸关系及演化进程方面，进而分析中国与东盟签订“中国—东盟(10+1)”自由贸易协定对中国经贸的影响以及战略调整等。赵昌平(2017）较早对中国与东盟经贸关系的演化进程进行定量分析，通过构建东盟货物贸易网络，将 1992 年以来中国与东盟经贸关系的历史演化进程划分为五个阶段，研究发现，在各阶段中国均与东盟保持紧密的经贸关系，并且中国—东盟的贸易规模不断扩大。随后国内学者王晨聿、杨继军(2018）构建了“东盟 10+3”贸易网络，并研究“一带一路”倡议的提出给该网络格局带来的影响，研究结论指出，中国需要进一步深化与东盟成员国的经贸合作。周英、张宇馨、刘智丽（2019）对“东盟 10+6”经济体的制造业贸易网络展开研究，结论表明中国处于网络中心地位且中国、日本、韩国三国对“东盟 10+6”经济体的制造业贸易流向以及网络形成产生较大影响。田刚、李祥泉、杜钰玮（2021）构建了中国与东盟的木质林产品贸易网络，重点分析了中国与东盟内各成员国在木质林产品市场上的竞争与互补关系。

部分国外学者对东盟区域贸易网络的研究聚焦在“ASEAN + X”内部的经济一体化进程问题上。Nguyen 等（2016）通过对网络拓扑指标的测算结果进行分析，得出“ASEAN + 3”内部贸易一体化的结构特征。Sandra Seno - Alday（2019）则研究了不同程度的区域一体化与不同区域贸易网络之间的关系，同时对比分析了东盟和欧盟的商品贸易网络结构特征。

2. RCEP 区域贸易网络研究

国内外学者对 RCEP 货物贸易网络的研究尚不多见。国内部分学者通过分析该网络的结构特征及其演变进程，探讨成员国之间贸易关系的演化，进而讨论我国在 RCEP 生效后对国内经贸政策的调整。

赵昌平、徐晓江（2019）基于 RCEP 货物贸易网络，结合网络中心性、线中心性指标的测算结果分析中日两国在该网络中的地位与影响力，同时探讨了我国应如何应对日本制定的对华经贸策略。赵昌平、齐芯莉、屈敏（2021）首次将“网络模体”引入 RCEP 货物贸易网络研究，结果发现该网络互惠性偏低、中心节点和边缘节点的贸易影响力差距较大，进而得出中国作为 RCEP 货物贸易网络的核心节点，应加大与边缘节点的贸易联系的结论。此外，陈凤兰、陈爱贞（2021）填补了在贸易网络视角下研究 RCEP 区域价值链的空白，重点考察了 2000 年以来 RCEP 区域内外部的产业链关联发展特征，在此基础上还进一步分析了构筑 RCEP 区域价值链以及提升全球治理战略地位的驱动机制。

3. EU 与 NAFTA 区域贸易网络研究

1）EU 区域贸易网络

国外学者 Gligor 和 Ausloos（2008）较早构建了欧盟货物贸易网络并重点研究了网络的集群结构特征。国内学者吴艳、王睿田（2019）创新性地将“结构洞指数”（Structural Holes Index）应用到欧盟国际贸易网络的实证研究中，探究欧盟内各成员国之间的外贸竞争力关系。另有部分学者基于特定行业构建了欧盟区域贸易网络，同时填补了微观层面欧盟贸易网络实证研究的空白。Liu 等（2018）基于欧盟碳贸易网络对网络结构特征和无标度特征展开分析，得出欧盟碳市场内部各节点间的贸易关联；Zhou 等（2019）从全球价值链视角出发，创新性地用网络分析法考察了中国与欧盟的最终商品贸易和增加值贸易关系，并由此提出中欧贸易谈判的具体方向。

此外，还有一些国外学者以欧盟为例，探究全球范围区域经济一体化的发展进程。Krapohl 和 Fink（2013）分别选取欧盟、东盟和非洲南部三个区域代表区域经济一体化发展的三条路径，并对三个区域分别构建贸易网络，探究三种不同的区域一体化的具体发展模式。

2）NAFTA 区域贸易网络

国内外学者对北美自由贸易区的贸易网络研究相对较少，仅有少量学者构建了覆盖北美自贸区各成员国的区域贸易网络，并结合实证研究探讨了中国与网络内其他成员国的经贸关系。李振福、苗雨、陈晶（2017）通过构建的亚欧、北美、北极航线经济圈贸易网络，选取“结构洞理论”的“中介中心性指标”对网络结构特征进行测算并得出结论：中国与美国均处于该网络的核心地位，且中国应进一步深化与北极航线经济圈国家间的经贸合作关系。

2.3　复杂网络演化机制的定量研究

2.3.1　指数随机图模型的提出

指数随机图模型（Exponential Random Graph Models，ERGM）是一种研究网络关系的统计分析工具，强调网络中一条关系出现的概率取决于其他关系是否出现，能依据网络结构变量和个体属性变量，解释网络节点属性影响整体网络特性的机制（屈敏，2018）。

ERGM 最早起源于 Renyi（1959）提出的简单随机图模型。1981 年 Holland 和 Leinhardt 提出二元独立模型是 ERGM 发展过程中的一个重要阶段，该模型旨在估计由于互惠性及差异化吸引性所造成的数量差异，并利用这些特征来检验一个观测网络存在的概率问题；Frank 和 Strauss（1986）将马尔可夫依赖性假设（Markov Assumption）引入模型，强调了没有共享节点的变量之间的独立性，确立新一代统计网络模型；Wasserman 和 Pattison（1996）扩展了马尔可夫模型，将新的依赖性模型命名为 p^* 模型（Snijders et al.，2006），其假设任意两条连线同时存在的概率不同于这些连线各自存在的概率组合。

指数随机图模型（ERGM）这一概念是在简单随机图模型和 p^* 模型提

出之后被采纳的，现在的 p^* 模型已经能够将高序依赖性条件纳入分析框架（Harris，2013；Geyer & Thompson，1992；Hunter et al.，2008；Caimo & Friel，2011）。

2.3.2 从 ERGM 到 TERGM 与 STERGM

传统的指数随机图模型作为对静态网络的分析方法，忽略了不同时点上网络数据相关性，使得分析结果不够准确，也不适用于开展多期网络动态演化机制的研究。因此，Hanneke 等（2010）在完全保留 ERGM 完整性的基础上提出了基于离散时间网络数据的时态指数随机图模型（Temporal Exponential Random Graph Models，TERGM），以此探究不同时间点上网络截面数据之间的相关性。TERGM 的优势在于考虑到网络数据的时间依赖特征，适用于动态观测网络研究（Leifeld et al.，2018）。Krivitsky 和 Handcock（2014）进一步分解了 TERGM 模型，提出可分离的时态指数随机图模型（Separable Temporal Exponential – family Random Graph Model，STERGM），将网络连边关系变化分为新关系的生成和原有关系的消失两类情形，并验证了 STERGM 能更充分地提取历史网络数据所包含的信息，模型参数的可解释性因此得到显著提升。

2.3.3 基于 ERGM 方法的网络特征研究

国内外学者广泛运用这种以关系为中心的统计学工具研究复杂贸易网络特征，并由此解释贸易网络生成及演化的影响因素或内在机制。ERGM 方法在国际贸易网络研究中的应用如下：

我国学者魏彦杰、钟娟、邢孝兵（2017）较早将 ERGM 应用于研究全球文化产品贸易网络结构，通过构建 ERGM 模型，有效抓取了网络统计特征。研究结果发现，互惠效应与同质化效应是影响全球文化产品贸易网络发展的重要因素。

此后国内外学者在不同网络背景下构建了 ERGM。国外学者 Gutiérrez – Moya 等（2020）以 2009—2013 年以及 2014—2018 年全球小麦贸易网络为背景，运用 ERGM 方法识别出不同国家节点间新边生成与消失的决定因素主要是互惠性与国家开放程度。Karpf等（2018）构建了欧盟碳排放贸易网络，运用ERGM研究得出网络外生属性间的模体及异质性对贸易关系产生重要影响。Theis（2021）基于全球电子垃圾产品贸易网络构建了ERGM，其研究指出国家间互惠性及“偏好依附过程”是全球电子垃圾产品贸易关系形成的重要机制。Smith等（2019）则首先构建了医疗与精密仪器的企业及国家层面的多层复杂网络，运用ERGM分析得出，以从属关系为基础的闭合、本国企业数量、以从属关系为基础的贸易、流行性、活跃性等多层级属性是高技术产业贸易网络的影响机制。

国内学者对ERGM的实证研究大多集中为对“一带一路”区域贸易网络的研究。

许和连（2015）通过构建ERGM发现国家间签署的FTA对“一带一路”高端制造业贸易网络产生的影响最强，其次是地域接壤和地理距离的邻近。杨文龙、杜德斌（2018）运用指数随机图模型从内生结构效应、行动者关系效应和协变量网络效应剖析“一带一路”沿线国家的投资网络的形成机制。研究发现，资源寻求型投资和技术寻求型投资是网络形成的重要推力。牛华、兰森、马艳昕（2020）利用ERGM进行研究，发现互惠关系、贸易协定、互联网应用、贸易自由度及资本自由度对“一带一路”沿线国家服务贸易网络关系的形成具有显著的正向作用，地理距离则对其具有显著负向作用。陈烨、谢凤燕、王珏、赵乙霖（2020）则脱离了“一带一路”背景，应用ERGM对友好城市网络进行实证研究，结果发现，友好城市网络能够显著促进城市出口贸易网络的形成，且相邻城市的友好城市网络所发挥的作用对友好城市网络具有一定替代效应。

随后，基于TERGM和STERGM的定量研究也逐渐被国内外学者应用到国际贸易网络研究中。刘林青、陈紫若（2020）指出，TERGM能解决产品空间中的结构依赖和时间依赖问题，是系统描述和检验网络演化的有力分析工具。他们深度剖析了中国优势产业组合由星形和三角形两种结构依赖所驱动，这二者分别对应轴式发展路径和链式发展路径。唐晓彬、崔茂生（2020）创新性地应用TERGM与STERGM对“一带一路”货物贸易网络展开实证研究，研究发现网络中存在“富人俱乐部”现象，且此现象与网络中存在的等级效应有关，经济发展水平是影响贸易网络关系形成与维持的重要因素。

国外学者在国际贸易网络研究领域应用 TERGM 和 STERGM 进行了一系列的实证研究。Wu 等（2020）基于自由贸易协定（FTAs）网络构建了 ERGM 以及 TERGM，探讨“自组织”和“嵌入效应”对 FTAs 网络形成和演化产生的影响。Pan（2018）通过构建 TERGM 讨论了网络外生变量，例如经济、社会、文化等因素在政府部门的传递对贸易建立的重要作用，还讨论了网络内生变量，例如网络结构活力、传递效应对贸易模式的影响。部分国外学者还应用 TERGM 和 STERGM 对世界军火贸易网络展开实证研究。Lebacher 等（2018）基于构建的世界军火贸易网络并结合 STERGM 分析得出世界军火贸易网络被网络内生变量“互惠效应”和“三元闭包性”显著驱使，但也被网络外生因素，例如各国政治和经济特征所主导。与此同时，Fritz 等（2020）也采用 TERGM 和 STERGM 分析了世界军火贸易网络。

第3章　RCEP区域制造业贸易现状及特征

3.1　中国与RCEP成员国（地区）双边货物贸易现状

3.1.1　货物贸易规模

就货物贸易规模来看，中国与RCEP区域其他成员国（地区）之间的双边货物贸易总额在2010—2019年虽有波动，但总体呈上升趋势，贸易规模从2010年的不到1万亿美元上升到2019年的近1.4万亿美元，且在2017—2018年增速最高。东盟（10国）于2012年反超日本成为RCEP区域内中国最大货物贸易伙伴。2012—2019年，RCEP区域内同中国双边贸易总额从大到小分别是东盟（10国）、日本、韩国、澳大利亚、新西兰，具体数据见图3－1。

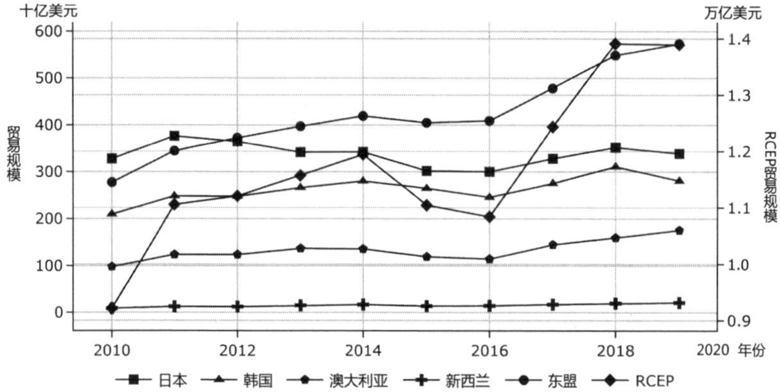

图3－1　中国与其他成员国（地区）货物贸易规模

资料来源：笔者根据UN Comtrade数据库整理计算获得。

3.1.2 货物贸易顺差、逆差

中国对RCEP其他国家（地区）的货物贸易在2010—2019年均呈现贸易逆差，且逆差总额波动幅度较大。2014年前后对日本有短暂的贸易顺差后，在2017年恢复到贸易逆差。中国对东盟国家在2013年后转变为贸易顺差并基本维持在同一水平。中国对韩国和澳大利亚两国在2010—2019年始终维持贸易逆差状态，但逆差额有少量上升或下降，中国对韩国的货物贸易逆差总额始终大于中国对澳大利亚的逆差总额，具体数据见图3－2。

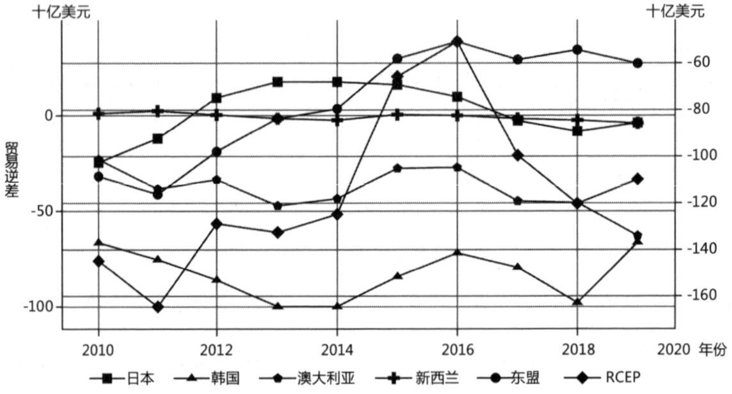

图3－2 中国对其他成员国（地区）货物贸易顺差、逆差情况

资料来源：笔者根据UN Comtrade数据库整理计算获得。

3.1.3 中国与东盟地区货物贸易现状

3.1.3.1 东盟地区在中国总出口贸易中的地位不断攀升

尽管在2010—2019年，美国与中国的双边货物贸易量总额超过RCEP区域内各成员国（地区），但是东盟（10国）在中国出口贸易规模中的比重不断攀升。由图3－3可知，东盟（10国）与中国的货物贸易总体规模与美、中贸易总体规模差距自2015年起逐渐缩小，并在2019年趋于相同，东盟（10国）与中国双边货物贸易额占中国对外货物贸易总额的比重在2019年后超过美国。

中国与东盟（10国）的“10＋1自由贸易区协议”自2003年生效后，

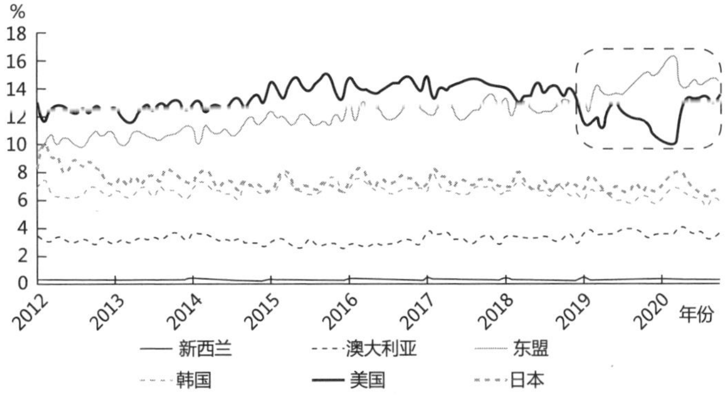

图 3－3　部分国家和地区与中国贸易额占中国对外贸易总额比重

资料来源：Wind，广发证券发展研究中心。

又在 2010 年升级为双边自由贸易协定。2010—2012 年中国对东盟地区呈货物贸易逆差，但逆差总额逐年缩小，到 2014 年开始出现贸易顺差，且顺差总额逐年增大，到 2016 年顺差额接近 80 亿美元，也是 2014—2019 年的最高值，货物贸易顺差总额在 2018 年后开始下降，随后于 2021 年回升，中国对东盟地区由最终需求方转变为最终供给方。

3.1.3.2　东盟地区与中国协同向外供给

由于东盟地区也是全球重要的制造加工地之一，中国与东盟之间的贸易关系不仅仅是中国作为东盟地区的最终供给方存在，与此同时，中国与东盟地区还具有协同向全球市场供给的关系。具体而言，从东盟地区整体来看，东盟（10 国）在 2013 年以后对中国维持贸易逆差，且逆差总额呈扩大趋势的同时，对美国、欧盟地区维持贸易顺差，且顺差额逐年增大。由此可见，中国与东盟地区作为一个整体向外协同供给，而在中国与东盟之间，中国作为东盟的最终供给方，具体数据见图 3－4。

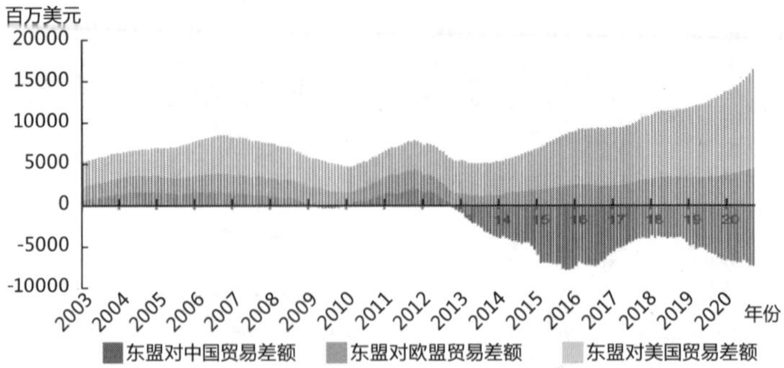

图 3-4　东盟对中国逆差扩大，对美欧顺差同步增加

资料来源：CEIC，申万宏源研究。

3.1.4　中国与日本、韩国两国货物贸易现状

由于东盟与RCEP区域内其他五国在此之前已签订自贸协议，RCEP最大的边际意义在于中国、日本、韩国三国首次建立直接的自由贸易伙伴关系，进而三国间也同步构建了“中、日、韩FTA小循环体系”。总体来看，中、日双边货物贸易规模始终大于中、韩双边贸易规模，且中国对日本、韩国总体呈现贸易逆差，说明日本、韩国的总商品需求中一部分通过中国市场满足。

具体而言，2010—2019年中国对韩国始终处于贸易逆差，且在2010—2014年、2016—2018年中、韩贸易逆差额逐年增大，到2018年以后，中、韩之间的贸易逆差额持续缩小，但中国对韩国仍处于货物贸易逆差状态。

中国对日本的货物贸易在2010年呈逆差，但逆差总额不断减小；直到2012年出现贸易顺差，而顺差总额于2013年达到最大值，随后在2014—2016年逐年下降；到2017年中国对日本货物贸易再次呈逆差，2017—2019年中、日贸易逆差总额在0～100亿美元波动。由统计数据可知，中国对日、韩两国总体维持货物贸易逆差状态，在中国、日本、韩国三国之间，中国更多的是作为对日、韩产品的需求方。

3.1.5　中国与澳大利亚、新西兰两国货物贸易现状

中国同澳大利亚、新西兰两国之间的贸易规模远小于中国同RCEP其他

各成员国（地区）的贸易规模，且中国同澳大利亚的双边贸易规模远远超过中国与新西兰的双边贸易规模。中国对新西兰、澳大利亚两国在 2010—2019 年始终维持贸易逆差，但逆差额均无明显上升或下降趋势。中国对澳大利亚在 2010—2019 年始终维持贸易逆差状态，尤其是 2016 年中、澳建立双边自由贸易区之后，中国与澳大利亚的贸易往来更为密切，中、澳双边贸易规模逐年增加，中、澳货物贸易逆差额也持续增大，但整体来看无明显上升或下降趋势。中国与新西兰的贸易往来在 2010—2019 年保持相对稳定状态，中国对澳大利亚、新西兰两国总体上呈现出贸易逆差，中国是最终需求方。

3.2　RCEP 区域制造业贸易总体规模

3.2.1　制造业行业分类

由于 UN Comtrade 数据库的 HS 编码无法对行业进行直接统计，为考察制造业总体以及低端、中端、高端制造业的贸易情况，我们以 OECD 制造业行业分类标准为依据，将相应的 02 版 HS 二位商品编码与制造业行业分类的类别一一对应，具体见表 3－1。

表 3－1　制造业行业分类

行业类别	HS 编码（02 版）	商品名称
低端制造业	16～24	食品、饮料、烟草
	41～43、50～67	皮革制品，纺织品及原料、鞋靴、伞等轻工业制品
	44～46	木材及制品
	94	家具及其装饰
	47～49、95	木浆、纸张、印刷书籍、玩具及体育用品
中端制造业	27	矿物燃料、油
	28～29、31～36、38	化工产业
	39～40	塑料、橡胶及其制品
	25～26、68～70	非金属矿物及制品
	71～83	金属及制品
	87	铁路、有轨电车以外的车辆及其零部件

续表

行业类别	HS 编码（02 版）	商品名称
高端制造业	30	医药产品
	84～85	机电产品
	86、88～89	铁路、有轨电车等设备，飞机、航天器及其部件，船舶和其他浮式结构物
	90～91	仪器仪表

资料来源：笔者根据 UN Comtrade 数据库整理计算获得。

3.2.2 制造业贸易总体规模

RCEP 区域制造业贸易总体规模如图 3－5 所示，制造业贸易出口除了在 2014—2016 年有所下降、2018—2019 年小幅下降以外，其他各年均呈现递增态势。制造业总体进口规模在 2010—2020 年出现了两次大幅度下降，2014—2016 年出现了第一次区域内进口规模下降，2019—2020 年受新冠肺炎疫情影响出现第二次进口规模下降。

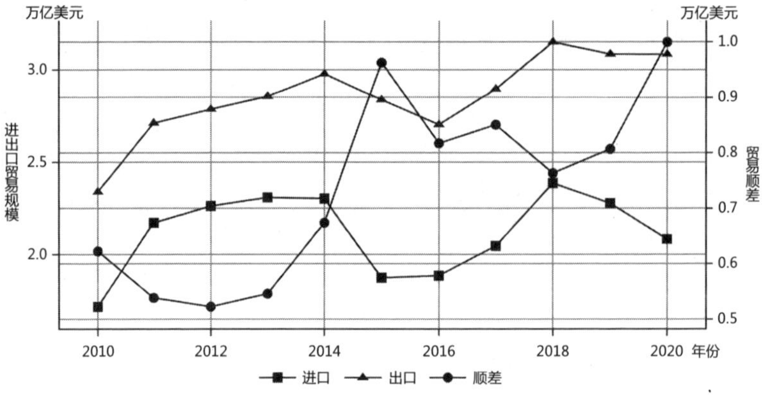

图 3－5 RCEP 区域制造业贸易总体规模（进口/出口/顺差）

资料来源：笔者根据 UN Comtrade 数据库整理计算获得。

RCEP 区域内各成员国（地区）的制造业对外贸易规模表现出较大差异，具体数据见图 3－6。东盟地区的制造业贸易规模总体在 2 万亿～3 万亿美元，中国总体规模在 4 万亿～4.5 万亿美元，日本的制造业对外贸易总额维持在 1 万亿美元左右，韩国稳定在接近 1 万亿美元。东盟地区与中国的制造业贸易规模远超日本、韩国。澳大利亚和新西兰的贸易规模则小于 5000 亿美元。

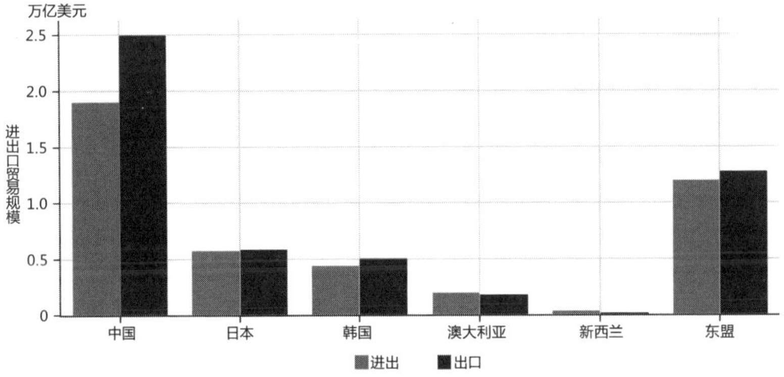

图 3 -6　2020 年 RCEP 各国（地区）制造业贸易规模

资料来源：根据 WTO 数据库整理计算。

3.2.3　中国与 RCEP 成员国（地区）双边制造业贸易规模

中国与 RCEP 区域整体的制造业贸易大体呈上升趋势。具体而言，在 2010—2014 年，中国与 RCEP 各国及地区的制造业双边贸易总额逐年上升。其中在 2010 年与 2011 年增速最快，于 2012—2014 年增速减缓，但仍呈现上涨态势，2014 年双边贸易总额约为 1.15 万亿美元。2014—2016 年双边贸易额有所回落，但此后在 2016—2018 年，中国与其他成员国（地区）的双边贸易总额快速增加，到 2018 年达到十年最大值，近 1.35 万亿美元，到 2019 年该值稍有回落，但基本持平。

由图 3 -7 可知，2010—2012 年，日本一直是中国制造业贸易最大伙伴国，但东盟地区从 2012 年开始反超日本，直至 2019 年东盟（10 国）成为中国最大的制造业贸易伙伴。2012 年以后，中国对各成员国（地区）的制造业双边贸易总额由大到小排序分别是东盟地区、日本、韩国、澳大利亚、新西兰。中国与东盟的制造业双边贸易总额在十年间总体呈上升趋势，具体从 2010 年约 2600 亿美元上升至 2019 年超过 5500 亿美元。2016—2019 年，中国与东盟的双边贸易总额增速最快。

中国与日本、韩国之间的双边制造业贸易总体规模虽有小幅波动，但

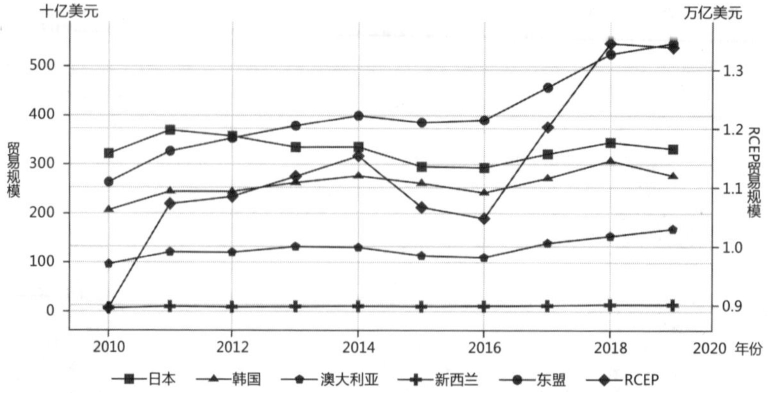

图3－7 中国对各成员国（地区）制造业贸易规模

资料来源：笔者根据 UN Comtrade 数据库整理计算获得。

整体较为稳定，其中同日本的双边贸易额在 3000 亿～3600 亿美元波动，与韩国的双边贸易额在 2500 亿美元左右波动。中国与澳大利亚的双边制造业贸易总额几乎稳定在 1000 亿～1500 亿美元，而中国与新西兰的贸易总规模远远小于 RCEP 区域内其他成员国（地区）。

3.2.4 中国与 RCEP 成员国（地区）双边制造业贸易顺差情况

2010—2019 年，中国对 RCEP 区域总体的制造业贸易呈逆差，且逆差总额的波动幅度较大。2010—2016 年，逆差额大体呈现减小趋势，从 2010 年约 1400 亿美元减小到 2016 年约 480 亿美元。2016—2018 年逆差额大幅增加，增至约 1100 亿美元，到 2019 年逆差总额略有减少，回落至约 900 亿美元。

分国别（地区）来看，2010—2012 年中国对东盟地区的双边制造业贸易处于逆差，但 2012 年逆差总额减少，自 2013 年起中国处于顺差状态，且顺差额不断增加，到 2016 年顺差总额达到十年间最大，超过 400 亿美元，此后稳定在该水平。中国对日本在 2010 年处于贸易逆差，但逆差总额逐年减少，到 2012 年转变为贸易顺差，顺差总额在 2014 年达到最大，超过 100 亿美元，随后顺差总额逐年减少，到 2017 年呈现逆差，此后逆差额在 0 ~ 150 亿美元波动。具体数据见图 3 - 8。

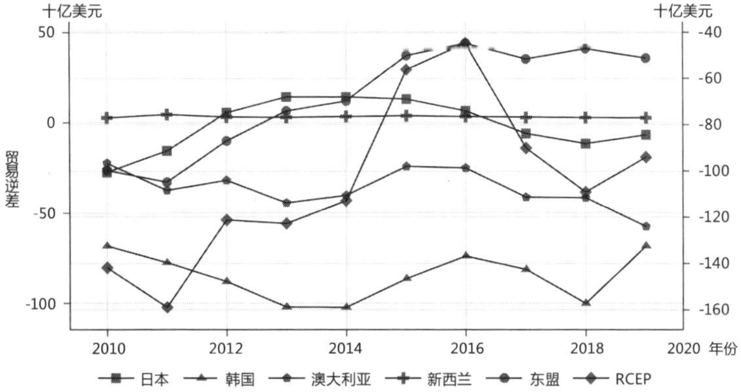

图 3 - 8　中国对各成员国（地区）制造业双边贸易顺差、逆差情况

资料来源：笔者根据 UN Comtrade 数据库整理计算获得。

3.3　RCEP 区域制造业贸易分行业情况

3.3.1　低端制造业贸易

RCEP 区域内低端制造业贸易出口相对进口规模较大（具体数据见图 3 - 9），并且在 2010—2020 年有明显递增趋势，该特征足以说明以中国、东盟（10 国）为代表的国家在过去十年一直被称为“世界加工厂”的原因。图中数据显示，RCEP 区域整体的低端制造业进口规模相对较低，且十年间没有明显变化，其规模一直在 2000 亿美元上下波动。

中国与 RCEP 区域整体的低端制造业双边贸易规模大体呈上升趋势，从 2010 年约 1100 亿美元增至 2019 年近 1700 亿美元，并且在 2016—2018 年，双边贸易总额增速达到近十年间最快。中国与 RCEP 区域内其他成员国（地区）的具体情况是，中、日低端制造业的双边贸易总额在 2010—2016 年最高，中国与东盟地区的低端制造业贸易总额在 2016 年反超中、日，此后东盟（地区）成为区域内中国的第一大低端制造业贸易伙伴。2016—2019 年，中国与区域内其他成员国（地区）的贸易总体规模由大到小依次是东盟、日本、澳大利亚、韩国和新西兰。2016—2019 年，中国与

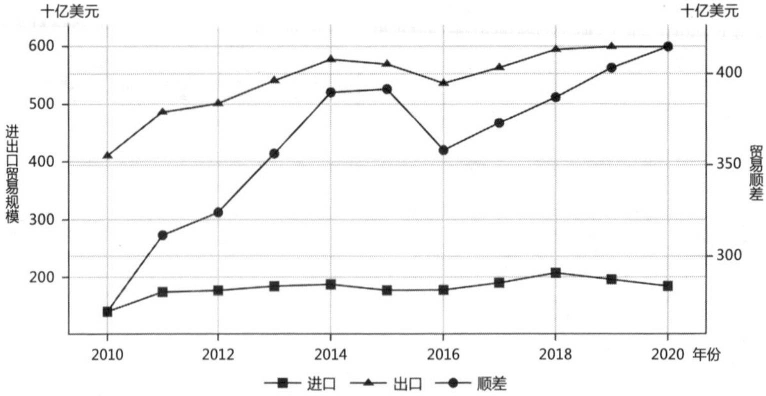

图 3-9　RCEP 低端制造业贸易总体规模（进口/出口/顺差）

资料来源：笔者根据 UN Comtrade 数据库整理计算获得。

东盟地区的贸易规模与中国、日本之间的贸易规模差距逐步扩大，与此同时，中、日与中、澳之间的贸易规模差距逐年缩小。具体见图 3-10。

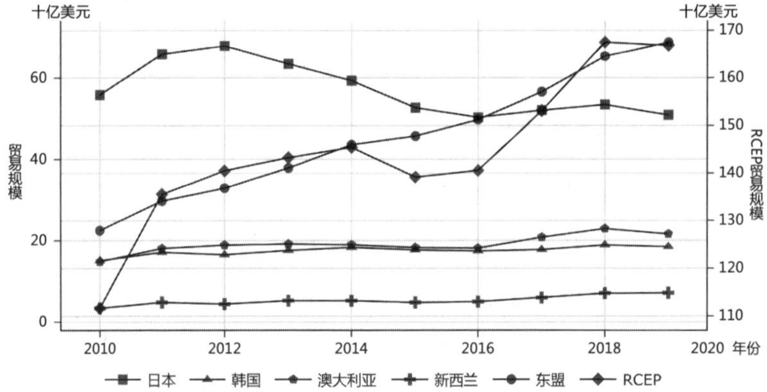

图 3-10　中国对其他成员国（地区）低端制造业贸易情况

资料来源：笔者根据 UN Comtrade 数据库整理计算获得。

由图 3-11 可知，中国对日本的低端制造业贸易处于顺差，中国是日本低端制造业产品的供给方。中国对新西兰的低端制造业贸易基本呈贸易逆差，且逆差总额在 2015 年以后逐年增加，中国是新西兰低端制造业产品的需求方。中国对澳大利亚和韩国的低端制造业贸易均有波动，于 2012 年后逐步稳定，处于贸易顺差，但顺差总额仅在约 100 亿美元以内。中国对 RCEP 成员国（地区）低端制造业贸易总体呈顺差，中国在 RCEP 区域内

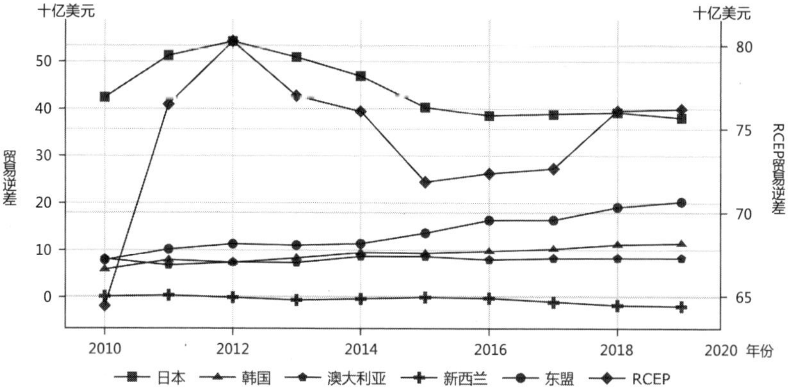

图 3－11　中国与其他成员国（地区）低端制造业贸易顺差、逆差情况

资料来源：笔者根据 UN Comtrade 数据库整理计算获得。

作为低端制造业产品供给方。

3.3.2　中端制造业贸易

中国对 RCEP 其他成员国（地区）中端制造业出口规模在 2010—2020 年总体呈波动上升趋势，但上升幅度不大。进口规模却表现出较大幅度波动，其中在 2013—2016 年，进口整体下滑，到 2016 年降至最低，随后于 2017 年有所回升，但是在 2018—2020 年再次下降，因此中端制造业总体处于贸易逆差状态，具体数据见图 3－12。

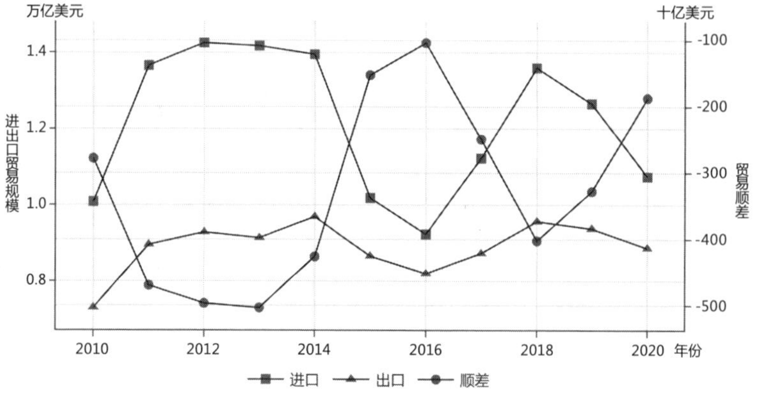

图 3－12　RCEP 中端制造业贸易总体规模（进口/出口/顺差）

资料来源：笔者根据 UN Comtrade 数据库整理计算获得。

中国对 RCEP 其他成员国（地区）的中端制造业双边贸易在 2010—2019 年波动较大，但总体呈上升趋势，贸易总额从 2010 年约 3200 亿美元上升至 2019 年近 5000 亿美元，2010—2014 年大体呈上升趋势，贸易总额在 2014—2016 年经历较大幅度的减少，从 2014 年近 4400 亿美元降至 2016 年 3700 亿美元左右，2016—2018 年双边贸易总额增速为十年间最快。具体数据见图 3－13。

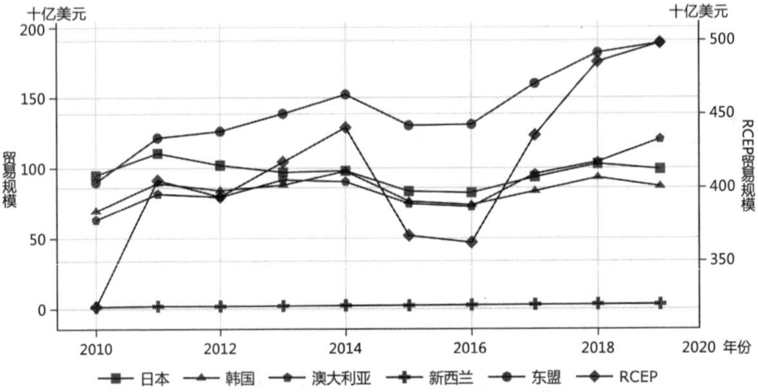

图 3－13 中国与 RCEP 其他成员国（地区）中端制造业贸易总额

资料来源：笔者根据 UN Comtrade 数据库整理计算获得。

分国别（地区）来看，2010—2019 年，中国与东盟地区的中端制造业双边贸易总额在 2011 年以后稳定在区域内第一，与日本的双边贸易总额在 2011—2016 年处于区域内第二位。2017—2019 年，中、澳的中端制造业双边贸易总额成为区域内第二。2011—2019 年，中日、中韩之间的中端制造业双边贸易总额始终相对接近；自 2017 年以后，中日的双边贸易总额处于区域内中端制造业双边贸易总额第三，中韩的双边贸易总额居于第四位，但二者之间差额仍相对较小。中国与新西兰之间的贸易往来规模始终远小于中国和 RCEP 区域内其他成员国家（地区）。

从中端制造业贸易顺、逆差情况来看（见图 3－14），中国对 RCEP 区域的中端制造业双边贸易在 2010—2019 年一直处于逆差，且逆差总额波动较大，2010 年逆差额约为 1300 亿美元，随后逆差额在 2011 年升至约 1600 亿美元，2012—2014 年贸易逆差总额在 1450 亿美元和 1600 亿美元之间小

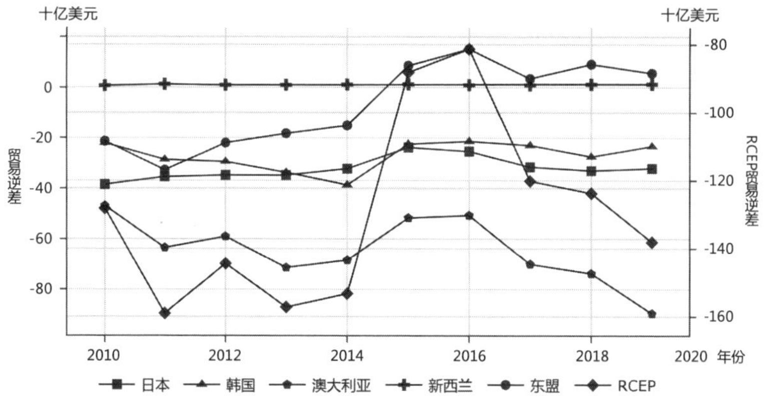

图 3-14 中国与 RCEP 其他成员国（地区）中端制造业贸易顺差、逆差情况

资料来源：笔者根据 UN Comtrade 数据库整理计算获得。

幅波动。2014—2016 年间，逆差总额大幅减小，最小降至 2016 年的近 800 亿美元，但在 2016 年后逆差额又迅速增大，到 2019 年逆差额变为近 1400 亿美元。中国对东盟地区的中端制造业贸易逆差总额在 2011—2014 年逐年减少，到 2015 年出现贸易顺差，顺差额在 2016 年达到最大值 180 亿美元，2016—2019 年中国对东盟地区仍然处于顺差，各年顺差额均小于 200 亿美元。除东盟地区外，中国对日本、韩国、澳大利亚的中端制造业贸易在这十年间均呈现逆差。中国对日、韩的贸易逆差总额较为接近，稳定在 200 亿～400 亿美元。中国对澳大利亚的逆差额一直是最大的，2010—2016 年对澳大利亚的逆差总额在 450 亿～700 亿美元波动，到 2016 年以后，对澳大利亚的逆差总额逐年扩大，于 2019 年升至近 900 亿美元。中国和新西兰之间的中端制造业贸易基本维持平衡状态。中国对 RCEP 区域中端制造业贸易整体呈现逆差，为 RCEP 区域内中端制造业产品的需求方。

3.3.3 高端制造业贸易

与中端制造业贸易情况相反，RCEP 区域高端制造商品出口总额在 2010—2020 年呈现小幅波动的上升态势，且高端制造业贸易出口规模较大，从 2010 年的 1.2 万亿美元增长至 2020 年的 1.6 万亿美元。但是高端制造业进口规模相对较小，总体在 8000 亿美元以下，直到 2018 年后进口额略超过8000亿美元，因此高端制造业贸易区域整体呈顺差特征。具体数据见图3－15。

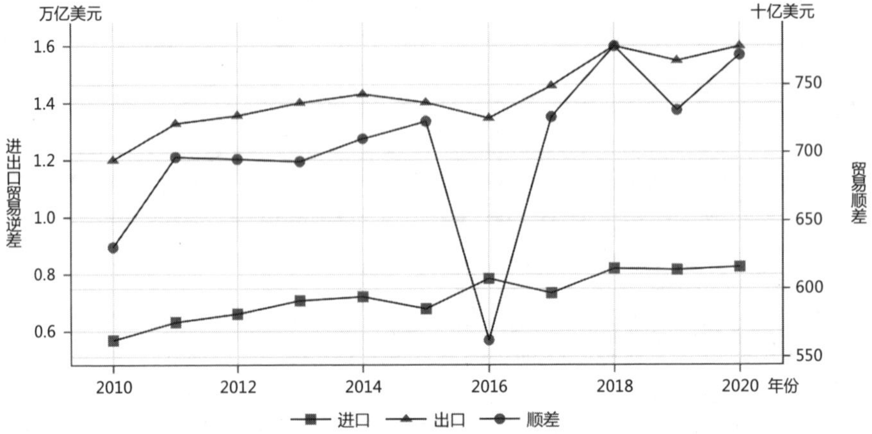

图3－15 RCEP高端制造业贸易总体规模（进口/出口/顺差）

资料来源：笔者根据UN Comtrade数据库整理计算获得。

中国对RCEP区域整体的高端制造业双边贸易总额在2010—2019年呈上升趋势，2010年为4700亿美元，随后上升至2018年近7000亿美元，到2019年双边贸易总额稍有回落，低于6750亿美元。2016—2018年高端制造业双边贸易总额增速为十年间最快。具体数据见图3－16。

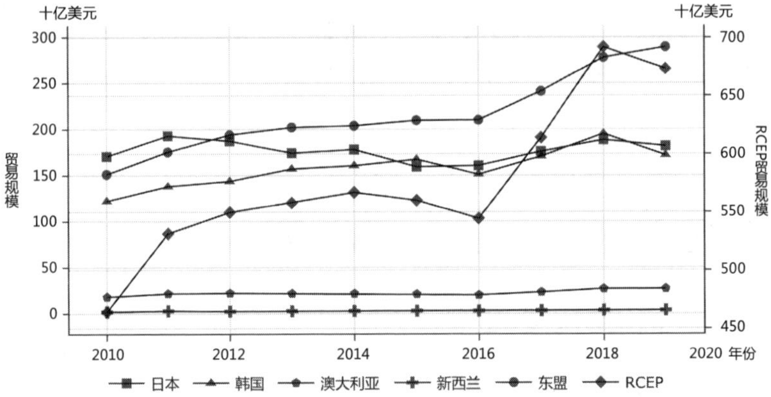

图3－16 中国与RCEP其他成员国（地区）高端制造业贸易总额

资料来源：笔者根据UN Comtrade数据库整理计算获得。

由图3－17可知，在2010—2019年中国对RCEP区域整体的高端制造业贸易一直呈现逆差，且逆差额出现较大幅度的波动。2010—2014 年逆差总额逐年减少，从 2010 年不到 800 亿美元降至 2014 年约 350 亿美元；2014—2016 年在 350 亿～400 亿美元波动；2016—2018 年的逆差总额又逐年增加到超过 600 亿美元，随后又降至约 310 亿美元。

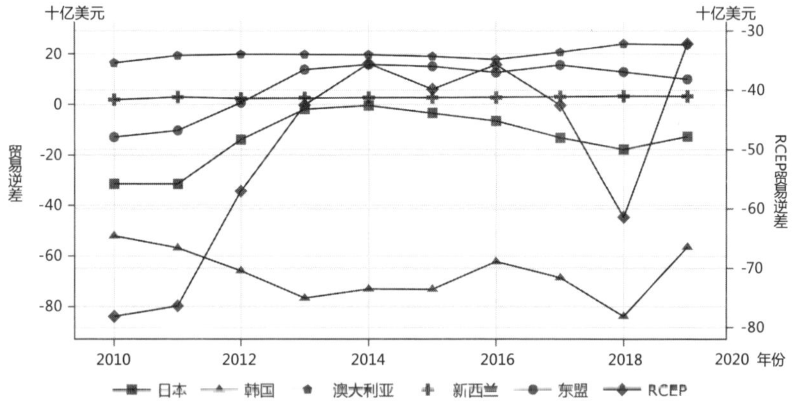

图 3－17　中国对 RCEP 其他成员国（地区）高端制造业贸易顺差、逆差情况

资料来源：笔者根据 UN Comtrade 数据库整理计算获得。

分国别来看，中国与东盟地区之间的高端制造业双边贸易总额在 2012 年反超中日，并随后稳定在区域内其他成员国（地区）高端制造双边贸易总额第一，与第二名的贸易总额差距逐年增大。2012—2019 年，中日、中韩之间的高端制造业双边贸易额始终处于第二、第三位，其中 2012—2014 年，日本为中国在 RCEP 区域内高端制造业第二大贸易伙伴国，韩国为第三大贸易伙伴国，中日、中韩之间的高端制造业双边贸易总额差距自 2010 年开始呈现减小趋势，2015 年后总体规模趋于一致。2010—2019 年，中国与澳大利亚、新西兰之间的高端制造业双边贸易总额分别位于第四、第五，且中国与澳、新之间的高端制造业贸易往来规模远远小于中国与区域内其他成员国（地区）（见图 3－16）。

在中国与澳大利亚、中国与新西兰之间的高端制造业双边贸易中，中国始终呈现顺差，与澳大利亚的顺差总额在 200 亿美元上下波动。2012 年以后，中国与东盟地区的高端制造业贸易也一直呈现顺差，且顺差总额在 100 亿美元上下波动。中国是东盟地区和澳、新高端制造业产品的供给方。但在中日、中韩高端制造业贸易中，中国始终呈现逆差，中日、中韩之间的逆差总额自2018年以后均呈下降趋势，自2012年以后中日之间的逆差总额稳定在0～200亿美元，中韩逆差总额稳定在500亿～850亿美元，中国是日、韩高端制造业产品的需求方。中国对RCEP区域内高端制造业贸易整体呈逆差，为区域内高端制造业产品的需求方（见图3－17）。

3.4 中国在RCEP区域制造业价值链中的地位

3.4.1 中国同时具备需求方和供给方双重身份

一方面，中国在2010—2019年对RCEP其他成员国（地区）总体呈现贸易逆差，这说明中国是RCEP区域内的最终需求方；另一方面，中国也向RCEP区域外的世界市场提供制造供给。具体循环路径见图3－18。由此，RCEP生效对中国制造业贸易的影响不仅是短期内制造品出口增加，也使得我国相关的高端制造业进口有所增加，提升国内产业链的安全性与稳定性，从而使得中国作为需求方和供给方双重身份的全球枢纽地位得以稳固与提升。

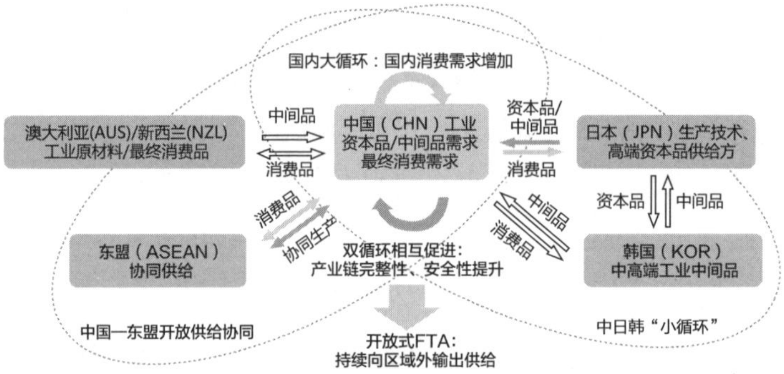

图3－18　中国的“双身份”与“双循环”

资料来源：申万宏源研究。

3.4.2 中国与各成员国构建制造业区域价值链

由区域内制造业具体分工来看，中国对RCEP成员国（地区）的出口优势商品相对集中，商品特征较为明显，能够体现出中国在区域价值链中扮演的角色。以HS四位编码商品为例，下面分别对中国与日本、韩国、东盟（10国）、澳大利亚和新西兰的产业链分工进行说明。

3.4.2.1 中、日、韩三国在电子和汽车产业已建立明显的“小循环”

由表3-2及表3-3可知，中国对日本的优势出口商品前三依次是自动数据处理设备（HS8471）、电话及通信设备（HS8517）、汽车零件（HS8708），中国对韩国出口商品前三分别是集成电路（HS8542）、电话及通信设备（HS8517）、自动数据处理设备（HS8471）。通过对比分析中、日、韩三国各自的优势出口产品，可以梳理出中国、日本、韩国之间在电子产业链和汽车产业链中存在协同互补关系。

第一，电子产业链。中国的优势出口产品前两名分别为电话及通信设备（HS8517）和自动数据处理设备（HS8471）。韩国最大的优势出口产品为集成电路（HS8542）。而日本的优势出口产品已形成自己的特征，第四位是半导体设备（HS8486），这是中、韩出口结构中所没有的。以上数据可以印证中、日、韩三国在电子产业链的上、中、下游关系，日本负责向外提供基础原料——半导体设备（HS8486），韩国负责将这些原材料加工成中间品——集成电路（HS8542），中国处于电子产业链下游组装环节，负责组装中间品，成为最终电子消费品整机——自动数据处理设备（HS8471）和电话及通信设备（HS8517）。

第二，汽车产业链。中国对日本的优势出口商品集中为汽车零件（HS8708），韩国本身的优势产品集中为汽车（HS8703）与汽车零件（HS8708），日本出口产品优势最大的是汽车（HS8703）。由此可见，在汽车产业链中，中国负责向日本出口汽车零件（HS8708）并最终在日本完成汽车（HS8703）组装生产。

3.4.2.2 中国主要向澳、新两国提供最终消费品

如表3-3所示，对于澳大利亚和新西兰来说，中国最大的出口优势产品仍然是自动数据处理设备（HS8471）与电话及通信设备（HS8517），对澳、新的第三大优势出口产品分别是石油制品（HS2710）及家具（HS9403），以上都集中在低端制造业。中国向澳、新的出口产品以最终消

表 3－2　RCEP 主要成员国优势出口产品分布

各国出口优势	中国	日本	韩国	澳大利亚	新西兰	越南	马来西亚	泰国	新加坡	印度尼西亚	菲律宾
1	电话及通信设备 8517	汽车 8703	集成电路 8542	铁矿 2601	牛奶 0402	电话及通信设备 8517	集成电路 8542	自动数据处理设备 8471	集成电路 8542	煤炭 2710	集成电路 8542
2	自动数据处理设备 8471	汽车零件 8708	汽车 8703	煤炭 2710	羊肉 0204	集成电路 8542	石油制品 2710	汽车 8703	石油制品 2710	棕榈油 1511	自动数据处理设备 8471
3	集成电路 8542	集成电路 8542	石油制品 2710	油气 2711	黄油 0405	鞋 6404	油气 2711	汽车零件 8708	涡轮喷气机 8411	油气 2711	电机装置 8543
4	石油制品 2710	半导体设备 8486	汽车零件 8708	黄金 7108	木材 4403	靴子 6403	半导体器件 8541	黄金 7108	黄金 7108	汽车 8703	电线 8544
5		船只 8901	电话及通信设备 8517		牛肉 0202	家具 9403	棕榈油 1511	集成电路 8542	电话及通信设备 8517	黄金 7108	印刷设备 8443
6			船只 8901		新鲜水果 0810		原油 2709	货车 8704		橡胶 4001	变压器 8504
7					面粉 1901		自动数据处理设备 8471	石油制品 2710		不锈钢 7219	
8					奶酪 0406			橡胶轮胎 4011			

续表

各国出口优势	中国	日本	韩国	澳大利亚	新西兰	越南	马来西亚	泰国	新加坡	印度尼西亚	菲律宾
9					葡萄酒 2204			空调 8415			
10								水稻 1006			

资料来源:ITC,广发证券发展研究中心。

表3－3 中国对RCEP主要成员国优势出口产品分布

中国双边出口优势	日本	韩国	澳大利亚	新西兰	越南	马来西亚	泰国	新加坡	印度尼西亚	菲律宾
1	自动数据处理设备 8471	集成电路 8542	自动数据处理设备 8471	自动数据处理设备 8471	集成电路 8542	集成电路 8542	电话及通信设备 8517	石油制品 2710	电话及通信设备 8517	石油制品 2710
2	电话及通信设备 8517	电话及通信设备 8517	电话及通信设备 8517	电话及通信设备 8517	电话及通信设备 8517	电话及通信设备 8517	自动数据处理设备 8471	电话及通信设备 8517	自动数据处理设备 8471	集成电路 8542
3	汽车零件 8708	自动数据处理设备 8471	石油制品 2710	家具 9403	针、编织物品 6006	石油制品 2710	非合金钢产品 7210	集成电路 8542	机织物 5407	电话及通信设备 8517
4	衣衫 6110	液晶装置 9013	家具 9403	座椅 9401	半导体器件 8541	自动数据处理设备 8471	汽车零件 8708	自动数据处理设备 8471	石油制品 2710	塑料鞋 6402

续表

中国双边出口优势	日本	韩国	澳大利亚	新西兰	越南	马来西亚	泰国	新加坡	印度尼西亚	菲律宾
5	半导体器件 8541		半导体器件 8541	灯 9405	不锈钢 7225	灯 9405	石油制品 2710	船只 8901	建筑产品 7308	棉制物 5208
6	女式西装 6204		座位 9401	化肥 3105		液晶装置 9013	清洁设备 8414	半导体器件 8541	非合金钢产品 7210	非合金钢产品 7210
7	显示设备 8528		显示设备 8528	塑料制品 3923		家具 9403	机器零件 8473		液晶装置 9013	
8	印刷设备 8443			轮式玩具 9503		碳产品 8545	存储设备 8523		电线 8544	
9	空调 8415			衣衫 6110					蔬菜 0703	
10	行李箱 4202			女式西装 6204						

资料来源：ITC，广发证券发展研究中心。

费品为主。在中国的产业链完整性和安全性方面，也因得到日、韩的技术支持和补充有所提升，在中长期内对我国构建“双循环”新发展格局具有稳定和加速作用（申万宏源研究，2020）。

3.4.2.3 中国与东盟（10国）之间的协同供给

由东盟（10国）的具体情况来看，尽管中国对东盟内部不同国家的优势出口产品存在差异，但中国出口优势商品类别仍主要集中为集成电路（HS8542）、电话及通信设备（HS8517）、石油制品（HS2710）等。对比分析东盟（10国）各自的比较优势商品可以发现，中国与东盟（10国）的优势出口产品分布结构极为相似，这说明中国和东盟地区之间是协同生产、协同供给的关系。

3.5 中国与RCEP成员国（地区）制造业贸易的互补性

3.5.1 指标选取

贸易互补性指数（Trade Complementarity Index，TCI），如式（3-1）所示，建立在Finger和Kreinin（1979）提出的显示性比较优势指数（Revealed Comparative Advantage Index，RCA）基础上［见式（3-2）、式（3-3）］，用于衡量两个国家或地区在进出口贸易的匹配程度和紧密联系程度。如果贸易互补性指数大于1，出口国同进口国的互补性较强，两国的贸易关系紧密；反之则表示互补性较弱，两国贸易关系疏松。本书通过测算贸易互补性指数衡量中国制造业产品出口类别与RCEP其他成员国（地区）主要进口产品类别的吻合程度。

该指标计算如下：

$$TCI(j,r,s) = RCA_x(r,j) \times RCA_m(s,j) \tag{3-1}$$

$$RCA_x(r,j) = \frac{\sum_s X(j,r,s)}{\sum_{s,j} X(j,r,s)} \div \frac{\sum_{r,s} X(j,r,s)}{\sum_{j,r,s} X(j,r,s)} \tag{3-2}$$

$$RCA_m(s,j) = \frac{\sum_r X(j,r,s)}{\sum_{r,j} X(j,r,s)} \div \frac{\sum_{r,s} X(j,r,s)}{\sum_{j,r,s} X(j,r,s)} \quad (3-3)$$

其中，$TCI(j,r,s)$ 为 r 地区与 s 地区间商品 j 的贸易互补性指数，$RCA_x(r,j)$ 为 r 地区 j 商品的出口比较优势，$RCA_m(s,j)$ 为 s 地区 j 商品的进口比较优势。

3.5.2 RCEP 成员国（地区）制造业贸易互补性分析

3.5.2.1 中国与 RCEP 成员国（地区）制造业贸易互补性

本书选取 2019 年 UN Comtrade 数据库贸易数据，对中国与 RCEP 区域其他国家（地区）的制造业分行业贸易互补性指数进行测算。在 2010—2019 年，就平均水平而言，中国与 RCEP 其他国家（地区）的平均贸易互补性不强，互补性指数稳定在 0.95 左右，具体数据见图 3-19。

分国别（地区）来看，中国与 RCEP 其他成员国（地区）之间的制造业贸易互补性指数的平均水平基本保持稳定。中国与日本、韩国的制造业贸易互补性指数最高，在 2010—2019 年，均保持大于 1.0 的水平，具有较强的互补性；其次是与东盟地区和澳大利亚的贸易互补性指数，约在 0.94～0.99 区间浮动；最后是中国与新西兰的贸易互补性指数，从 2010 年的 0.7 下降至 2019 年的 0.55。

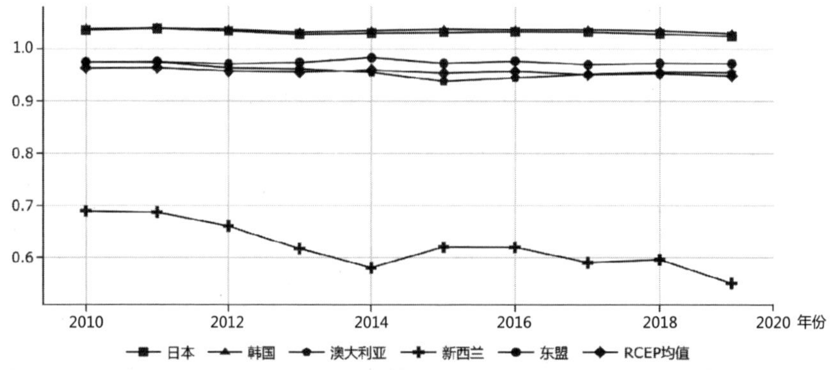

图 3-19 中国与 RCEP 成员国（地区）制造业贸易互补性指数

资料来源：笔者根据 UN Comtrade 数据库整理计算获得。

3.5.2.2　中国与 RCEP 成员国（地区）制造业分行业贸易互补性

1. 低端制造业贸易互补性指数

如图 3－20 所示，中国对新西兰的低端制造业互补性相比其他成员国（地区）更强。在 2010—2019 年，中国对新西兰的贸易互补性指数均超过 1.0，对 RCEP 其他成员国（地区）低端制造业的互补性相对较弱。中国与东盟地区的低端制造业贸易互补性指数 2010—2019 年在 0.6～0.9 浮动。中国与澳大利亚的低端制造业贸易互补性指数在 0.3 左右小幅波动。中、韩之间的低端制造业贸易互补性指数几乎稳定在 0.2 的水平，中、日之间低端制造业贸易互补性指数是成员内最低的，始终在 0.2 以下。

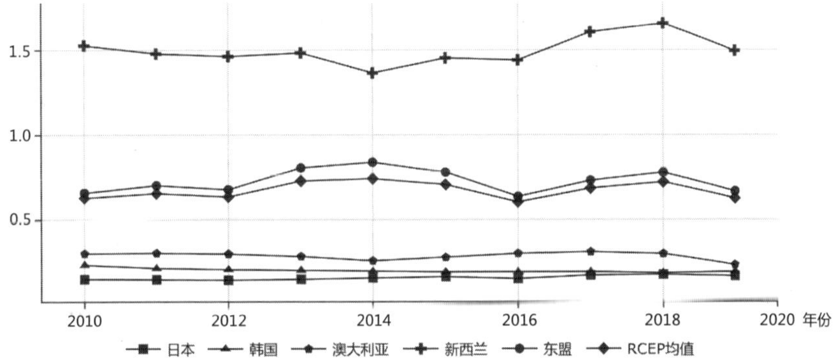

图 3－20　中国与 RCEP 成员国（地区）低端制造业贸易互补性指数

资料来源：笔者根据 UN Comtrade 数据库整理计算获得。

2. 中端制造业贸易互补性指数

中国与澳大利亚的中端制造业贸易互补性最强，互补性指数在 2010—2019 年均超过 1.5，并在 2016 年和 2019 年两年超过 2.0。中国与东盟的中端制造业贸易互补性指数在 2010—2019 年始终大于 1.0。中国与日本的中端制造业贸易互补性相对较强，互补性指数在 1.0 上下浮动，2015 年以后基本大于 1.0。中国与韩国之间的贸易互补性指数基本上在 0.7～1.0 区间浮动。中国与新西兰的中端制造业贸易互补性指数逐年下降，且自 2017 年后低于 0.4。具体见图 3－21。

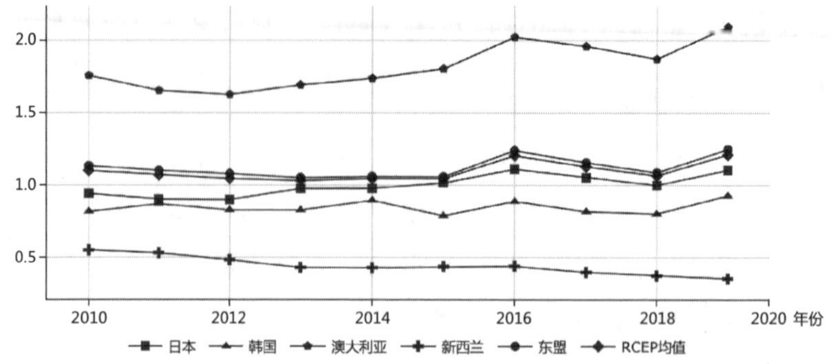

图3－21　中国与RCEP成员国（地区）中端制造业贸易互补性指数

资料来源：笔者根据UN Comtrade数据库整理计算获得。

3. 高端制造业贸易互补性指数

中国与RCEP各成员国（地区）的高端制造业贸易互补性差异显著。2010—2019年，中国与韩国、日本的高端制造业贸易互补性为区域内最强，中、韩的贸易互补性指数在1.5左右浮动；中、日的贸易互补性指数2015年以后在1.3左右浮动。中国与东盟地区的贸易互补性指数在0.7左右。中国与澳、新两国的高端制造业贸易互补性极弱，2013年以后互补性指数稳定在0.2以下。具体见图3－22。

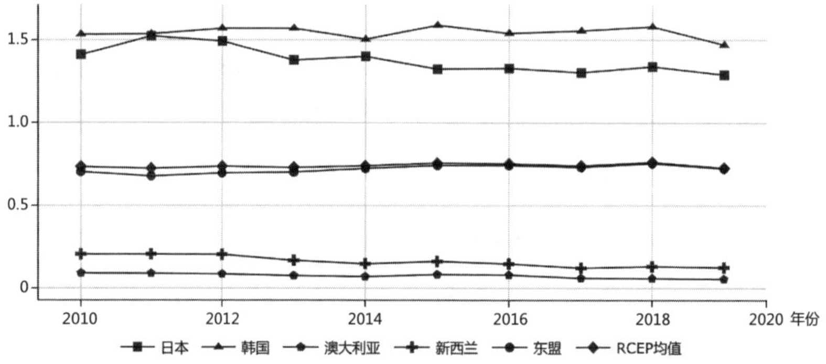

图3－22　中国与RCEP成员国（地区）高端制造业贸易互补性指数

资料来源：笔者根据UN Comtrade数据库整理计算获得。

4. HS84商品的贸易互补性指数

为了更加准确地分析RCEP区域内中端与高端制造业的产业内贸易互补性情况，本书还分别测算了2010—2019年中国同RCEP各成员国（地区）基于 HS 六位编码的 HS84、HS85、HS87 产品贸易的互补性指数。基于 HS 六位编码的第 84 类产品是核反应堆、锅炉、机械和机械设备等高端制造业产品。

2010—2019 年，中、日两国 HS84 产品贸易互补性最强，指数平均值超过 1.25，但在 2015 年以后该指数有所下降。中国与其他各成员 HS84 产品贸易互补性均表现较弱。中、韩之间的互补性指数维持在 0.64 ~ 0.78，中国与东盟地区的互补性指数维持在 0.5 左右小幅波动。中新、中澳的该指数在 2013 年以后分别维持在 0.3 和 0.2 以下。具体数据见图 3 – 23。

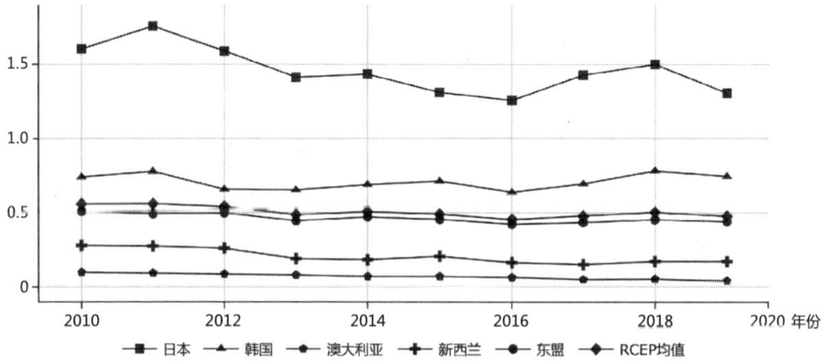

图 3 – 23 中国与 RCEP 成员国（地区）HS84 产品贸易互补性指数

资料来源：笔者根据 UN Comtrade 数据库整理计算获得。

5. HS85 商品的贸易互补性指数

HS 六位编码的第 85 类产品是电机、设备及其零部件，录音机和复制机等机电产品，属于高端制造业。中国和韩国、日本在 HS85 机电产品贸易上均具有较强的互补性，中、韩间的互补性高于中、日。中、韩间的互补性指数在 2010—2019 年均处于 1.7 以上，中、日之间该指数均超过 1.0。此外，中国与东盟地区的互补性在 2015 年以后相比 2015 年以前更强，在 0.9 上下波动。中国与澳、新两国在该商品贸易中几乎无互补性。具体数据见图 3 – 24。

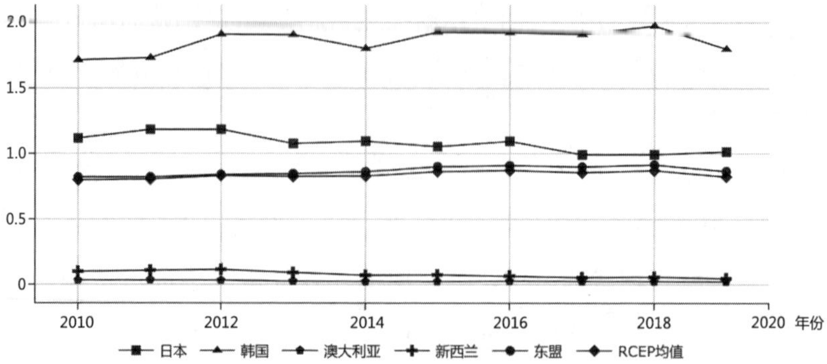

图 3－24　中国与 RCEP 成员国（地区）HS85 产品贸易互补性指数

资料来源：笔者根据 UN Comtrade 数据库整理计算获得。

6. HS87 商品的贸易互补性指数

HS 六位编码的第 87 类商品主要是铁路或电车车辆以外的车辆及其零部件等，属于中端制造业产品。在该类产品的双边贸易中，中国仅与日本保持极强的互补性，与区域内其他成员国（地区）的互补性均不强。互补性指数以 1.0 为临界值，中、日之间的互补性指数虽然自 2015 年之后有所下降，但是基本保持在 2.0 以上。中、韩的该类产品互补性指数在 2015 年之后也有所下降，于 2017 年下降到 0.5 以下。中国和东盟地区的互补性指数在2010—2019 年略有上升，2015 年之后基本维持在接近 0.5 的水平。中国与澳、新两国基本不存在贸易互补性。具体数据见图 3－25。

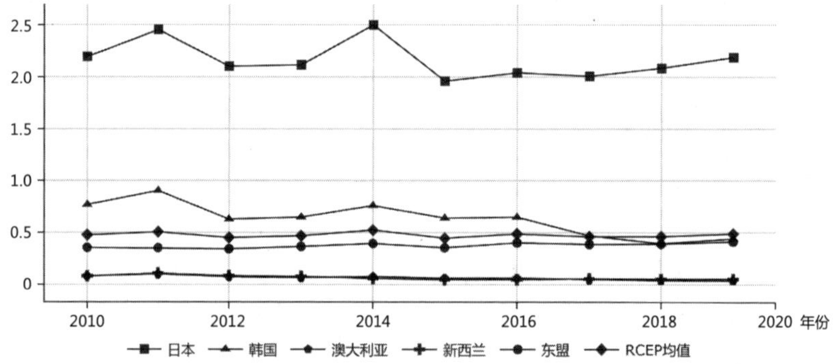

图 3－25　中国与 RCEP 成员国（地区）HS87 产品贸易互补性指数

资料来源：笔者根据 UN Comtrade 数据库整理计算获得。

第 4 章　RCEP 制造业贸易网络构建及网络结构特征

4.1　构建 RCEP 制造业贸易网络

4.1.1　数据来源及数据处理

在构建 2010—2019 年 RCEP 制造业贸易网络时，节点（两国）间的双边贸易数据来自 UN Comtrade 数据库，按照 HS 编码选取 RCEP 15 个成员国全部类别的制造业进出口数据以及基于双边贸易数据测算生成的 RCEP 货物贸易网络指标数据。

4.1.2　网络构建

本章基于复杂网络分析法，在宏观、中观和微观视角下构建 2010—2019 年 RCEP 制造业贸易网络，测算网络结构特征指标，预测制造业贸易网络发展动态趋势。宏观视角下，本书以 RCEP 成员国（地区）HS 编码所有类别商品的双边贸易关系为研究对象，构建加权有向制造业货物贸易网络；中观视角下，按照低端制造业商品贸易、中端制造业商品贸易和高端制造业商品贸易，以 RCEP 成员国（地区）间制造业产品的双边贸易关系为研究对象，分别构建加权有向低端、中端及高端制造业贸易网络；微观视角下，以 RCEP 各成员国（地区）之间 HS84、HS85 以及 HS87 三类商品贸易关系为研究对象，分别构建加权有向贸易网络，重点分析区域内电子产业链和汽车产业链。

本书以 15 个成员国作为网络中的节点，以 2010—2019 年双边贸易数据（历史数据），以及通过全球贸易分析（GTAP）模型预测的 2022—2057 年成员国双边贸易数据（预测数据）作为有向加权边，逐年构建 RCEP 货物贸易网络。其中边的权重为贸易流量。网络构建方程如下：

$$G_t(j) = (V_t(j), E_t(j)) \tag{4-1}$$

$$V_t(j) = \{v_t(j, r)\} \tag{4-2}$$

$$E_t(j) = \{e_t(j, r, s) \mid e_t(j, r, s)\} = \begin{cases} 1, & X_t(j, r, s) \geq 0 \\ 0, & other\ wise \end{cases} \tag{4-3}$$

$$W_t(j) = \{w_t(j, r, s) \mid w_t(j, r, s) = X_t(j, r, s)\} \tag{4-4}$$

其中 $G_t(j)$ 为 t 年份 j 商品的贸易网络。V 为其中的节点集，$v_t(j, r)$ 为节点集中的元素，代表 t 年份 j 商品网络中 r 地区的节点，本书研究对象包含 15 个 RCEP 成员国。E 为边集，$e_t(j, r, s)$ 为边集中的元素，其代表 t 年份 j 商品网络中 r 国家指向 s 国家出口关系。$w_t(j, r, s)$ 为权重集中的元素，代表 t 年份 j 商品网络中 r 节点指向 s 节点的边的权重，本书中为贸易流量。在此基础上，本书对 RCEP 制造业贸易网络的拓扑结构进行可视化展示，见图 4－1。

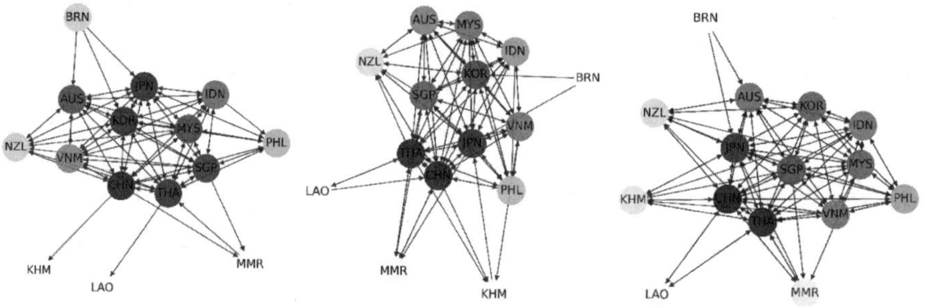

图 4－1　RCEP 制造业贸易网络拓扑结构

4.2　网络结构分析

4.2.1　节点指标选取

1. 度数中心度

网络节点的绝对度数中心度是与该节点直接相连的有向边的条数，为了使不同的网络之间有可比性，可以将绝对中心度转化为相对中心度。

2. 中间中心度

网络中不相邻的两个节点之间的最短路径可能会途经某些节点，如果节点 v_i 被许多最短路径穿过，则表明该节点在网络中很重要，其重要性和影响力可以用中间中心度来表示。在 RCEP 货物贸易网络中，中间中心度衡量的是国家在贸易网络中所扮演角色的重要性，选取中间中心度作为指标可以找出节点度不高但是扮演贸易桥梁角色、可以控制或影响其他国家的贸易交往节点。

3. 有效规模

有效规模测算节点 v_i 的总关系数减去冗余关系数后得到的有效关系数目，在贸易网络中可以衡量各成员国实际具有的深度制造业产品贸易联系，即网络中成员国实际具有的货物贸易产品联系减去冗余的贸易联系。有效规模大，说明与该节点相连的其他节点间不存在直接联系，因此该节点建立的深度产业内贸易联系高效，在整体产业内贸易网络中获取排他性资源和利益的能力强。

4. 接近中心度

接近中心度测量了节点通过最短路径与其他节点的接近程度，从而判断该节点在网络中的位置。该指标大，表明节点国家处于贸易网络的中心，在贸易的过程中可以较少地依赖他人，具有独立进行贸易的能力。本书参照 Wasserman 等（1994）提出的方案测算接近中心度，其计算见式（4-5）。

$$COC_t(j,r) = \frac{(n'_t(j,r) - 1)^2}{(n_t(j) - 1)\sum_{s\in(V'_t(j,r)-\{r\})} d(r,s)}, r \in V_t(j) \quad (4-5)$$

其中 COC_t（j，r）为 t 年份 j 商品的贸易网络中 r 节点的接近中心度，（n'_t（j，r）-1）为 t 年份 j 商品的贸易网络中 r 节点所能到达的节点的个数，V'_t（j，r）$-$ $\{r\}$ 为贸易网络中与 r 节点连通节点的节点集合。

5. 集聚中心度

集聚中心度衡量了区域内某一国家的贸易集团化特征，下文中所用的平均集聚系数为各节点集聚中心度的均值，计算公式如下：

$$CC_t(j,r) = \frac{2T(r)}{deg^{tot}(r)(deg(r)-1)-2deg^{\leftrightarrow}(r)}, r \in V_t(j) \quad (4-6)$$

其中，CC 为集聚系数，$T(r)$ 为节点 r 参与的三角形结构数量。$deg^{tot}(r)$ 为节点 r 的不含权重的入度与出度和，$deg^{\leftrightarrow}(r)$ 为节点 r 的互惠度。

6. 网页排名系数（PageRank 指标）

网页排名系数由 Page 等（1999）首先提出，是基于节点连接个数与连接质量的节点相对重要性指标。在测量每个节点的重要程度时，连接到高分值节点可以获得更高的重要度排名，连接到更多节点同样可以获得更高的排名。

一个国家在贸易网络中的重要程度是根据其贸易伙伴的个数与地位而确定的。当一个国家更倾向于与网络中地位和影响力高的其他国家开展贸易时，它的特征向量中心度便相应更高，计算公式如下：

$$PR_t(j,r) = \frac{1-d}{n_t(j)} + d\sum_{v\in I(r)} \frac{PR_t(j,v)}{|O(r)|}, r \in V_t(j) \quad (4-7)$$

其中，PR 为 PageRank 指标，d 为阻尼系数（本书设定为 0.85），$I(r)$ 为节点 r 的接入节点集，$O(r)$ 为节点 r 的接出节点集。

7. 限制度

限制度测算了节点 v_i 在网络中被约束的程度。限制度越高，说明该节点受单一关系的约束越强，在网络中开展自由贸易的能力越弱；限制度越低，说明该节点在网络中占据的网络信息优势和控制优势越大。当以下两种情况出现时，节点 v_i 受节点 v_j 约束：

r 付出相当大的时间和精力在与另一个节点 w 保持关系上；

w 付出相当大的时间和精力在与另一个节点 v 保持关系上。

指标计算公式如下：

$$C_t(j,r)=\sum_{v\in(N(r)-\{r\})}\left(P(r,v)+\sum_{w\in N(v)}P(r,w)\times P(w,v)\right),\quad r\in V_t(j) \tag{4-8}$$

其中，C 为限制度，$N(r)$ 为节点 r 的邻节点集合，$P(r,v)$ 为连接节点 r 与节点 v 的边的权重之和，此处每条边的权重均视为 1。

4.2.2　网络指标选取

1. 网密度

网络的整体结构首先可以用网密度指标来衡量，用以测量网络中各个节点之间联络的紧密程度。测度方法是计算网络中实际存在的有向边连接数量和网络中最大可能的有向边连接数量之比。

2. 全局效率和局部效率

全局效率和局部效率的概念被 Latora V. 和 Marchiori M.（2003）首先提出。他们将全局效率解释为信息在网络中的传递程度，两个节点之间的平均最短路径越长，信息传递时间就越长，因此信息的传递效率越低。节点间的信息传递效率与平均最短路径长度成反比。

局部效率的概念不同于全局效率。假定某一节点 v_i 有 k_i 个最近邻，节点 v_i 与其所有最近邻形成子网络 G_i 。局部效率测量系统的容错性，即当节点 v_i 从子网络 G_i 中被移除后，节点 v_i 的所有最近邻在信息传递时的效率。局部效率取值范围为［0，1］，值越大说明容错性越强，当缺失节点后其余节点仍能正常进行信息传递；值越小说明容错性越弱，缺失的节点在网络中控制信息传递的能力较强。

3. 小世界特征

Watts 和 Strogatz（1998）在复杂网络小世界现象的研究中发现，小世界特征是复杂网络的一般特征，主要表现为大多数的网络尽管节点众多、关联的边数众多、网络规模很大，但任意两个节点之间都有一条相当短的路径。Humophries（2006）在文章 *The brainstem reticular formation is a small -world, not scale -free, network* 中介绍了一种可以定量计算小世界特征系数的方法，即使用集聚系数和平均最短路径长度的比值来判断一个复杂网络是否具有小世界特征。本书采用 Telesford 和 Joyce（2011）团队改进的由 Humophries 提出的具体量化方式。

4. 互惠性

互惠性指标用来衡量国家之间有双向贸易关系的联系程度，其值越大，意味着贸易对两个国家产生的价值越均衡；值越小，意味着贸易对双方的价值越不均等，一方仅出口，另一方仅进口，容易产生贸易失衡。具体计算见式（4－9）。

$$R_t(j) = \frac{|\{e_t(j,r,s) \mid e_t(j,r,s) = 1 \vee e_t(j,s,r) = 1\}|}{m_t(j)} \tag{4-9}$$

其中 R 为网络的互惠性。

5. 传递性

传递性用来测量复杂网络中三角形结构出现的倾向性。在贸易网络中可以衡量与相同第三国存在贸易关系的两个国家存在贸易关系的趋势，即与合作伙伴的伙伴之间存在贸易的倾向性。其计算公式如下：

$$T_t(j) = 3\frac{\#triangles_t(j)}{\#triads_t(j)} \tag{4-10}$$

其中 T 为传递性，*#triangles* 为复杂网络中三角形结构出现的次数，*#triads*为复杂网络中三元组出现的次数，即两条边与一个共享节点出现的个数。

6. 平均集聚系数

本书参照 Saramäki 等（2007）测算平均集聚系数的方法，其计算公式如下：

$$ACC_t(j) = \frac{1}{n_t(j)}\sum_{v \in V_t(j)} \frac{2T(v)}{deg^{tot}(v)(deg(v)-1)-2deg^{\leftrightarrow}(v)} \tag{4-11}$$

其中，ACC 为贸易网络的平均集聚系数。

7. 平均最短路径长度

平均最短路径长度用来测量网络中各个节点之间联系的紧密程度。该指标在贸易网络中可以反映国家间贸易伙伴的紧密程度，平均最短路径越长，则国家间的伙伴关系相对松散，国家间开展贸易时需要中间成员国作为贸易联系的桥梁。其计算公式如下：

$$ASPL_t(j) = \sum_{r,s \in V_t(j)} \frac{d(r,s)}{n_t(j)(n_t(j)-1)} \tag{4-12}$$

其中，$ASPL_t(j)$ 为 t 年份基线场景中 j 商品的平均最短路径，$d(r,s)$ 为节点 r 到节点 s 的最短路径。

4.3　RCEP 制造业贸易网络结构特征分析

4.3.1　货物贸易网络结构

4.3.1.1　2019 年货物贸易网络节点指标测算结果

为了进一步分析 RCEP 货物贸易网络总体结构特征，首先对 2019 年 RCEP 货物贸易网络各项节点指标进行测算，包括中间中心度、接近中心度、集聚中心度、限制度、度数中心度、有效规模、网页排名系数等，测算结果见表 4－1。

在 2019 年制造业贸易网络中，中国在中间中心度、接近中心度、有效规模、网页排名系数和三角形关系数中均表现出所有成员国最大值，限制度等级指标为最小，这说明中国在该网络中拥有最广泛的贸易联系，贸易的独立性最强，在网络中的地位和影响力最高，处于该网络的核心位置。而成员国文莱在该网络中的网络地位最低，是网络最边缘国家，限制度等级为 1，说明该国在网络中极度依赖其他成员国进行贸易，而集聚中心度水平为 0，说明与文莱开展贸易联系的成员国之间不存在贸易联系。柬埔寨的集聚中心度为 1，表明与该国开展贸易的成员国之间均存在贸易联系。

在度数中心度指标上，泰国数值最大，文莱数值最小，这也直接说明东盟内部成员国之间存在由天然的地理位置及其他社会条件导致的贸易水平发展不均衡。

表4－1　2019年宏观货物贸易网络节点指标

指标	中国	最大值	最大值国家	最小值	最小值国家
中间中心度	0.15	0.15	中国	0	文莱
接近中心度	0.93	0.93	中国	0	文莱
集聚中心度	0.58	1	柬埔寨	0	文莱
限制度	0.28	1	文莱	0.28	中国
度数中心度	1.86	1.93	泰国	0.07	文莱
有效规模	6	6	中国	0.5	老挝
入度中心度	0.93	0.93	中国	0	文莱
出度中心度	0.93	1	泰国	0.07	文莱
PageRank 指标	0.28	0.28	中国	0.01	文莱

资料来源：笔者依据贸易网络数据计算整理获得。

4.3.1.2　网络指标测算结果及趋势分析

1）节点指标

（1）度数中心度。如图4－2所示，2010—2019年，RCEP货物贸易网络中各成员国（地区）的度数中心度在总体层面呈现相对稳定态势，没有较大幅度的上升或下降，仅中国和日本有小幅上涨，但度数中心度分别维持在1.8和1.6上下。从具体数据来看，不同国家之间的度数中心度差距较大。中国、日本、韩国、澳大利亚的度数中心度明显高于东盟（地区）和新西兰。中国的度数中心度在2010—2011年和2012—2013年有小幅增长，2015年出现下降后在2016—2018年表现出较大幅度增长，但是在2018—2019年再次出现下降；日本的度数中心度在2017—2018年出现小幅下降，其他各年有略微上涨或保持不变；韩国和澳大利亚的度数中心度变化趋势相似，在2010—2013年有所上升后分别出现了不同程度的下降，并在此后保持平稳；尽管在网络中作为相对边缘的节点，东盟（地区）的度数中心度在这十年间一直保持小幅平稳增长并不断接近1.0；新西兰由于经济规模较小且地理位置较远，在网络中为边缘节点，十年间整体的度数中心度不超过 0.8，与其他国家在网络中的地位存在一定差距。

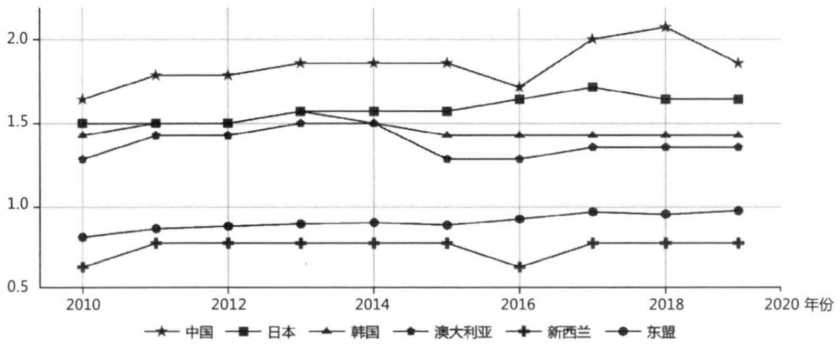

图 4－2　RCEP 货物贸易网络各节点度数中心度

资料来源：笔者依据贸易网络数据计算整理获得。

（2）中间中心度。如图 4－3 所示，整体来看网络中各成员国（地区）的中间中心度变化趋势有所不同，且在测算结果上存在较大差距。区域内各国（地区）的中间中心度数值都较小，网络中并不存在绝对中心化的国家。中国的中间中心度在 2010—2011 年出现小幅上升后又有所下降，随后在 2012—2015 年保持平稳，2016—2018 年出现大幅上升，这表明中国在网络中的影响力有一定程度的加强。中国的中间中心度在 2018—2019 年再次出现下降，最高值出现在 2018 年，接近 0.25，总体来看在网络中处于第一的位置。

日本的中间中心度在初期出现小幅下降后，于 2011—2016 年一直保持上升，且在 2015 年超过中国成为网络中影响力最大的国家，2016 年初达到 0.14，此后下降，说明日本在网络中的影响力逐渐减弱，但总体来看，和其他国家对比仍然在网络中具备影响其他节点的能力。韩国的中间中心度在 2010—2015 年有所波动，随后逐渐与东盟（10 国）、澳大利亚的中间中心度一致，在网络中几乎没有影响其他节点的能力。新西兰的中间中心度在 2010—2019 年一直为 0，不在其他国家之间的贸易路径上，在网络中几乎没有影响力。

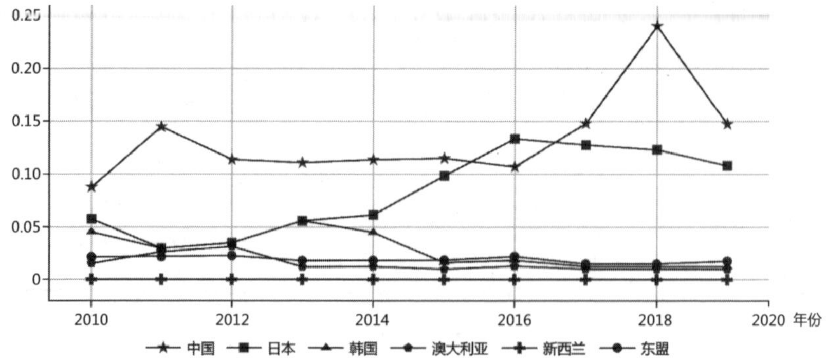

图 4－3　RCEP 货物贸易网络各节点中间中心度

资料来源：笔者依据贸易网络数据计算整理获得。

（3）接近中心度。如图 4－4 所示，RCEP 各成员国（地区）的接近中心度发展趋势有较大不同，且在数值上存在明显差距。中国和日本的接近中心度在 2010—2019 年一直保持上升或稳定状态，2017 年后在网络中的接近中心度接近 0.95，说明两国在网络中的独立性很强，不需要依靠其他国家作为中间桥梁开展贸易；而韩国的接近中心度在 2010—2013 年底保持相对平稳，于 2014—2015 年出现下降，2015—2016 年出现小幅上升后保持在 0.78；澳大利亚的接近中心度在 2010—2016 年一直处于波动状态，2016 年后稳定在 0.74；值得指出的是，新西兰的接近中心度在 2011 年后一直高于东盟（10 国），且两者的具体数值在十年间基本保持上升态势。

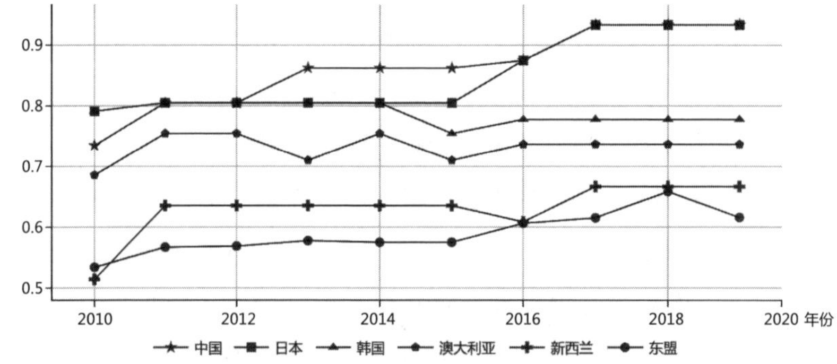

图 4－4　RCEP 货物贸易网络各节点接近中心度

资料来源：笔者依据贸易网络数据计算整理获得。

（4）限制度。如图 4－5 所示，RCEP 区域内大部分国家（地区）的限制度水平并没有随着时间的推移发生明显下降，仅中国和日本在 2010—2019 年表现为不断下降态势。日本的限制度水平在时间轴上表现为最低，且在 2010—2017 年逐年下降，最低水平降至 0.28。中国、韩国和澳大利亚三国的限制度在 2010—2012 年发展趋势和具体数据非常接近，2012 年后澳大利亚的限制度增幅超过了中国和韩国，2014 年后韩国的限制度出现小幅上升，与澳大利亚在数值和发展趋势上相似。东盟（10 国）的限制度水平最高，平均达到 0.45，说明东盟（10 国）的贸易发展受其他国家影响的程度较大。

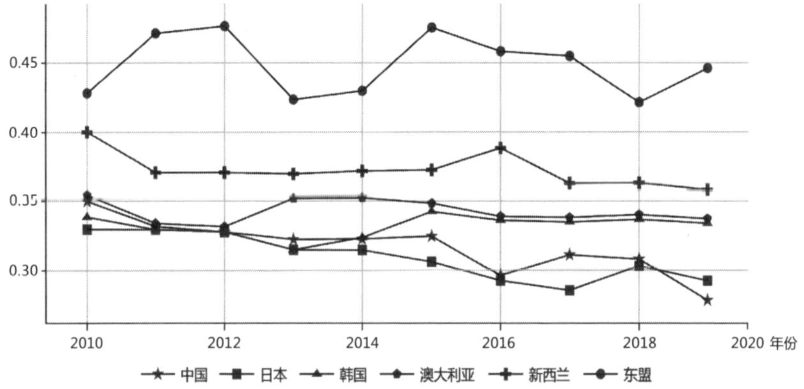

图 4 –5　RCEP 货物贸易网络各节点限制度

资料来源：笔者依据贸易网络数据计算整理获得。

（5）有效规模。如图 4 –6 所示，RCEP 区域内不同国家（地区）的有效规模变化趋势不同，且在数值上存在较大差距。中国和日本的有效规模在 2010—2019 年呈现出有波动的提高，中国一直处于网络内第一，而日本居于第二，两国在 2016 年的有效规模水平发展至 5.6，说明中、日两国在各自的贸易关系中高质量货物贸易占据了较高比重。韩国在 2010—2013 年的有效规模与日本大体持平，2013 年后有效规模从 4.1 降至 2015 年的 2.0，表明高质量的产业内贸易合作在此期间有所下降，其他国家找到可以替代韩国的贸易伙伴。东盟（10 国）和澳大利亚的有效规模相差较小，而新西兰的有效规模水平则一直低于 1.0。导致这三个国家（地区）贸易有效规模较小的原因可能是：①该国本身与其他成员国（地区）的贸易联系相对较少，如新西兰，这在图 4 –2 中也可以得到印证；②冗余的贸易联系相对较多，这说明在现有的贸易联系中，节点本身的被替代性较高，或者与该节点相连的其他节点间彼此存在较多贸易联系，如东盟10国内部的国家之间贸易的可替代性较强。

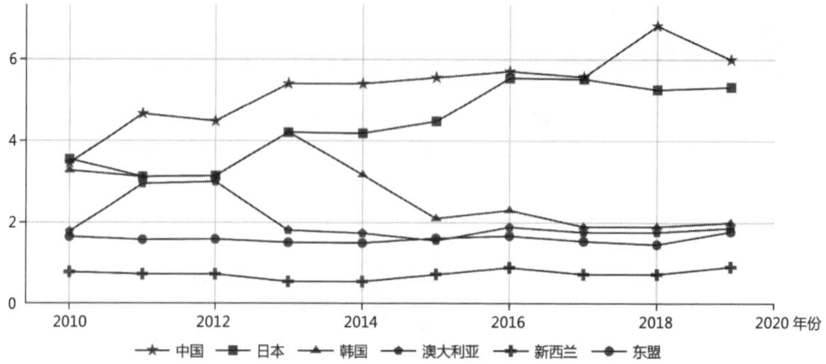

图4－6 RCEP货物贸易网络各节点有效规模

资料来源：笔者依据贸易网络数据计算整理获得。

2）网络指标

（1）网密度。如图4－7所示，RCEP货物贸易网络的网密度整体呈上升趋势。从2010年的不足0.5到2017年的超过0.56，这说明2010—2019年成员国（地区）内部的贸易联系不断加强，区域内部的贸易容量不断扩大，彼此之间的贸易依赖性加强。但从数据来看，网密度仍然相对偏低，2017年达到的最高值仅在0.56左右，表明网络中的成员国（地区）仍有较大潜力与其他国家（地区）开展贸易。其中，2010—2013年的网密度出现大幅上升，2015年出现小幅度下降后又在2016—2017年间出现较大幅度上升。

（2）局部效率。如图4－8所示，从时间序列数据来看，局部效率的变化趋势表现为在不同年份的较大幅度波动，说明在制造业贸易网络中存在核心节点。核心国家退出贸易网络将导致其周边国家贸易联系的紧密程度下降。从数值上看，局部效率基本在0.82～0.95范围内波动，与1.0较为接近，这也说明了网络中核心国家对区域贸易的总体影响力不强，贸易的公平性较好。2012—2013年局部效率有较大幅度的提升，从不足0.82到0.94，2015—2016年出现下降后在2017—2018年再次出现上升，到

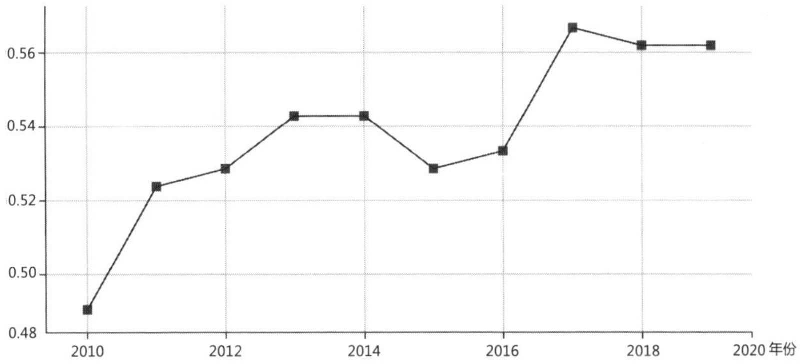

图 4 -7 RCEP 货物贸易网络的网密度

资料来源：笔者依据贸易网络数据计算整理获得。

2019 年再次出现下降。

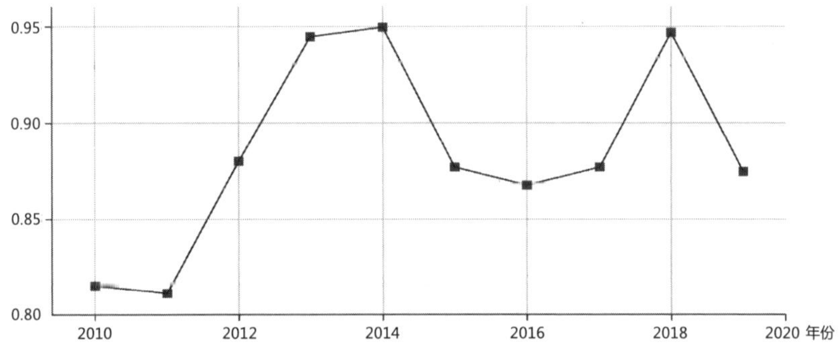

图 4 -8 RCEP 货物贸易网络的局部效率

资料来源：笔者依据贸易网络数据计算整理获得。

（3）互惠性。由图 4 -9 的变化趋势来看，RCEP 制造业贸易网络的互惠性系数存在比较大的波动，2010—2013 年下降至 0. 86，2014—2017 年大幅上升至接近 0. 91，2018 年又出现下降，但整体来看，互惠性呈上升趋势。从具体数值来看，互惠性系数整体高于 0. 86，表明 RCEP 制造业贸易网络中，成员国之间开展双向贸易的能力较强，贸易节点之间的联系和彼此依赖关系较好。

（4）小世界特征。如图 4 - 10 所示，在 2010—2019 年持续接近于 0 的小世界特征值表明了 RCEP 货物贸易网络具有短距离、高聚类的特征，即网络中两个成员国之间的平均最短距离较短，网络的平均集聚系数较

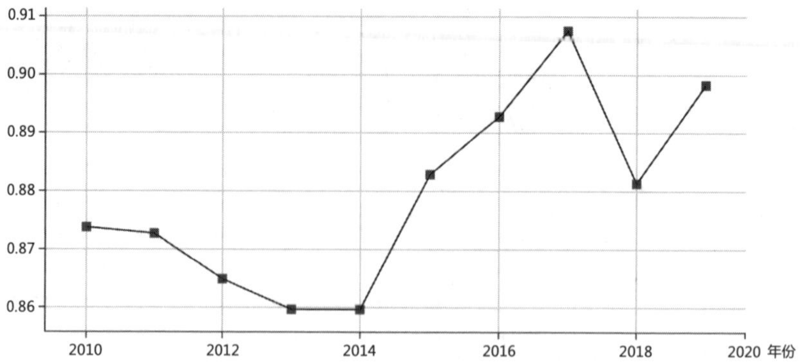

图 4－9　RCEP 货物贸易网络的互惠性

资料来源：笔者依据贸易网络数据计算整理获得。

大，成员国之间存在较高程度的凝聚性，有利于高效、便捷地开展贸易。

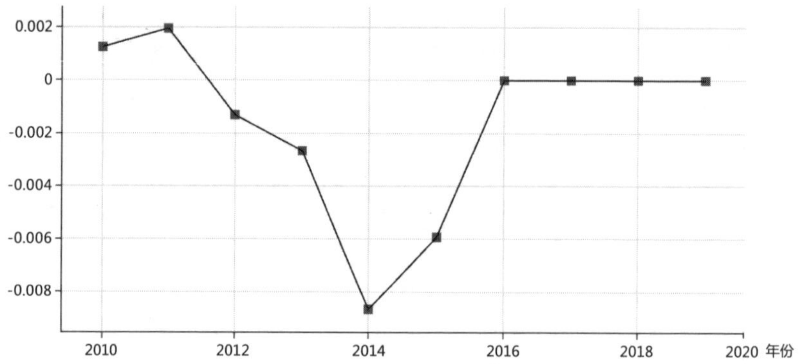

图 4－10　RCEP 货物贸易网络的小世界特征

资料来源：笔者依据贸易网络数据计算整理获得。

4.3.2　中观层面 RCEP 制造业贸易网络结构

4.3.2.1　2019 年制造业贸易网络节点指标的测算

本节将分别构建 RCEP 制造业贸易网络、RCEP 低端制造业贸易网络、RCEP 中端制造业贸易网络以及 RCEP 高端制造业贸易网络，并在此基础上测算中间中心度、接近中心度、集聚中心度、限制度、度数中心度、有效规模、特征向量中心度、网页排名系数，具体测算结果见表 4－2 至表 4－5。

表4-2 2019年制造业贸易网络节点指标测算结果

指标	中国	最大值	最大值国家	最小值	最小值国家
中间中心度	0.15	0.15	中国	0.00	文莱
接近中心度	0.93	0.93	中国	0.00	文莱
集聚中心度	0.56	1.00	柬埔寨	0.00	文莱
限制度	0.28	1.00	文莱	0.28	中国
度数中心度	1.86	1.93	泰国	0.07	文莱
有效规模	6.15	6.15	中国	0.50	老挝
入度中心度	0.93	0.93	中国	0.00	文莱
出度中心度	0.93	1.00	泰国	0.07	文莱
PageRank指标	0.27	0.27	中国	0.01	文莱

资料来源：笔者依据贸易网络数据计算整理获得。

由表4-2可知，制造业贸易网络各项节点指标的测算结果与表4-1所示数据基本一致，最大值国家和最小值国家也非常接近，这表明RCEP区域的制造业贸易在总货物贸易中占了绝大部分比重，而制造业低端、中端和高端产品的贸易网络显示出较大差距。

表4-3数据显示，低端制造业贸易网络中，缅甸是处于最边缘的国家，中国在网络中为核心节点。值得注意的是，中国的集聚中心度为所有国家中最低，仅有0.29，这在一定程度上说明与中国直接开展低端制造业贸易的国家，它们之间存在较少的贸易联系，原因很可能是中国作为低端制造生产大国，与中国开展贸易可以满足绝大多数市场需求，因此各国倾向于直接与中国建立贸易联系。

表4-3 2019年低端制造业贸易网络节点指标

指标	中国	最大值	最大值国家	最小值	最小值国家
中间中心度	0.52	0.52	中国	0.00	柬埔寨
接近中心度	0.72	0.84	日本	0.42	泰国
集聚中心度	0.29	1.00	柬埔寨	0.29	中国
限制度	0.29	0.69	新西兰	0.29	中国
度数中心度	1.67	1.67	中国	0.17	缅甸
有效规模	8.83	8.83	中国	1.00	柬埔寨
入度中心度	0.67	0.83	日本	0.08	缅甸

续表

指标	中国	最大值	最大值国家	最小值	最小值国家
出度中心度	1.00	1.00	中国	0.00	新加坡
PageRank 指标	0.27	0.27	中国	0.02	缅甸

资料来源：笔者依据贸易网络数据计算整理获得。

由4－4数据来看，文莱在中端制造业贸易网络中的中间中心度、接近中心度、集聚中心度、特征向量中心度、网页排名系数和度数中心度近乎为0，这表明该国在网络中处于极度边缘位置，几乎无法与网络中的其他成员国有效开展贸易。而泰国的中间中心度、度数中心度、有效规模和特征向量中心度等重要指标排名第一，这表明其在中端制造业贸易网络中处于与中国影响力相接近的地位，也进一步说明了东盟成员国内部贸易联系程度较疏松。

表4－4　2019年中端制造业贸易网络节点指标

指标	中国	最大值	最大值国家	最小值	最小值国家
中间中心度	0.13	0.20	泰国	0.00	文莱
接近中心度	0.82	0.82	中国	0.00	文莱
集聚中心度	0.59	1.00	柬埔寨	0.00	文莱
限制度	0.30	1.00	文莱	0.30	中国
度数中心度	1.64	1.86	泰国	0.07	文莱
有效规模	6.46	6.54	泰国	0.33	老挝
入度中心度	0.79	0.86	泰国	0.00	文莱
出度中心度	0.86	1.00	泰国	0.07	文莱
PageRank 指标	0.25	0.25	中国	0.01	文莱

资料来源：笔者依据贸易网络数据计算整理获得。

如表4－5所示，在高端制造业贸易网络中，澳大利亚的受限程度最大，为0.43，并且其中间中心度为0，有效规模与中国在数值上相差较大，这表明澳大利亚虽然作为发达国家，其高端产品贸易却较为依赖其他国家。在东盟10个成员国内，高端制造业贸易网络中最边缘化的国家是柬埔寨。中国在中间中心度等重要指标上排名处于网络第一，中国0.75的接近中心度表明其在高端制造业贸易领域内独立性相对较高，而中间中心度0.28的最大值说明其在网络中有话语权。因此，中国在RCEP高端制造业贸易网络中的优势有利于平衡美国贸易壁垒导致的负面影响，中国仍应与区域内日、韩等制造强国加强贸易联系，不断提高自身的国际竞争力，以更好地应对全球价值链重塑带来的风险与机遇。

表 4－5　2019 年高端制造业贸易网络节点指标

指标	中国	最大值	最大值国家	最小值	最小值国家
中间中心度	0.28	0.28	中国	0.00	澳大利亚
接近中心度	0.75	0.75	中国	0.44	柬埔寨
集聚中心度	0.55	1.00	澳大利亚	0.00	柬埔寨
限制度	0.29	0.43	澳大利亚	0.29	中国
度数中心度	1.75	1.75	中国	0.08	柬埔寨
有效规模	6.67	6.67	中国	0.86	澳大利亚
入度中心度	0.75	0.75	中国	0.08	柬埔寨
出度中心度	1.00	1.00	中国	0.00	柬埔寨
PageRank 指标	0.30	0.30	中国	0.02	柬埔寨

资料来源：笔者依据贸易网络数据计算整理获得。

4.3.2.2　2010—2019 年制造业贸易网络指标测算及趋势分析

1. RCEP 制造业贸易网络结构分析

1）节点指标

（1）度数中心度。如图 4－11 所示，在制造业贸易网络中，RCEP 各国（地区）间的度数中心度差异较大，这表明制造业贸易网络中存在实际核心节点和边缘节点。核心节点在网络中地位较高，如中国和日本，与其他成员国（地区）开展贸易的能力强。边缘节点与其他国家（地区）开展贸易的能力相对较弱，如新西兰和东盟地区。中国和日本的度数中心度一直在制造业贸易网络中排前两位，属于核心节点，其值分别在 1.8 和 1.6 上下，且两个国家的度数中心度均呈现上涨趋势；与中国相比，日本的度数中心度上升更为缓慢、稳定，这表明日本和其他成员国（地区）有更加稳定、牢固的贸易关联，而中国的度数中心度在 2015 年后有较明显的波动。韩国和澳大利亚的度数中心度排名始终保持在第三和第四，属于次核心节点，且两国的变化趋势也大致相同，均在 2010—2014 年有小幅度波动并且在 2014 年后出现下降，随后又稳定在 1.3～1.4。新西兰和东盟（10

国）属于边缘节点，与其他国家（地区）的贸易联系相对较少。东盟（10国）的度数中心度小幅缓慢增长至1.0，而新西兰的度数中心度则呈现出波动态势。东盟（10国）内部，新加坡、马来西亚和泰国的经济实力相对较强，相比缅甸、柬埔寨和老挝的度数中心度较高。经济实力的不平衡造成了东盟地区整体度数中心度偏低，因此在东盟（10国）内部应进一步加强各国间制造业贸易联系，从而有效促进整体经济发展。

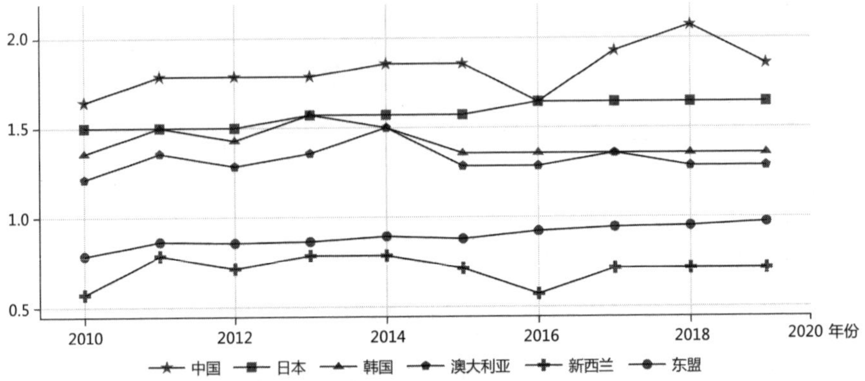

图4-11 RCEP 制造业贸易网络各成员国（地区）度数中心度

资料来源：笔者依据贸易网络数据计算整理获得。

（2）中间中心度。如图4-12所示，2010—2019年不同国家（地区）的中间中心度变化趋势不同，且各成员国（地区）的中间中心度差距较大，总体数值均相对较小，几乎都低于0.25。其中，中国的中间中心度波动幅度较大，2012—2013年出现小幅下降后，在2017—2018年又出现大幅上升，但总体排名第一，表明中国在网络中具有相对较强的影响力，可以影响其他国家之间的制造业货物贸易；日本的中间中心度表现出比较明显的稳定上升趋势，并在2016—2017年超越中国，总体排名第二，同样具备很强的影响其他国家开展贸易的能力；韩国的中间中心度发展趋势与日本相反，表现出下降趋势，在网络中的影响力逐渐减小；东盟（10国）和澳大利亚在网络中没有表现出影响力，几乎不能影响成员国之间的制造业贸易联系；新西兰的中间中心度一直保持为0，不在任何两个产生贸易联系的节点之间，对其他节点没有影响能力。

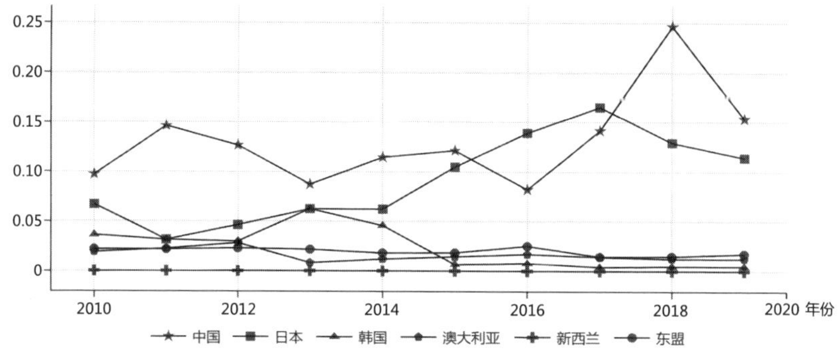

图 4－12　RCEP 制造业贸易网络各国（地区）中间中心度

资料来源：笔者依据贸易网络数据计算整理获得。

（3）接近中心度。由图 4－13 可知，在 2010—2019 年除了韩国的接近中心度有小幅下降趋势外，其他国家（地区）的接近中心度都有不同程度的提升，即独立开展贸易的能力变强，但国家之间的差异仍然较大。其中，中国与韩国的接近中心度在 2010—2014 年波动较多且在数值上与日本近似，因此区域内并没有出现稳定的独立性最强的国家，原因可能是中、日、韩三国在贸易中存在产业链的协同和互补效应，反而出现彼此制约的情况。2014 年后中国和日本的接近中心度出现领跑优势，韩国的接近中心度出现下滑。中国和日本的接近中心度一直在 RCEP 制造业贸易网络中处于前两名，这表明两国与其他成员国（地区）的制造业贸易往来几乎不受第三方成员国（地区）的影响。韩国和澳大利亚处于第三和第四的位置，且两国的接近中心度在 2014 年以后的变化趋势极为相似，开展贸易受其他成员国（地区）的影响较小。新西兰和东盟（10 国）的接近中心度在 2010—2019 年有小幅提升，但总体来看，和其他成员国（地区）相比仍然较低，受到产业因素的限制和地理距离的影响，对其他国家（地区）的贸易依赖程度相对较大。

（4）有效规模。如图 4－14 所示，中国和日本的有效规模在 2010—2019 年表现为有波动的增长，随着时间的推移交替作为区域内第一和第二，这说明中、日两国在各自的贸易关系中高质量货物贸易占据了较高的比重。韩国在 2011—2013 年的有效规模与日本大体持平，2013 年后有效规模大幅下降，表明韩国与其他国家（地区）高质量的产业内贸易合作规

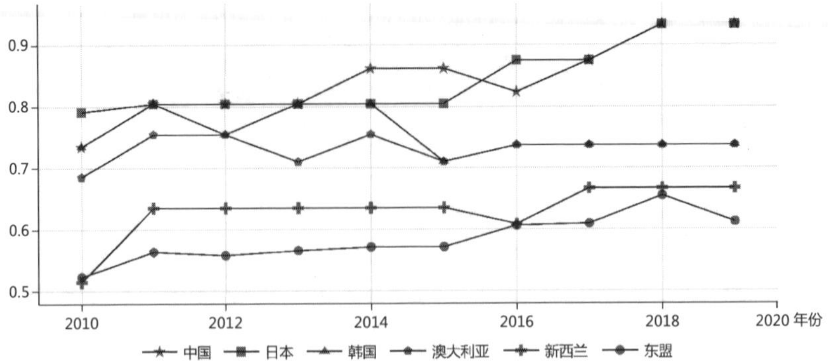

图 4－13　RCEP 制造业贸易网络各成员国（地区）接近中心度

资料来源：笔者依据贸易网络数据计算整理获得。

模有所下降，其他国家（地区）找到了可以替代韩国的贸易节点。东盟（10 国）和澳大利亚的有效规模相差较小，均高于新西兰。导致这三个国家（地区）贸易有效规模较小的原因有以下两个方面：一方面，本身与其他成员国（地区）开展贸易联系相对较少，如新西兰，这一点在度数中心度的计算结果中也得到印证；另一方面，冗余的贸易联系相对较多，这说明在现有的贸易联系中节点本身被替代的可能性较高，或者与该节点相连的其他节点间彼此存在较多贸易联系，如东盟（10 国）内部国家之间贸易的可替代性较强。

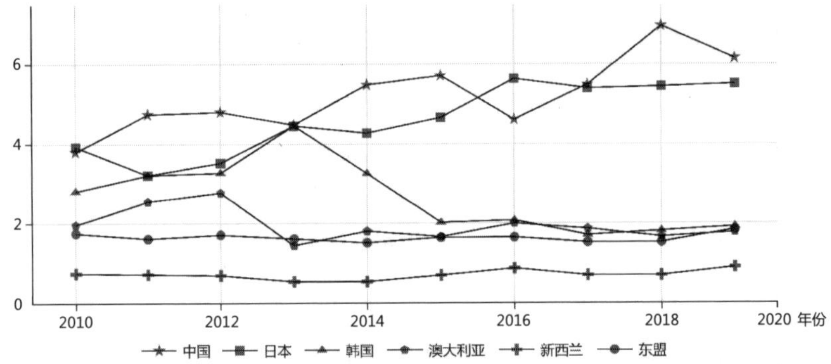

图 4－14　RCEP 制造业贸易网络各成员国（地区）有效规模

资料来源：笔者依据贸易网络数据计算整理获得。

（5）限制度。图 4－15 显示出 RCEP 各成员国（地区）的限制度水平在数值上没有太大差距。其中，日本的限制度水平最低，且在 2010—2017

年逐年下降，这表明日本受其他国家限制的程度较低，在网络中占据信息优势和控制优势，可以更好地开展自由贸易。中国、韩国和澳大利亚的限制度在 2010—2012 年表现出降低趋势且数值接近；2012 年后澳大利亚的限制度等级上升；2014 年后韩国的限制度等级上升，并在此后与澳大利亚在数值和发展趋势上相似；中国的限制度 2010—2019 年呈下降趋势并在 2019 年低于日本，成为网络中享有最高信息利益和贸易交易利益的国家。东盟（10 国）和新西兰的限制度较高，这说明它们的贸易受其他国家影响的程度较大。

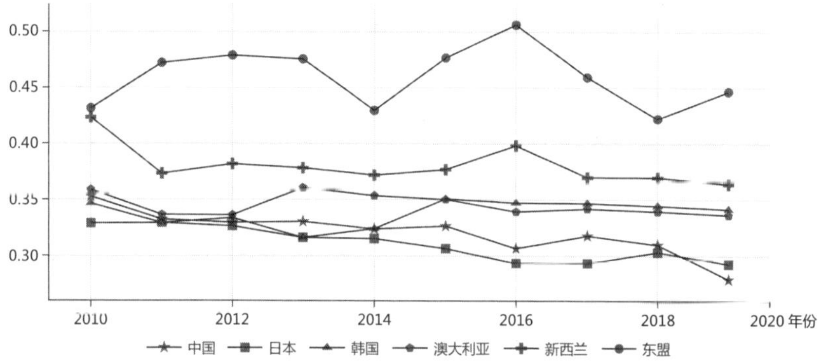

图 4－15 RCEP 制造业贸易网络各成员国（地区）限制度
资料来源：笔者依据贸易网络数据计算整理获得。

2）网络指标

（1）网密度。图 4－16 的时间序列趋势图显示，RCEP 制造业贸易网络的网密度整体呈上升趋势，由不到 0.48 上升到 0.54 以上，这说明在 2010—2019 年，成员国内部的贸易联系不断加强，RCEP 区域内贸易市场容量不断扩大，彼此之间的贸易依赖性加强；从数据方面来看，区域内网密度仍然整体偏低，2018 年最大值仅达到 0.55，这表明网络中的国家仍有较大潜力与其他国家开展贸易。

（2）局部效率。由图 4－17 可知，在 2010—2019 年 RCEP 制造业贸易网络的局部效率在 0.8～0.94 区间内有较大变动，这说明 RCEP 成员国在开展制造业贸易时存在对核心国家的贸易依赖，而核心国家对整体网络起到控制作用。2015—2016 年和 2019 年局部效率降低，可能是由于一些国

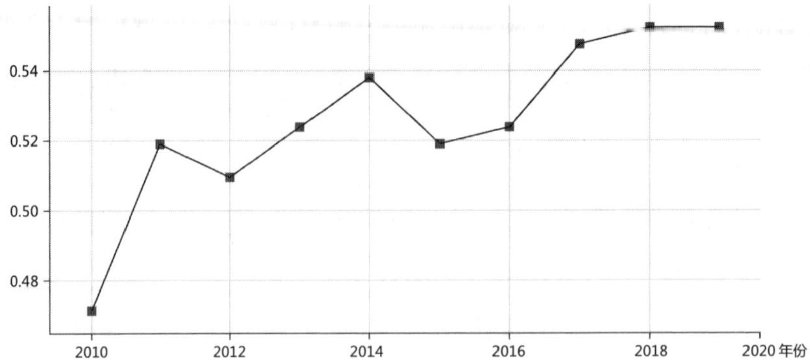

图 4－16　RCEP 制造业贸易网络的网密度

资料来源：笔者依据贸易网络数据计算整理获得。

家在这些年份的某些产品贸易领域获得较强的影响力。从数据来看，尽管有较大幅度波动，局部效率仍一直处于 0.8 以上的较高水平，存在少数国家可以控制整个贸易网络的现象。高效率的贸易往来对于提高 RCEP 制造业贸易网络整体的贸易联系和紧密程度有好的促进作用。

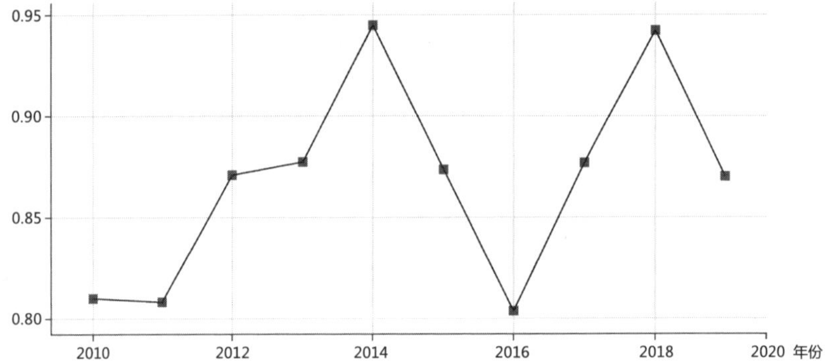

图 4－17　RCEP 制造业贸易网络的局部效率

资料来源：笔者依据贸易网络数据计算整理获得。

（3）互惠性。从图 4－18 的变化趋势来看，RCEP 制造业贸易网络的互惠性系数存在比较明显的波动，2012—2016 年有较大幅度的下降和上升，其中 2013 年下降至最低值；2017—2019 年又出现相对较小幅度的下降和上升，但整体来看呈上升趋势。从数据来看，2010—2019 年整体互惠性系数高于 0.85，该数据显示 RCEP 制造业贸易网络互惠性相对较高，成员国（地区）之间开展双向贸易的能力较强，贸易节点之间的联系和彼此依赖关系较好。

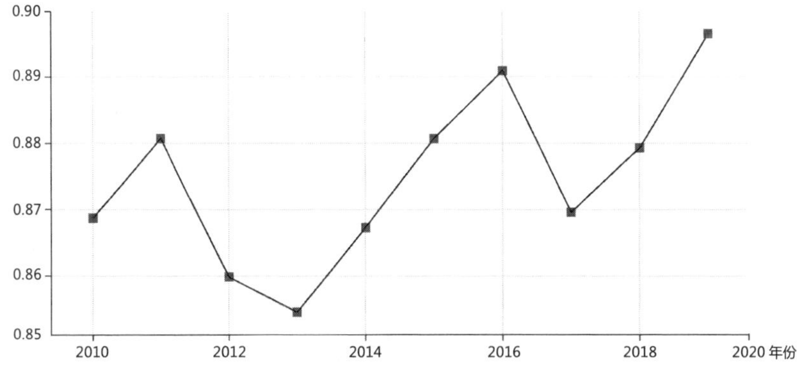

图 4－18　RCEP 制造业贸易网络互惠性

资料来源：笔者依据贸易网络数据计算整理获得。

（4）小世界特征。图 4－19 显示，在 2010—2019 年，小世界特征值持续接近于 0，这表明 RCEP 制造业贸易网络具有短距离、高聚类的特征，即网络中两个成员国（地区）之间的平均最短距离较短，网络的平均集聚系数较大，成员国之间存在较高程度的凝聚性，有利于高效、便捷地开展贸易。

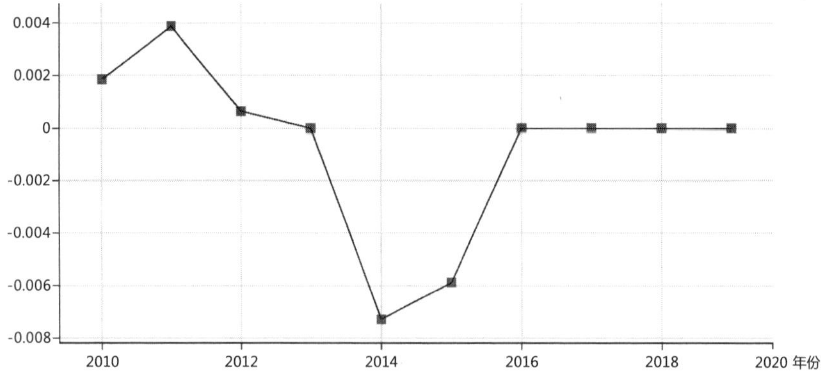

图 4－19　RCEP 制造业贸易网络小世界特征

资料来源：笔者依据贸易网络数据计算整理获得。

2. RCEP 低端制造业贸易网络结构分析

1）节点指标

（1）度数中心度。由图 4－20 可知，RCEP 低端制造业贸易网络中成员国（地区）的度数中心度在2010—2019年保持相对稳定，没有出现太大幅度的上升或下降，这表明成员国（地区）之间在低端制造业贸易关系上表现相对稳定，同时各个国家（地区）之间的度数中心度差距较大。其中，中国的度数中心度在1.7上下波动，排名第一，属于网络中的核心节点，与其他国家（地区）发展低端制造业贸易关系的能力强。这主要是因为中国的国内市场广阔，对日常必需品等低端制造业产品需求量大，生产能力又强，因此“中国制造”在满足国内需求的同时能够在国际市场上大规模出口。日本的度数中心度在1.0附近波动，属于网络中的次核心节点，与其他国家（地区）开展贸易的能力较强，且作为发达国家，其低端制造业产品较多依赖进口。韩国和澳大利亚的低端制造业贸易网络度数中心度在0.5~1.0波动。东盟（10国）和新西兰排最后两名，分别在0.4和0.3上下波动，在网络中属于较边缘节点和边缘节点。东盟（10国）中大部分国家经济发展水平相对较低，制造业基础设施不牢固，生产的轻工业制品大多只能满足国内市场消耗，无法与国际市场产生较多的贸易联系；新西兰的国内市场容量相对较小，并且处于大洋洲，地理位置相对较远，在网络中是薄弱节点，其市场与中国和澳大利亚联系较为紧密，与其他国家的贸易联系相对较少，因此这两个国家（地区）的度数中心度较低。

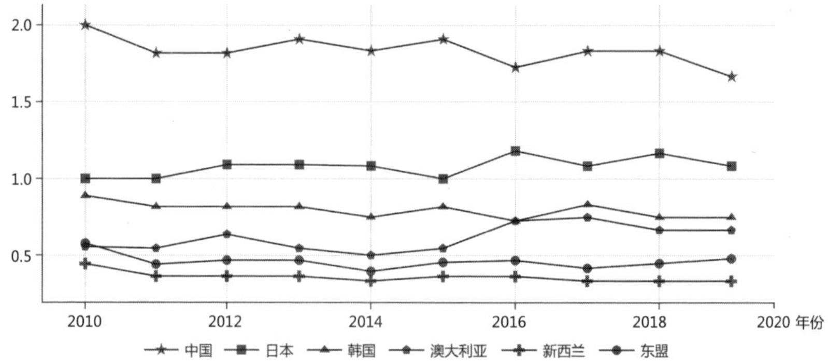

图4－20　RCEP低端制造业贸易网络各成员国（地区）度数中心度

资料来源：笔者依据贸易网络数据计算整理获得。

（2）中间中心度。如图4－21所示，RCEP部分国家（地区）的中间中心度在2010—2019年处于波动状态，且各成员国（地区）中间中心度的差距较大。其中，中国的中间中心度在数值上表现相对平稳，在 0.5 上下波动，并与排名第二的日本拉开较大差距，在低端制造业贸易领域影响力很强。日本相对于其他成员国（地区），中间中心度表现出非常明显的波动上升趋势，从 2010 年的 0.1 上升至 2018 年的 0.3，在网络中影响其他国家之间货物贸易的能力逐渐加强。澳大利亚、韩国、东盟（10 国）和新西兰的中间中心度几乎一直保持在 0，不处于两个产生贸易联系的节点之间的唯一通路，对其他节点没有影响能力。

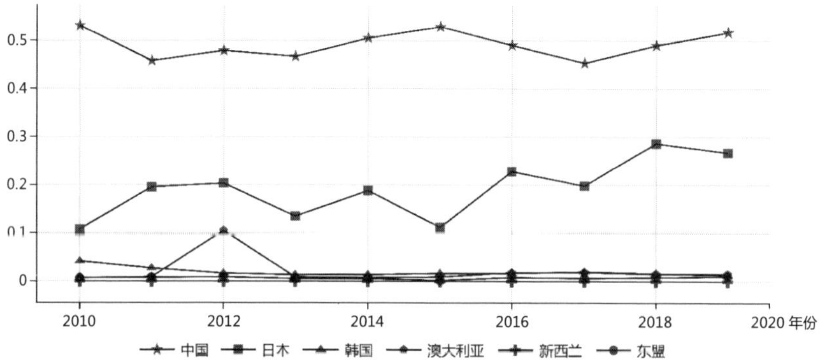

图 4－21　RCEP 低端制造业贸易网络各成员国（地区）中间中心度

资料来源：作者依据贸易网络数据计算整理获得。

（3）接近中心度。如图 4－22 所示，2010—2019 年所有成员国（地区）在低端制造业贸易网络中的接近中心度都表现出不同程度的波动，且波动趋势大致相同。其中，日本和中国的接近中心度在数值上较为接近，日本略高于中国，由 2010 年的 0.8 逐渐提升至 2018 年的 0.85，而中国则在 0.7 上下波动。韩国的接近中心度在时间序列上表现最为平稳，基本上处于接近 0.6 的水平，没有出现大幅波动。澳大利亚、东盟（10 国）和新西兰的接近中心度在数值上和趋势上都表现得十分接近，基本在 0.4～0.55 范围内波动。综上所述，在低端制造业网络中，中、日两国由于基础制造水平较高，在网络中自主性较强，而其余成员国（地区）由于国内生产门类不齐全，在低端制造业贸易中需要依赖他国。

（4）有效规模。如图 4－23 所示，在 RCEP 低端制造业贸易网络中，各国（地区）的有效规模大多出现波动上升趋势，不同国家（地区）之间

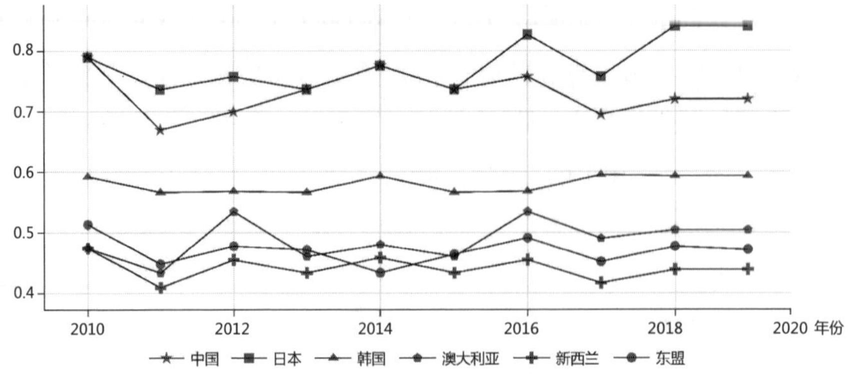

图4-22 RCEP低端制造业贸易网络各成员国（地区）接近中心度

资料来源：笔者依据贸易网络数据计算整理获得。

的有效规模差距较大。其中，有效规模排名第一的是中国，且连续十年保持第一，显著高于其他国家，表明中国在与其他国家开展低端制造业贸易时属于不可被替代的节点，与其他国家建立的贸易关联多。日本的有效规模在2010—2019年表现为较稳定的波动式增长。韩国、东盟（10国）和澳大利亚三者的有效规模在数值和发展趋势上较为接近：澳大利亚作为自然资源出口导向型国家，在低端制造业方面并不占据优势；而韩国的制造业出口优势主要集中为汽车和电子设备，低端制造业也不占据出口优势；东盟（10国）有效规模较小的原因是区域内10个成员国之间签订的自贸协定较多，且有些国家的高端制造业基础薄弱，大多依靠低端制造业出口发展经济，轻工业产品和产业链的重复使得国家间存在较多冗余贸易，因此有效规模较小。新西兰与除中国和澳大利亚以外的其他RCEP成员国（地区）开展贸易联系较少，无法开展能够提升低端制造业增加值的贸易，有效规模最低接近于0。

（5）限制度。图4-24显示在RCEP低端制造业贸易网络中，各国的限制度水平都存在较小幅度下降的趋势，但在数值上差距较大。中国、日本的限制度水平和发展趋势相对一致，中国存在略微小幅波动，由2010年的接近0.5降低至2019年的0.3，在网络中受到其他国家影响的程度较小。其余国家中，韩国、东盟（10国）和澳大利亚的限制度水平和发展趋势大体相同，在0.4~0.8区间表现为下降趋势。新西兰的限制度水平最高，从2010年的

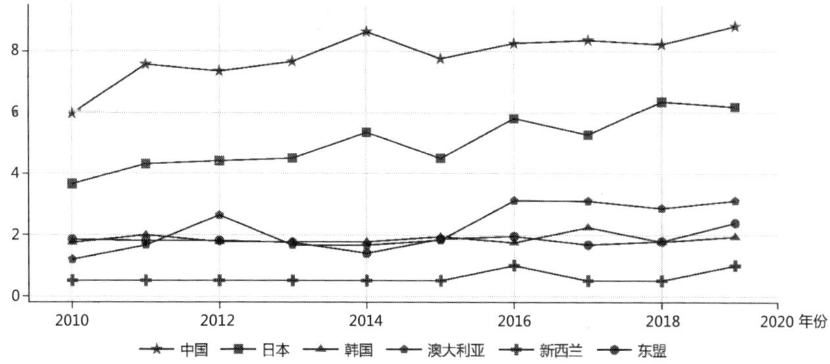

图 4-23 RCEP 低端制造业贸易网络各成员国（地区）有效规模

资料来源：笔者依据贸易网络数据计算整理获得。

0.9 下降至 2019 年的 0.7，表明尽管它受中、日等低端制造业大国的限制有所降低，但总体受到较高水平的限制。

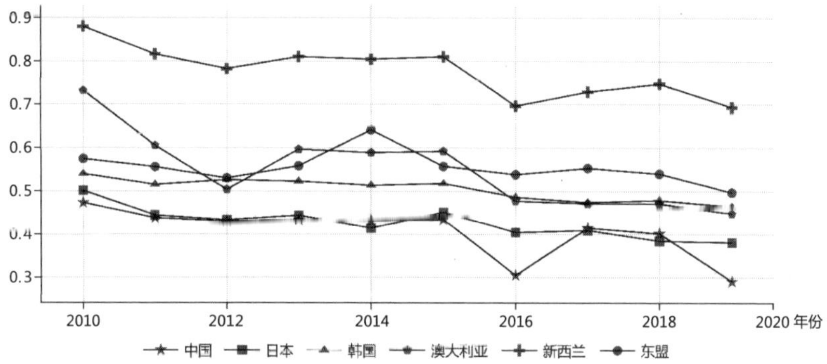

图 4-24 RCEP 低端制造业贸易网络各成员国（地区）限制度

资料来源：笔者依据贸易网络数据计算整理获得。

2）网络指标

（1）网密度。从图 4-25 的变化趋势来看，2010—2019 年的网密度指标出现频繁的小幅波动。这表明在低端制造业贸易网络中，国家之间的贸易关系并不稳定，这对于依赖低端制造业产品出口的国家来说并不乐观。从具体数据来看，整体网密度呈现出下降趋势，从 2010 年的接近 0.39 下降至 2018 年的 0.32，说明 RCEP 低端制造业贸易网络中国家间存在进一步提高货物贸易水平的空间，但这也意味着成员国中较多国家间的低端产品贸易联系已经放缓，且彼此之间的贸易联系较弱。

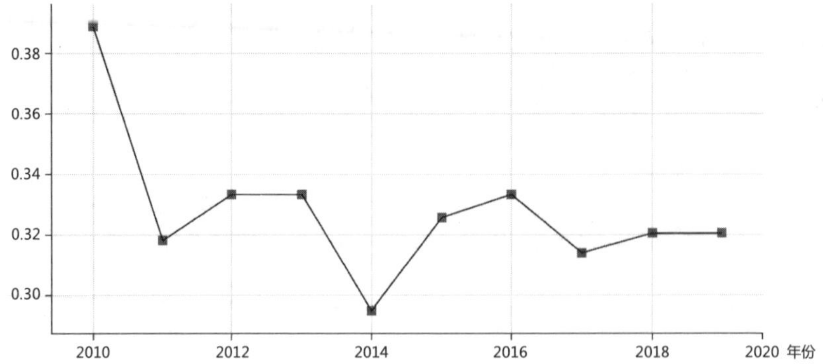

图 4-25　RCEP 低端制造业贸易网络的网密度

资料来源：笔者依据贸易网络数据计算整理获得。

（2）局部效率。从图 4-26 的整体变化趋势来看，2010—2019 年局部效率指标呈先下降后上升的趋势。2010—2014 年，总体处于 0.76～0.88 区间，并且出现大幅降低。2014—2019 年，总体在 0.76～0.9 区间，出现大幅度上升。这说明一些国家对于进口低端制造业产品的依赖程度有先升后降的趋势，经济较为发达的国家在海外投资和工厂海外迁移的进程中出现国内缺乏低端产品生产环节的情况。从数据来看，尽管在 0.76～0.9 范围内波动，局部效率仍然保持在相对较高的水平，说明国家之间存在的贸易依赖程度偏小，不存在一个或少数几个国家（地区）退出就会导致 RCEP 低端制造业贸易网络出现断裂的现象，贸易的自由度和传递程度依然较高。

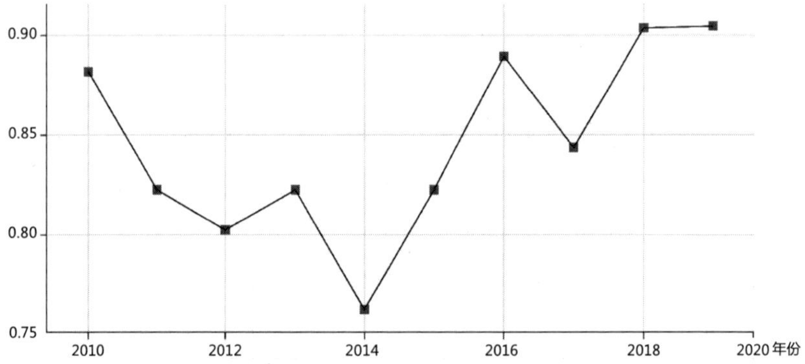

图 4-26　RCEP 低端制造业贸易网络的局部效率

资料来源：笔者依据贸易网络数据计算整理获得。

（3）互惠性。由图 4 - 27 可知，RCEP 低端制造业贸易网络的互惠性系数呈波动下降趋势，由 2010 年的 0.63 下降至 2019 年的 0.52。从数值来看，互惠性系数在 0.52 ~ 0.64 区间，表明 RCEP 低端制造业贸易网络是互惠性不高的网络，相较于制造业贸易整体网络，在数据上偏小，且存在一国（地区）对于另一国（地区）的单边出口和单边进口现象。这很大程度上是因为国际分工与合作使得网络中如澳大利亚、新西兰等发达国家较少生产低端制造业产品，而东盟（10 国）内部如缅甸、文莱由于工业基础较为薄弱，不存在低端制造业产品的价格优势，所以也需进口低端制造业产品，而中国、越南、泰国等则是低端制造业产品的优势出口国。

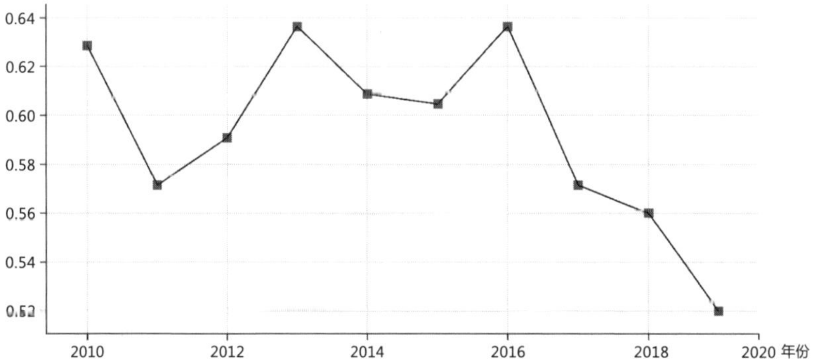

图 4 - 27　RCEP 低端制造业贸易网络互惠性

资料来源：笔者依据贸易网络数据计算整理获得。

（4）小世界特征。由图 4 - 28 可知，相较于货物贸易网络和总制造业贸易网络，低端制造业表现出的小世界特征相对较差，且波动频率较大。该数值2010—2019年基本在 - 0.06 ~ 0.02 的范围内波动。这表明国家间的平均最短距离较长、平均集聚系数较小，国家间较不利于开展低端制造业贸易，仅工业技术水平相对落后的国家和国内工业生产链条有部分缺失的发达国家存在对低端产品的大量需求。

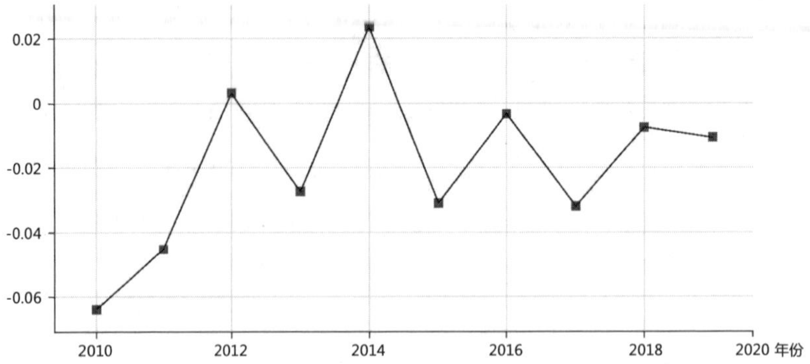

图 4－28　RCEP 低端制造业货物贸易网络小世界特征

资料来源：笔者依据贸易网络数据计算整理获得。

3. RCEP 中端制造业贸易网络结构分析

1）节点指标

（1）度数中心度。从图 4－29 显示的整体趋势来看，RCEP 中端制造业贸易网络节点的度数中心度在 2010—2019 年相对平稳，各成员国（地区）之间的度数中心度差异较大。中国的度数中心度在 2015—2019 年有较大幅度波动，但总体稳定在 1.5～2.0；日本、韩国、澳大利亚的度数中心度略有下降；东盟（10 国）的度数中心度波动幅度较小，总体维持在 0.7～1.0区间；新西兰的度数中心度尽管有微小上涨，但仅在少数几年上升到0.5，与其他国家（地区）差距较大。以上数据显示，与低端制造业贸易网络相比，中端制造业贸易网络内各节点的度数中心度差异相对较小，这表明国家间的贸易联系更为紧密。

（2）中间中心度。由图 4－30 可知，大多数国家的中间中心度都表现出大幅度波动，仅东盟（10 国）和新西兰表现相对平缓。由测算结果来看，中端制造业贸易网络中各节点的中间中心度相较于低端、高端制造业贸易网络来说其值较小，大部分国家在报告期内都低于 0.1，这说明所有国家在网络中的影响力都不强。中国、日本、澳大利亚的中间中心度在 2010—2013 年间波动较大，且在数值上较为接近，并没有出现网络内影响力最强的国家，这说明三个国家存在各自的中端制造业产业优势；2013—2016 年，日本在三个国家中影响力最强，远超中国和澳大利亚；2016—

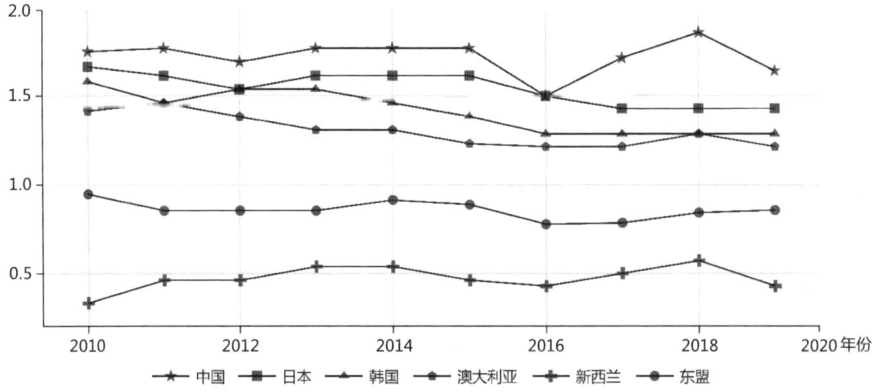

图 4 –29　RCEP 中端制造业贸易网络各成员国（地区）度数中心度

资料来源：笔者依据贸易网络数据计算整理获得。

2018 年，日本和澳大利亚的中间中心度出现下降，中国在保持上升的同时于 2017 年超过日本，成为影响力最大的国家；2018 年后，由于中美贸易摩擦导致的国际政治经济形势变化，中国的中间中心度下降，日本、澳大利亚出现了不同程度的上升。韩国的中间中心度变化趋势表现为先上升后下降，在 2013 年达到最高值 0.07 后下降到 2018 年的 0.01，2015 年后其在网络中的影响力低于东盟（10 国）。东盟（10 国）的中间中心度在所有国家中表现最为平稳，一直在 0.02 ~ 0.03，在网络中影响力较弱。新西兰的中间中心度一直保持为 0，不处于任何两个产生贸易联系的节点之间，对其他节点没有影响能力。

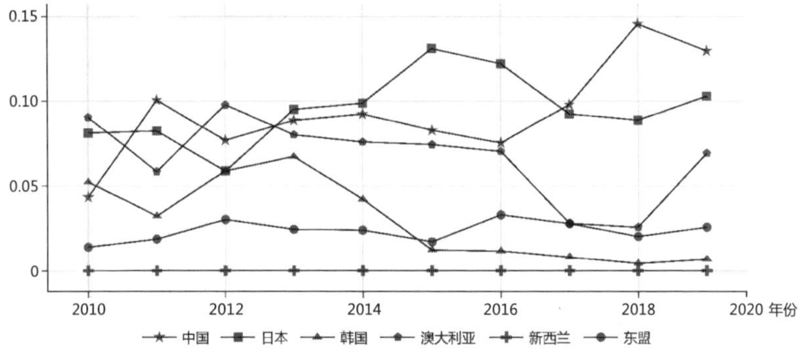

图 4 –30　RCEP 中端制造业贸易网络各成员国（地区）中间中心度

资料来源：笔者依据贸易网络数据计算整理获得。

(3) 接近中心度。如图 4－31 所示，2010—2019 年 RCEP 成员国（地区）在中端制造业贸易网络中的接近中心度表现为近似收敛趋势，各成员国（地区）的值趋近于0.7。日本、韩国、澳大利亚三国的接近中心度在十年间表现出较为明显的下降趋势，日本从2010 年的0.85 下降至2018 年的0.75，韩国和澳大利亚分别从2010 年的0.85 和0.8 下降至2019 年的0.7，这说明日本、韩国、澳大利亚三国在中端制造业领域的贸易独立性逐渐减弱，各国开始发展各自的中端产业优势，出现了技术上优势互补的现象。

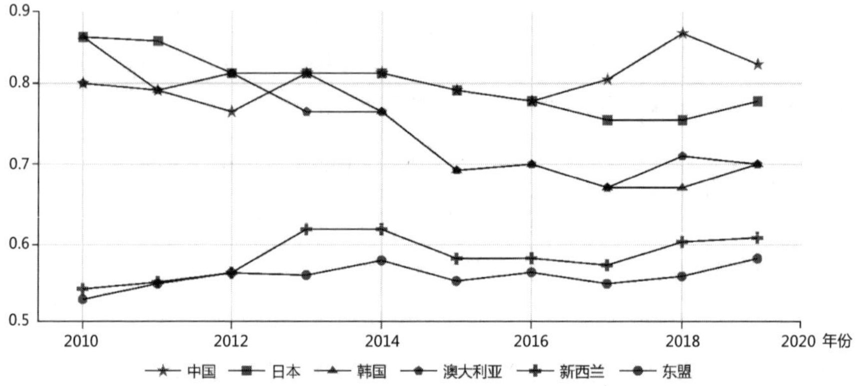

图4－31　RCEP 中端制造业贸易网络各成员国（地区）的接近中心度

资料来源：笔者依据贸易网络数据计算整理获得。

中国虽在第一梯队但表现相对特殊。日本、韩国、澳大利亚表现出不断提升的贸易依赖性，中国中端制造业的贸易独立性却在2010—2019 年间呈上升趋势。这主要是因为中国近些年来发展起来较为完备的工业体系且国内市场广阔，所以在中端制造业贸易上独立性逐渐增强。新西兰和东盟（10 国）的接近中心度在2010—2019 年出现上升趋势，从2010 年的0.55 左右逐渐提升至2019 年的0.6 左右，在贸易中对其他国家（地区）的依赖逐渐缓解，但总体依赖程度仍较强，无法独立开展贸易。

(4) 有效规模。如图 4－32 所示，在 RCEP 中端制造业贸易网络中，日本的有效规模在2010—2017 年间一直处于第一。中国、韩国、澳大利亚的有效规模在2010—2012 年间很接近；2012 年后，中、韩两国的有效规模明显超过澳大利亚；2014 年后中国的有效规模保持稳定，而韩国的有效规模出现较大幅度的下降。2017 年以后中国在中端制造业网络中的有效规模超越日本排在第一，韩国、澳大利亚和东盟（10 国）的有效规模在数值和发展趋势上很接近。

从产业层面来看，中国的中端制造业网络的有效规模不断提升，表明中国在中端制造业技术创新方面有所突破，充分利用经济全球化带来的资源重新分配，在中端制造产业链上不断向上攀升，能够更好地与其他国家开展高质量贸易。日本作为老牌的制造强国，在中端制造业如汽车领域的技术水平、地位以及影响力较大，与其他国家开展贸易时属于不可被替代的关键节点，但近几年受到“中国制造”崛起的冲击，有效规模出现下滑。韩国的技术竞争力较强，产业也集中在高端制造领域，经济全球化带来的产业链重构使得韩国中端制造业的贸易优势下降，有效规模较低。澳大利亚作为资源出口型国家，在中端制造业贸易中不具备优势。东盟（10 国）有效规模较低的原因是区域内部较多国家经济体量小且交通运输产业欠发达，多数国家无法与日本、韩国、中国直接展开贸易对接，需要以周边接壤国家为中转站开展贸易，因此产生了较多的冗余贸易。新西兰与其他国家的贸易联系较少，无法开展能提升中端制造业增加值的贸易，有效规模低。

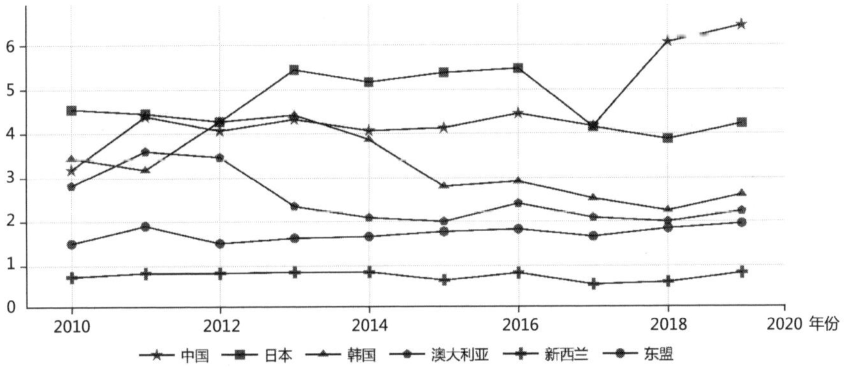

图 4－32　RCEP 中端制造业贸易网络各成员国（地区）有效规模

资料来源：笔者依据贸易网络数据计算整理获得。

（5）限制度。如图 4－33 所示，在 RCEP 中端制造业贸易网络中，中国、日本、韩国、澳大利亚的限制度水平和发展趋势在 2010—2012 年相对一致，在 2012—2014 年有所分化，2016 年后表现为中国和日本的限制度水平最低，韩国和澳大利亚相对较低，在中端制造业领域都有一定的影响能力和信息掌控力。尽管新西兰和东盟（10 国）的限制度等级都相对较高，但两者的发展趋势相反。新西兰的限制度在 2010—2014 年有较大幅度的下降，说明新西兰在网络中的贸易对象有所增加，在中端制造业贸易活动中受到少数国家影响的情况有所改善。东盟（10 国）的限制度在 2010—2011 年经历下降后，于 2011—2017 年表现为上升趋势，但数据显示上升幅度相对较小，限制度最高仅达 0.55，明显小于低端制造业的数据。这说明经济全球化带来的产业链重构使东盟（10 国）在中端制造业领域的比较优势明显被弱化了，对进口的依赖程度较强，而这一情况在 2017 年后得到一定程度的改善，限制度等级下降至 0.45 ~0.5 区间。

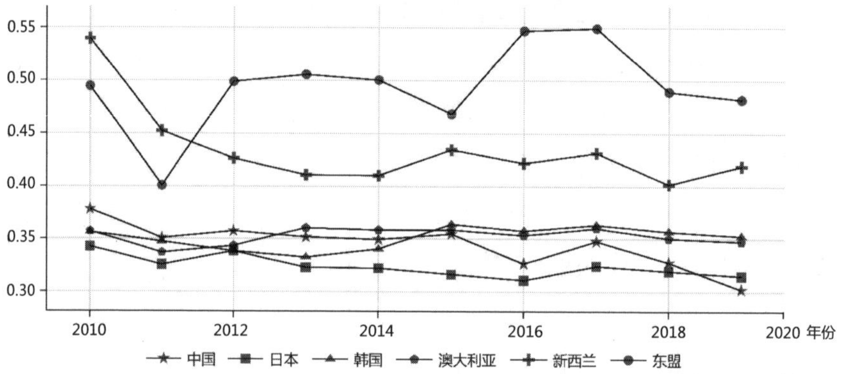

图 4 –33　RCEP 中端制造业贸易网络各成员国（地区）限制度

资料来源：笔者依据贸易网络数据计算整理获得。

2）网络指标

（1）网密度。如图 4 –34 所示，在 2010—2019 年 RCEP 中端制造业贸易网络的网密度有比较明显的下降，且网密度整体偏低，2014—2016 年间的下降幅度最为显著，从 0. 53 下降至 0. 46，这样的下降幅度表明成员国（地区）之间的贸易出现整体下滑，导致节点之间的部分联系断开。基于产业层面分析，各成员国（地区）都希望提高或保留自己中端制造业产品的出口优势，以避免对其他国家（地区）在关键产品上有太多的贸易依赖。例如东盟（10 国）近些年来外资引入带来的贸易转移效应逐渐向中端制造业产品突破，而发达国家（地区）如日本和韩国也存在回笼并保护自己中端制造产业链的趋势，以避免对其他国家产生贸易依赖。

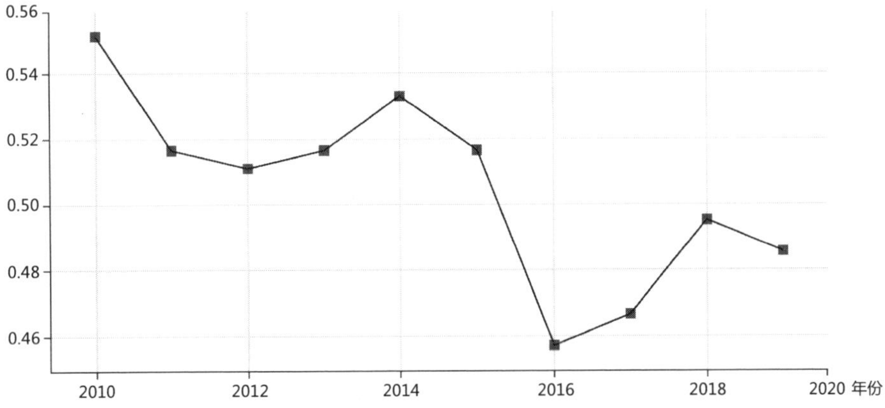

图 4－34　RCEP 中端制造业贸易网络的网密度

资料来源：笔者依据贸易网络数据计算整理获得。

(2) 局部效率。从图 4－35 整体变化趋势来看，2014—2017 年局部效率出现由 0.87 到 0.74 的大幅度下降，2018 年又大幅回升至 0.87，这表明中端制造业贸易网络连接并不稳定。2014—2017 年网络中核心节点数目有所提升，对贸易的影响能力较强，成为网络中不可或缺的关键节点。总体来看，局部效率仍然处于相对较高水平，贸易的自由程度较高，对个别国家的贸易依赖程度较低。

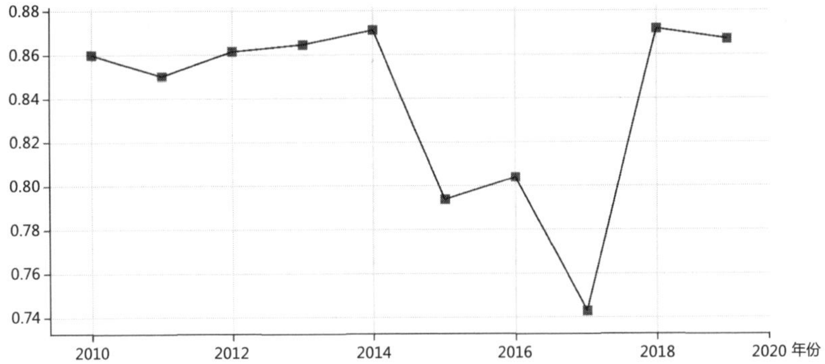

图 4－35　RCEP 中端制造业贸易网络的局部效率

资料来源：笔者依据贸易网络数据计算整理获得。

(3) 互惠性。由图 4－36 可知，网络互惠性系数在 0.8～0.86 范围内波动，2010—2014 年出现大幅下降，2014—2017 年波动上升，2018—2019 年出现下降趋势。从具体数据来看，互惠性系数在 0.8～0.86 波动表明 RCEP 中端制造业贸易网络的互惠性相对较高，国家之间开展双向贸易较多，即使在2010—2014 年下降期间，最低的互惠性系数仍高于 0.8。从产业层面分析，可能是 RCEP 部分成员国在中端制造业领域出现了各自的产业优势和品牌效应，使得国家间在开展相同产品的贸易时不只是存在一国对另一国的单边出口，国家间可以进行双向贸易，从而使贸易对双方的价值相对均衡。

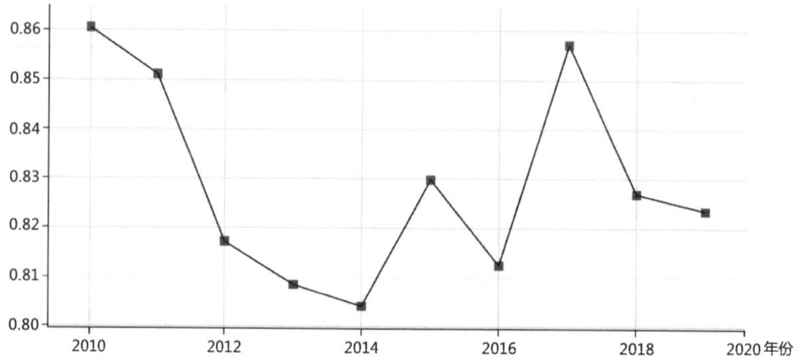

图 4 -36　RCEP 中端制造业贸易网络互惠性

资料来源：笔者依据贸易网络数据计算整理获得。

（4）小世界特征。由图 4 -37 可知，2010—2015 年持续接近于 0 的小世界特征值说明 RCEP 中端制造业贸易网络具有短距离、高聚类的特征，即网络中两个成员国之间的平均最短距离较短，网络的平均集聚系数较大，成员国之间存在较高程度的凝聚性，有利于高效、便捷地开展贸易。而在 2017 年后小世界指标逐渐偏离零值，到 2019 年下降至 -0.01，表明中端制造业贸易网络中国家间的贸易关系出现缺失。

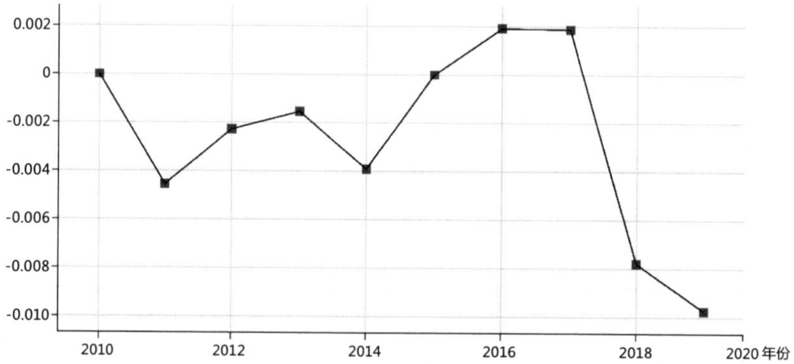

图 4 -37　RCEP 中端制造业贸易网络小世界特征

资料来源：笔者依据贸易网络数据计算整理获得。

4. RCEP 高端制造业贸易网络结构分析

1）节点指标

（1）度数中心度。如图 4－38 所示，RCEP 高端制造业贸易网络中各节点的度数中心度在 2010—2019 年保持相对平稳，但各个成员国（地区）之间的度数中心度差异较大。中国的度数中心度在 2010—2019 年以平均 1.9 位居第一。日本、韩国分别以平均 1.6 和 1.5 的微小差距位列第二和第三。值得指出的是，在高端制造业贸易领域，东盟（10 国）的度数中心度以平均 1.2 超过澳大利亚位列第四，而澳大利亚和新西兰则属于高端制造业贸易网络的较边缘节点和边缘节点。原因可能是东盟区域内部主要国家的高端制造业发展较为落后，各国所需电子设备和医药产品较多依赖进口，而区域内部各国进行此类货物贸易时由于交通运输基础欠发达，多数国家无法与日本、韩国、中国直接展开贸易对接，需要以周边接壤国家为中转开展贸易，因此度数中心度较高。澳大利亚在进行高端制造业货物贸易时，可以直接与中、日、韩等国开展贸易对接，而与东盟（10 国）的贸易联系较少，因此度数中心度较低。新西兰国内的高端制造业产品市场与中国、日本、韩国和澳大利亚的贸易联系较为紧密，而与节点众多的东盟（10 国）联系较少，因此度数中心度较低。

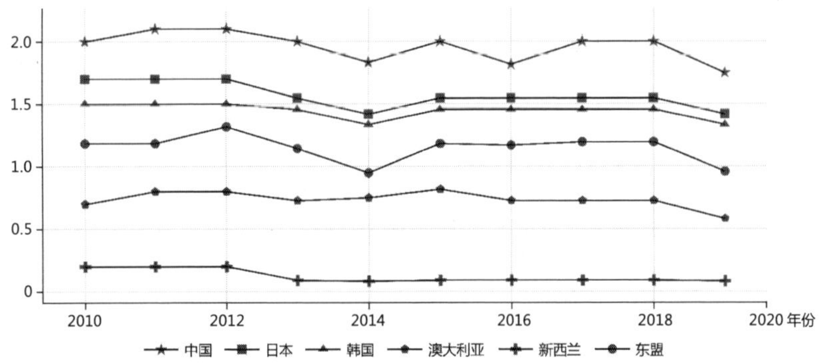

图 4－38　RCEP 高端制造业贸易网络各成员国（地区）度数中心度

资料来源：笔者依据贸易网络数据计算整理获得。

（2）中间中心度。从图 4－39 的具体数据和变化趋势来看，成员国（地区）在网络中的影响力呈现两极分化的态势。中国在高端制造业贸易网络中的影响力远高于其他国家，且2010—2019年呈逐渐上升的趋势，从2010年的0.14攀升至2019年的0.28。日本在网络中的影响力与中国相反，呈现出逐年下降的趋势，由2010年的0.07下滑至2013年的0.02，随后保持平稳。韩国和东盟（10国）的中间中心度发展比较平缓，对其他国家的影响力相对较小。

从产业层面分析，中、日、韩三国在产业链上存在深度互补关系，尽管日本和韩国为车辆零配件、芯片和半导体等高精尖电子仪器的核心技术垄断国家，但这些产品的组装和加工地区均在中国，庞大的集成电路需求巩固了中国在网络中的主导地位。值得指出的是，澳大利亚的中间中心度由2012年的0.03降至2013年的0，与新西兰类似，都不处于任何两个产生贸易联系的节点之间，对其他节点没有影响能力。这表明两国作为发达国家，依靠自然资源以及游牧业产品出口作为国家的产业支柱，难以弥补技术上的缺失带来的贸易影响力下降。

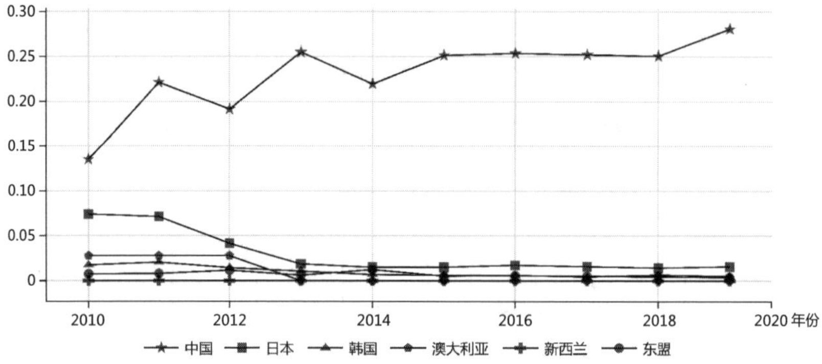

图4－39　RCEP高端制造业贸易网络各成员国（地区）中间中心度

资料来源：笔者依据贸易网络数据计算整理获得。

（3）接近中心度。如图4－40所示，2010—2019年各成员国（地区）在高端制造业贸易网络中的接近中心度变化趋势基本一致，除了澳大利亚以外都出现了2010—2012年的微小上升、2013—2014年的大幅下降、2015年的小幅上升、2016—2018年的持续平稳以及2019年的下降。从总体变化趋势来看，各成员国（地区）的接近中心度都有下降趋势，说明在区域内的高端制造业贸易活动中，不存在一个国家拥有所有行业的完全技术垄断。各成员国（地区）都在不断提升本国高端产业的技术优势，通过贸易形成优势互补，成员国（地区）之间的贸易依赖性加强。值得指出的是，与低端和中端制造业贸易网络进行对比，东盟（10 国）在高端制造业贸易网络中的接近中心度较高，十年间保持在 0.65 左右，在数值上一直高于新西兰，并在 2012 年超过了澳大利亚和韩国。分析其原因可能是东盟国家进行高端制造业贸易时为防止其他国家在中转时扣留截取，倾向于与原产国直接开展贸易。新西兰高端制造业产品的贸易受中国和澳大利亚的影响较大，因此贸易独立性相对较差。

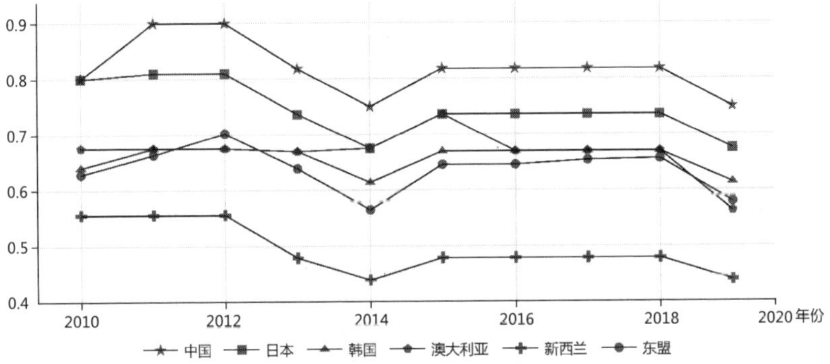

图 4－40 RCEP 高端制造业贸易网络各成员国（地区）接近中心度

资料来源：笔者依据贸易网络数据计算整理获得。

（4）有效规模。如图 4－41 所示，在 RCEP 高端制造业贸易网络中，中国的有效规模在 2010—2019 年呈增加态势，且在 2018 年后有大幅提升，到 2019 年上升至近 7.0 。除了东盟地区以外，其他成员国如日本、韩国和澳大利亚都有下降趋势，其中澳大利亚在 2013 年下降最为明显。东盟（10 国）的有效规模稳定在 1.0～2.0 区间。日本、韩国和澳大利亚有效规模的下降与中国有效规模的上升形成对比，说明在高端制造业贸易领域，中国逐渐成为无法被绕开的非冗余—关键节点。经济全球化带来的产业链重组使得中国可以成为高端产品的加工厂，如来自韩国的通信设备和来自日本的机械设备。然而中国尚不足以形成高端技术产品的出口优势，仍处于高端制造产品的加工阶段。这说明尽管有效规模的提升能够证明中国在高端制造业贸易网络中的地位逐渐提高，但是日本和韩国仍然控制产业链顶端，两国有效规模的下降并不能代表中国在高端产业链的位置上实现了超越。

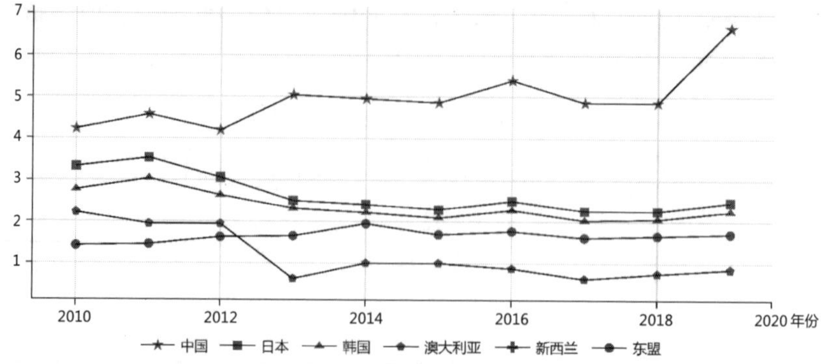

图 4－41　RCEP 高端制造业贸易网络各成员国（地区）有效规模

资料来源：笔者依据贸易网络数据计算整理获得。

（5）限制度。如图 4－42 所示，在 RCEP 高端制造业贸易网络中，从总体发展趋势来看，2010—2019 年除中国以外的其他国家（地区）发展趋势大致一致，数据表现略有不同。中国的限制度等级最低，且波动最大，在 2016 年和 2019 年经历了两次大幅下降，分别降至 0.32 和 0.28，而在 2017 年则出现了大幅回升，其他国家（地区）的限制度等级保持了较为平稳趋势，基本在 0.4 ~ 0.45 区间小幅波动。中国的限制度出现不稳定的上升和下降说明中国在高端制造业领域的核心技术尚不成熟，且与日、韩等高端制造业强国的贸易伙伴关系也不稳定，一定程度上说明中国仍需加大高端制造业的科技创新和研发力度，以避免在突发的贸易摩擦中受到冲击。

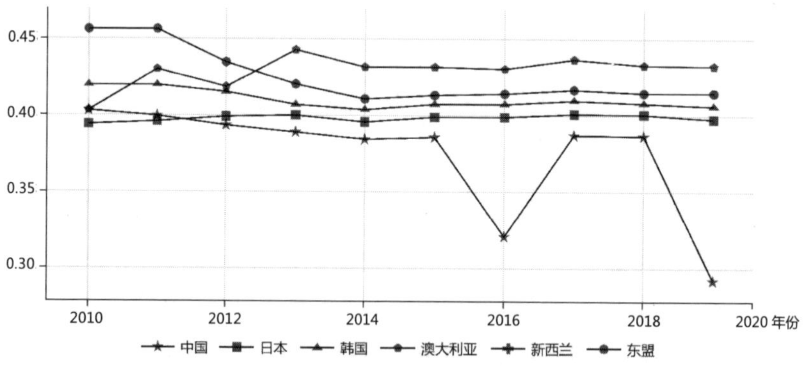

图 4－42　RCEP 高端制造业贸易网络各成员国（地区）限制度

资料来源：笔者依据贸易网络数据计算整理获得。

2）网络指标

（1）网密度。如图 4－43 所示，2010—2019 年，高端制造业贸易网络的网密度值波动幅度较大且有下降趋势。2013—2014 年及 2019 年有比较明显的下降。从具体数据来看，尽管网密度整体在下滑，但高端制造业网络的网密度仍然在 0.5～0.65 区间，贸易联系的紧密程度高于中端制造业和低端制造业。主要原因是在 RCEP 区域内仅有少数国家能够主导或影响高端制造业产品技术，使得其他成员国对产品依赖性较高，从而带动整体贸易水平的提高；而国际政治经济局势的不稳定和掌握关键的高端制造业核心技术国家对其他国家的出口限制，可能是导致贸易水平降低、进而网密度下降的原因。

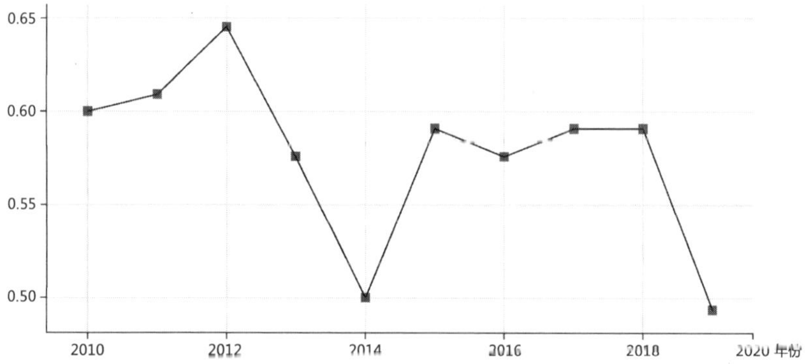

图 4－43　RCEP 高端制造业贸易网络的网密度

资料来源：笔者依据贸易网络数据计算整理获得。

（2）局部效率。从图 4－44 的整体变化趋势来看，局部效率在 2010—2012 年保持在 0.94 左右，2013—2014 年大幅下降至 0.75 以下。2015 年出现小幅回升后基本稳定在 0.8，但是该值在 2019 年再次出现下降。这说明部分发达国家可能在高端制造业实现了技术上的突破或对其他国家进行了技术上的封锁，使得发展中国家的高端产品需求对实现技术垄断的国家有较强依赖，因此局部效率呈下降趋势。从具体数据来看，2010—2012 年局部效率维持在 0.94，说明在此期间技术垄断和技术封锁现象较少，工业水平欠发达的国家通过外资引入可以实现技术升级。2012 年后局部效率低于 0.8 表明网络中可能出现了不可或缺的关键节点，2018 年后的进一步下降表明可能存在多个核心节点，RCEP 成员国中的发达国家在不同领域产生了技术垄断，贸易自由度和传递性出现了明显下降。

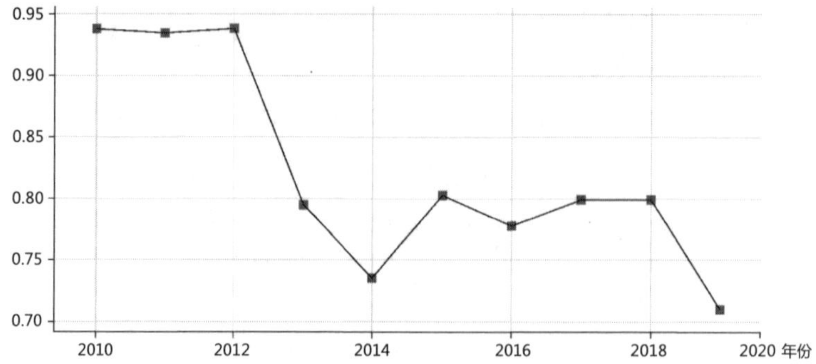

图 4 -44 RCEP 高端制造业贸易网络的局部效率

资料来源：笔者依据贸易网络数据计算整理获得。

（3）互惠性。从图 4 -45 的变化趋势来看，网络互惠性系数在 2010—2019 年出现有波动的上升，由 2010 年的 0. 76 上升至 2016 年的 0. 84，仅在 2014 年和 2017 年出现小幅下降。从具体数据来看，互惠性系数从 0. 76 涨至 0. 84，表明整个网络逐渐向高互惠性迈进。从产业层面来看，导致高端制造业双向贸易关系逐渐紧密的原因可能是近十年来高端制造业技术水平的逐渐突破以及各国产业结构不同程度的升级，使得高端制造业产品的贸易在总贸易额中的比重逐步提升。另外，不同国家的高端制造业发展方向有所不同，比如中国的铁路产业、日本的汽车产业和韩国的芯片产业，使得国家之间更容易开展双向贸易，成员国之间的货物贸易互惠性和依赖关系增强。

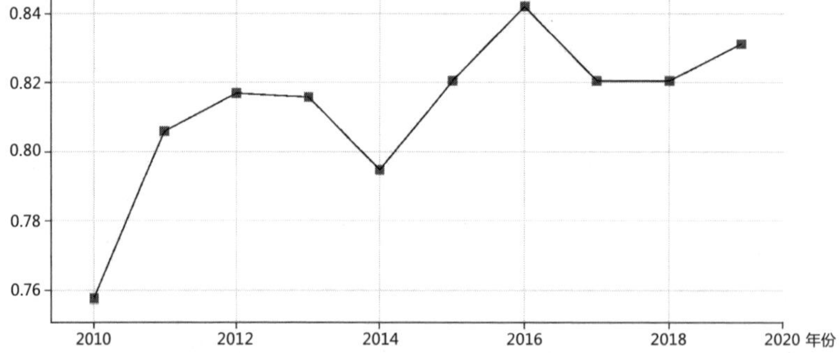

图 4 -45 RCEP 高端制造业贸易网络互惠性

资料来源：笔者依据贸易网络数据计算整理获得。

（4）小世界特征。如图 4－46 所示，2010—2019 年 RCEP 区域高端制造业贸易网络的小世界特征值基本为 0，说明 RCEP 高端制造业贸易网络具有极强的短距离、高聚类特征，即网络中两个成员国之间的平均最短距离基本为 1，网络的平均集聚系数较大，成员国（地区）之间存在高凝聚性，有利于高效、便捷地开展贸易活动。

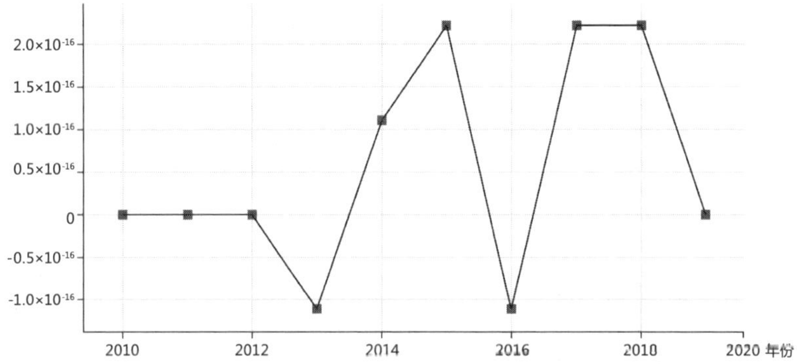

图 4－46　RCEP 高端制造业贸易网络小世界特征

资料来源：笔者依据贸易网络数据计算整理获得。

4.3.3　微观层面特定制造业商品贸易网络结构

4.3.3.1　2019 年特定商品贸易网络节点指标测算结果

本小节将对制造业分行业的特定商品构建贸易网络，分别研究 HS84、HS85、HS87 商品贸易网络，并在此基础上测算网络节点指标，测算结果见表 4－6、表 4－7 及表 4－8。

表 4－6 是 2019 年 RCEP 机械类商品贸易网络节点指标测算结果，可知中国在机械产品贸易网络中处于核心位置，而文莱则处于网络中的边缘位置，与宏观层面的货物贸易网络数据以及中观层面低端、中端制造业贸易网络数据表现一致。新加坡的接近中心度达到 0.71，说明新加坡在网络中独立性最强；而新西兰的限制度等级排名第一，说明其作为发达国家在机械产品贸易领域仍受到较大限制。

表4-6 2019年HS84产品贸易网络节点指标测算结果

指标	中国	最大值	最大值国家	最小值	最小值国家
中间中心度	0.15	0.15	中国	0.00	文莱
接近中心度	0.65	0.71	新加坡	0.39	文莱
集聚中心度	0.58	1.00	柬埔寨	0.00	文莱
限制度	0.28	0.40	新西兰	0.28	中国
度数中心度	1.64	1.64	中国	0.07	文莱
有效规模	7.28	7.28	中国	0.88	菲律宾
入度中心度	0.64	0.71	澳大利亚	0.07	文莱
出度中心度	1.00	1.00	中国	0.00	文莱
PageRank 指标	0.22	0.22	中国	0.01	文莱

资料来源：笔者依据贸易网络数据计算整理获得。

表4-7是2019年RCEP电机、电气设备商品贸易网络节点指标测算结果，中国在多数关键指标中排名第一，说明中国在电子产品贸易网络中的影响力较强；东盟（10国）中印度尼西亚、柬埔寨和老挝在网络中处于较为边缘的位置，泰国则有1.85的度数中心度最大值，表明东盟成员国内部国家之间贸易联系与发展不平衡。

表4-7 2019年HS85产品贸易网络节点指标测算结果

指标	中国	最大值	最大值国家	最小值	最小值国家
中间中心度	0.19	0.19	中国	0.00	印度尼西亚
接近中心度	0.79	0.79	澳大利亚	0.48	柬埔寨
集聚中心度	0.58	1.00	柬埔寨	0.58	中国
限制度	0.30	0.72	老挝	0.30	中国
度数中心度	1.77	1.85	泰国	0.23	老挝
有效规模	6.48	6.48	中国	0.33	老挝
入度中心度	0.77	0.85	泰国	0.15	柬埔寨
出度中心度	1.00	1.00	中国	0.00	缅甸
PageRank 指标	0.28	0.28	中国	0.01	柬埔寨

资料来源：笔者依据贸易网络数据计算整理获得。

表4-8是2019年RCEP车辆及其零部件产品贸易网络节点指标测算结果。与表4-7不同，表4-8只有少数成员国有指标的最大值和最小值，HS87产品的贸易网络表现出明显的分散化和去中心化。泰国、日本分别

在不同的重要指标上占据第一，而澳大利亚、老挝、菲律宾则是不同指标的最小值国家。这说明 RCEP 区域内汽车制造业并未出现绝对的中心性节点，将使区域内贸易更加自由开放和均衡，同时表明汽车产业链在各国的嵌入相较于 HS84、HS85 更加均衡。

表 4 -8　2019 年 HS87 产品贸易网络节点指标测算结果

指标	中国	最大值	最大值国家	最小值	最小值国家
中间中心度	0.04	0.12	泰国	0.00	澳大利亚
接近中心度	0.47	0.54	日本	0.33	老挝
集聚中心度	0.50	1.00	柬埔寨	0.00	老挝
限制度	0.34	0.44	菲律宾	0.31	泰国
度数中心度	1.38	1.54	泰国	0.08	老挝
有效规模	6.42	7.93	泰国	1.14	菲律宾
入度中心度	0.46	0.54	日本	0.08	老挝
出度中心度	0.92	1.00	泰国	0.00	柬埔寨
PageRank 指标	0.11	0.12	日本	0.03	老挝

资料来源：笔者依据贸易网络数据计算整理获得。

4.3.3.2　2010—2019 年特定商品贸易网络动态趋势分析

1. HS84 商品贸易网络结构分析

1）节点指标

（1）度数中心度。如图 4 -47 所示，各成员国（地区）的度数中心度在 2010—2019 年波动较大，且测算结果表现出较大差距。中国的度数中心度在 2010—2019 年有小幅波动，结果在 1.6 ~ 1.9 区间，排名第一。日本和韩国的度数中心度发展趋势大体一致，2010—2012 年日本高于韩国；2012—2014 年韩国保持增长，并在 2013 年超过日本占据网络第二；2015 年日本反超韩国，且在 2015—2019 年两国具有相同发展趋势。澳大利亚的度数中心度在 2010—2018 年表现为明显的先增后减，并在 2013 年达到最高值 1.5，此后下滑至 2018 年的 0.9，说明澳大利亚在网络中和其他国家建立起的贸易关系并不稳定。东盟（10 国）和新西兰的度数中心度相对稳定，其中东盟（10 国）在 0.8 ~ 1.0 波动，新西兰在 0.4 ~ 0.6 波动，两国都属于网络边缘节点，无法很好地与其他国家在机械产品上开展贸易。

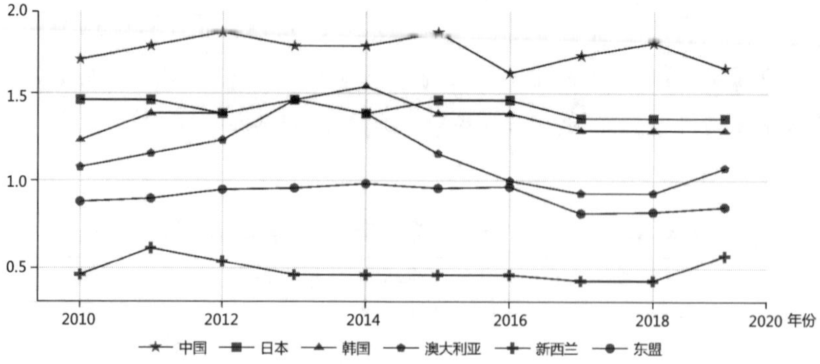

图 4－47　RCEP HS84 商品贸易网络各成员国（地区）度数中心度

资料来源：笔者依据贸易网络数据计算整理获得。

（2）中间中心度。从图 4－48 的变化趋势和具体数据来看，成员国（地区）之间的中间中心度存在比较明显的差距，但总体较低，基本低于 0.15。中国的中间中心度在 2010—2019 年出现较大波动，具体表现为 2010—2014 年、2014—2016 年以及 2016—2019 年三个期间先上升后下降，但在网络中长期保持第一，说明尽管中国在区域机械产品贸易中的影响力有大幅波动，但是在贸易网络中仍保持最强影响力。值得指出的是，澳大利亚的中间中心度在 2010—2018 年一直在 0.08 左右，2019 年出现大幅下滑，从 0.08 降低至 0.02。日本、韩国和东盟（10 国）的中间中心度在数值上较为接近，都在 2010—2019 年保持小幅波动。新西兰的中间中心度一直为 0，说明其在网络中不存在于其他任何两个国家贸易的连线上，在网络中具有微弱影响力。

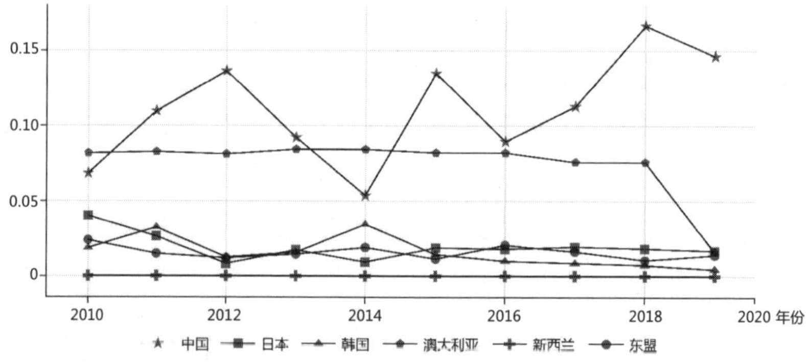

图 4－48　RCEP HS84 商品贸易网络各成员国（地区）中间中心度

资料来源：笔者依据贸易网络数据计算整理获得。

（3）接近中心度。如图4－49所示，RCEP成员国（地区）的接近中心度都在2017年有所下降，虽然国家间的具体数值有小幅差距，但国家间的贸易依赖性和贸易互补性不断增强。中国的接近中心度在2010—2016年保持在0.7，于2017年下降至0.65，随后保持不变。澳大利亚的接近中心度在2010—2013年一直保持上涨态势，且在2012年超过中国成为网络中独立性最强的国家，2014年后开始下降，在2015年曾和中国持平。韩国在2010—2011年的接近中心度与日本相同，2011—2013年出现较大幅度增长，从0.6上涨至0.7，2016年回落并在之后和日本在数值与变化趋势上保持一致。日本的接近中心度变化趋势和中国相似，2010—2016年一直接近0.6，2017年下降至0.55，2018年后再次上升。东盟（10国）的接近中心度在2010—2016年间在0.55～0.6范围波动，2017年下降至0.5。新西兰的接近中心度在2010—2011年上升，之后一直下降，2019年再次回升。

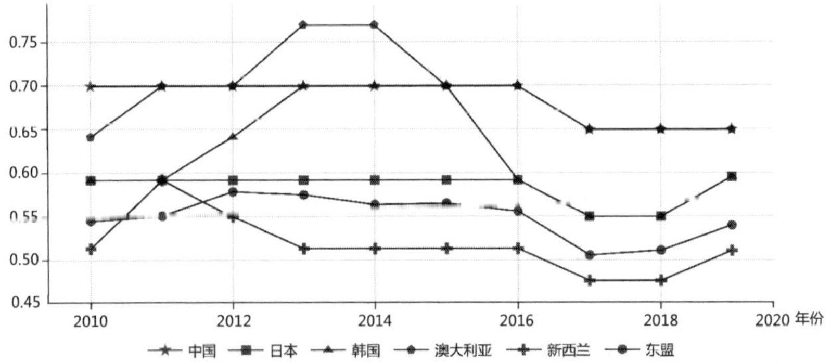

图4－49　RCEP HS84货物贸易网络各成员国（地区）接近中心度

资料来源：笔者依据贸易网络数据计算整理获得。

（4）有效规模。如图4－50所示，中国的有效规模在2010—2019年表现为有波动的上升，由2010年的4.0上升至2018年的7.0，说明中国在网络中控制信息和资源传递的能力不断提升。日本的有效规模在2010—2012年表现为下降，2012—2015年出现波动，2015年后维持在接近4.0的水平。韩国的有效规模在2010—2016年存在较大范围波动，2016年后表现为较为缓慢的下降。东盟（10国）、澳大利亚和新西兰的有效规模与中、日、韩不同，在十年间表现为小幅波动，说明它们在网络中开展深度贸易的能力没有出现较大变化，其中东盟（10国）和澳大利亚的有效规模明显高于新西兰。

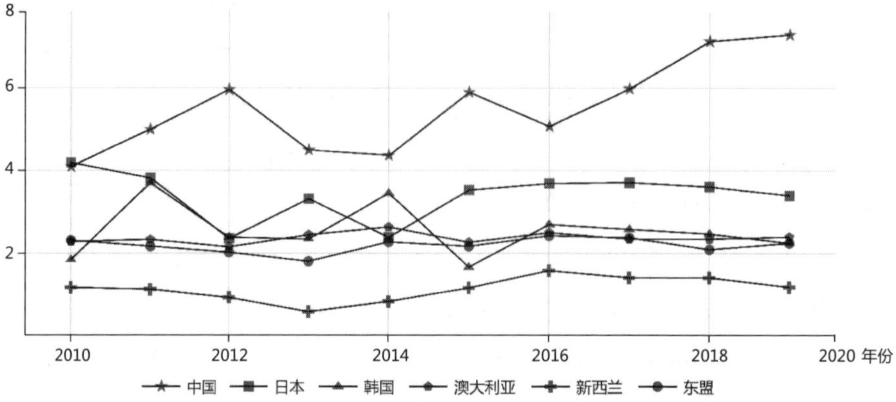

图4－50　RCEP HS84商品贸易网络各成员国（地区）有效规模

资料来源：笔者依据贸易网络数据计算整理获得。

（5）限制度。如图4－51所示，除新西兰外大部分国家（地区）的限制度水平在数值上较为集中。在变化趋势上，中国和除新西兰以外的其他国家（地区）有较大差别，2018—2019年出现大幅下降并跌破0.3。日本、韩国、澳大利亚和东盟（10国）的限制度水平差距不大，且在2010—2019年处于0.34～0.38的小幅波动。新西兰的限制度等级在所有成员国（地区）中最高，2013年上升至0.44后于2014—2016年下降至0.4，说明新西兰在网络中开展贸易受到其他国家影响的程度较大。

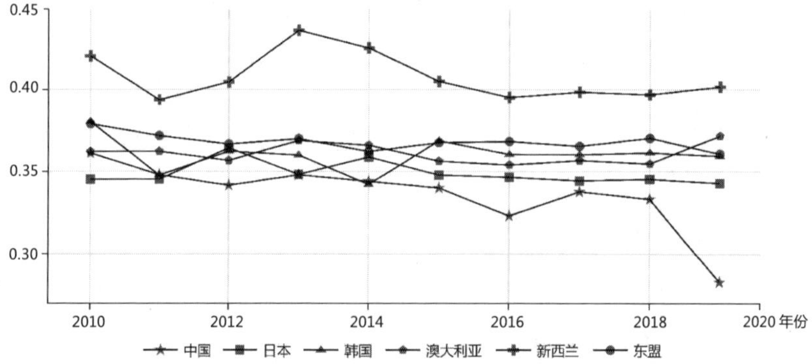

图4－51　RCEP HS84商品贸易网络各成员国（地区）限制度趋势

资料来源：笔者依据贸易网络数据计算整理获得。

2）网络指标

（1）网密度。如图 4－52 所示，从变化趋势来看，RCEP HS84 商品贸易网络的网密度整体呈现先上升后下降的趋势。2010—2014 年，网密度从 0.495 上升至 0.55，国家间贸易联系不断紧密；随后在 2015—2017 年下降至 0.46，这一数据表明国家间商品贸易联系出现裂痕；2018—2019 年小幅回升至 0.48。HS84 商品贸易的网密度在 0.46～0.55 范围内，总体水平仍然较低，2017 年后有所回升，表明网络中成员国有较大潜力与其他国家开展贸易。

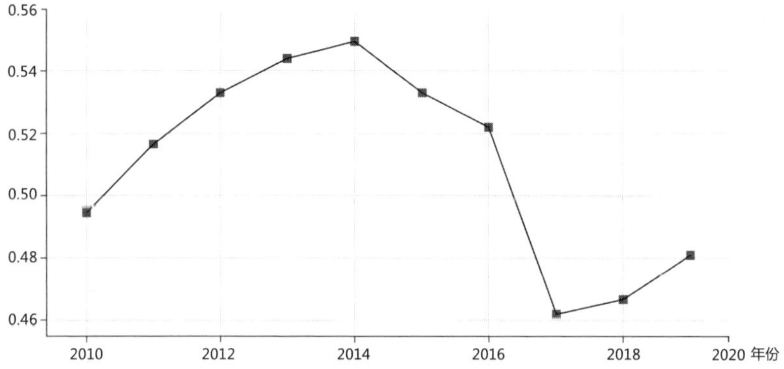

图 4－52 RCEP HS84 商品贸易网络的网密度

资料来源：笔者依据贸易网络数据计算整理获得。

（2）局部效率。如图 4－53 所示，HS84 商品贸易网络的局部效率整体呈上升趋势且数值保持在 0.8 以上，说明网络中贸易的公平性较高，几乎不存在少数国家控制整个贸易网络的现象。2011—2012 年网络的局部效率从 0.81 快速上升至 0.88，2013 年又大幅回落到 0.81；2014 年再次上升至近 0.88，此后保持小幅度的波动，这表明网络中核心国家对机械产品的贸易垄断影响力在一定程度上有所减弱。

（3）互惠性。如图 4－54 所示，从总体变化趋势来看，RCEP HS84 商品贸易网络的互惠性系数有比较大的波动。该系数在 2011 年下降，此后在 2013—2014 年、2016—2017 年均出现下降，而 2012 年出现上升，此后 2015 年、2018—2019 年均出现上升，整体在 0.78～0.85 范围波动。图 4－54 中数据显示，RCEP HS84 商品贸易网络的互惠性系数总体在 0.78

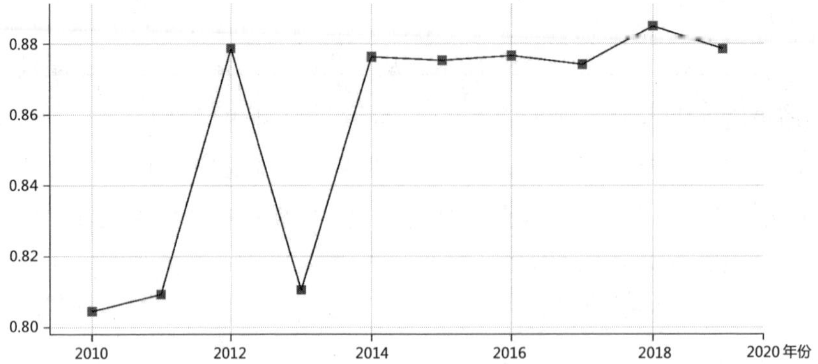

图 4-53　RCEP HS84 商品贸易网络局部效率

资料来源：笔者依据贸易网络数据计算整理获得。

以上，成员国之间开展双向贸易的能力较强，贸易节点之间的联系和彼此依赖程度较大。

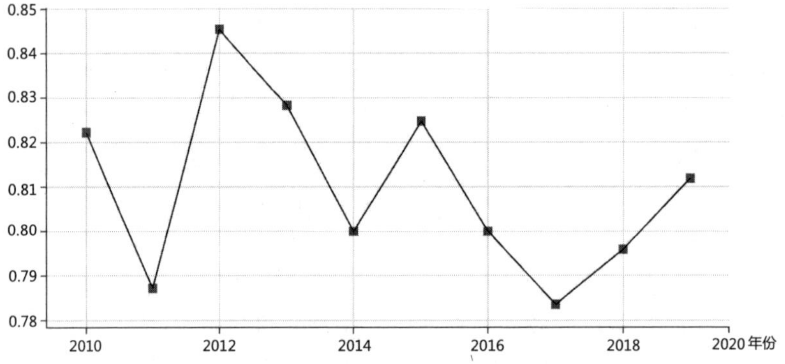

图 4-54　RCEP HS84 商品贸易网络的互惠性

资料来源：笔者依据贸易网络数据计算整理获得。

2. HS85 商品贸易网络结构分析

1）节点指标

（1）度数中心度。如图 4-55 所示，RCEP 成员国（地区）的度数中心度在 2010—2019 年呈现小幅波动，各国（地区）在网络中的贸易关系比较稳定，但是成员国（地区）之间的度数中心度在数值上存在较大差距。中国处于第一梯队，度数中心度在 1.7～1.9 波动，是网络中贸易关系最多的核心节点，在网络中的地位和影响力也最高。日本和韩国是第二梯队国家，两国的度数中心度大小和变化趋势都近似一致，在 1.2～1.5 区间波动，是网络中贸易关系比较丰富的次核心节点，在网络中的地位和影响力都较高。澳大利亚和东盟（10 国）处于第三梯队，两国（地区）的度数中心度大小和变化趋势都很接近，在 0.8～1.2 区间波动，在网络中仍然有较大的与其他国家加强贸易联系的空间。新西兰的度数中心度相对较小，在网络中属于相对孤立的节点，需要提高与其他国家的贸易能力以提升在网络中的地位。

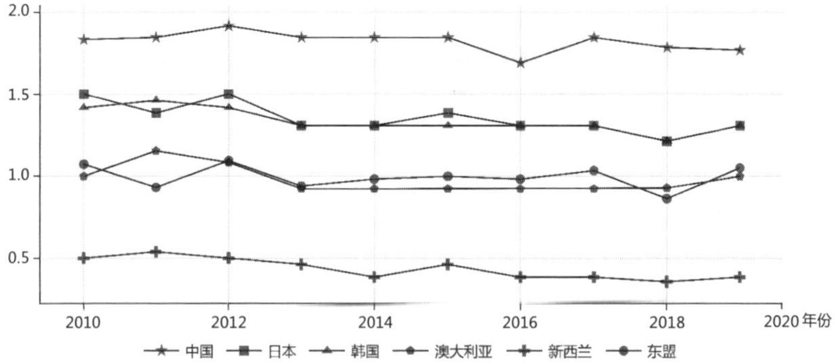

图 4-55 RCEP HS85 商品贸易网络各成员国（地区）度数中心度

资料来源：笔者依据贸易网络数据计算整理获得。

（2）中间中心度。如图 4-56 所示，在 2010—2019 年除中国以外的多数国家中间中心度处于相对稳定的状态，没有较大幅度的波动。从具体数据来看，中国和澳大利亚与其他国家（地区）的中间中心度有较大差距，但在数值上总体偏小，说明网络中不存在具有完全控制能力的节点。中国的中间中心度在 2010—2019 年大体表现为先上升后下降的趋势，从 2010 年的 0.15 上升至 2013 年的 0.28，并在 2018 年回落至 0.2，说明中国在网络中影响其他国家开展 HS85 商品贸易的能力并不稳定，但相比网络中其他国家，中国已经有最强的影响其他国家的能力。

澳大利亚的中间中心度在网络中一直保持第二，具体数值在接近 0.1 位置波动，说明澳大利亚在电子设备制造业产品的贸易网络中有较强的影响其他国家开展贸易的能力。其余国家（地区）中，日本、韩国和东盟（10 国）的中间中心度在 2010—2014 年比较接近，但在 2014 年后，东盟（10 国）和日本、韩国拉开差距，维持在 0.03，日本和韩国的中间中心度水平趋近于0，说明尽管日本和韩国在电子设备制造业方面享有技术优势，但在网络中几乎没有影响其他国家开展贸易的能力。

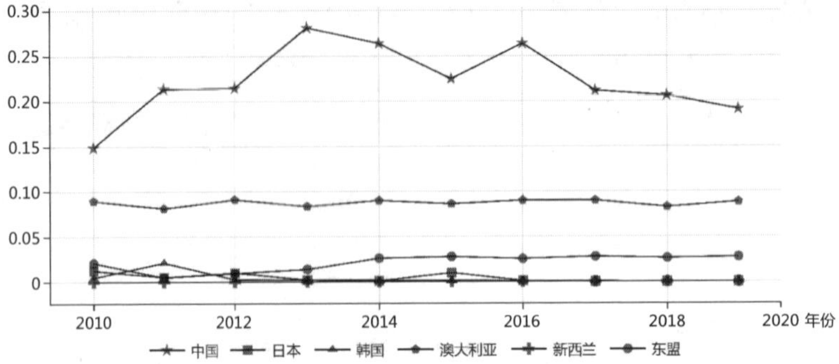

图4－56　RCEP HS85 商品贸易网络各成员国（地区）中间中心度

资料来源：笔者依据贸易网络数据计算整理获得。

（3）接近中心度。如图 4－57 所示，总体来看，RCEP 成员国（地区）的接近中心度变化趋势在 2010—2019 年较为相似，但在具体数据上有较大差异，几乎所有国家（地区）的接近中心度都在 2013 年出现小幅下降后于 2014 年回升，且在 2015—2017 年变化幅度较小或者几乎没有变化，随后到 2018 年再次出现小幅下降，2019 年再次回升。

澳大利亚在 2010—2019 年的接近中心度一直保持第一，大体在 0.75～0.85 波动，说明该国在网络中不受其他节点控制的能力最强；中国排名第二，其接近中心度在 0.7～0.8 区间波动，中国在网络中与其他成员国（地区）的 HS85 商品贸易往来几乎不受影响；排名第三的是日本和韩国，两个国家的接近中心度在 2010—2012 年的变化趋势相反，但在 2012 年后变化趋势完全一致，都在 0.6～0.7 波动，由此说明两国在网络中较少依赖其他成员国（地区）开展贸易；最后是东盟（10 国）和新西兰，东盟（10 国）的接近中心度在 0.55～0.65 波动，考虑到集团内部国家之间经济发展水平存在较大差距，集团内部有部分国家与其他成员国开展贸易时对中间桥梁的贸易依赖性强，亟须加快经济发展以增强与其他国家的贸易联系，新西兰由于地理位置因素一直属于网络中的边缘节点，在网络中需要依靠中国、澳大利亚等国开展相关商品贸易。

（4）有效规模。由图 4－58 可知，除中国和日本以外，其他国家（地

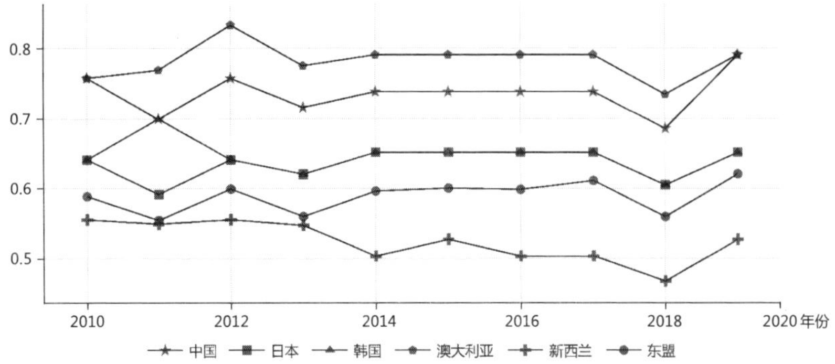

图 4-57　RCEP HS85 商品贸易网络各成员国（地区）接近中心度

资料来源：笔者依据贸易网络数据计算整理获得。

区）的有效规模波动程度较小，且有效规模水平与中国差距较大。中国在 2010—2019 年表现为波动上升，从 2010 年的 4.0 上升至 2018 年最高值 7.0，在网络中排名第一，表示中国在 HS85 电子设备贸易网络中控制资源和信息交流的能力最强。2010—2019 年其余国家的有效规模在 1.0 ~ 3.0 区间波动。值得指出的是，新西兰的有效规模与韩国接近，然而两国在度数中心度上存在较大差距，说明在贸易网络中韩国存在较多冗余的贸易关系，而与新西兰开展贸易的都是关键节点。

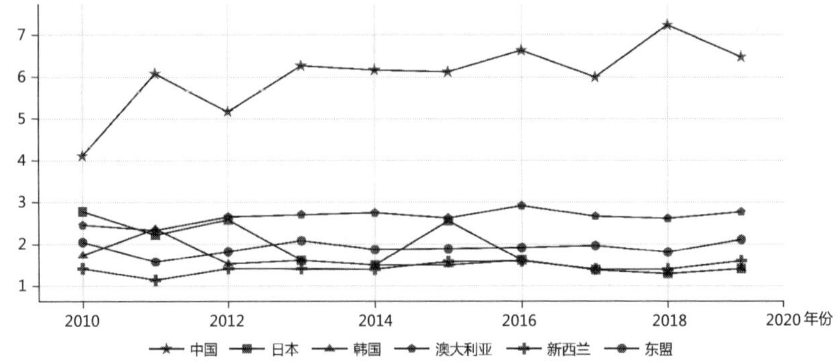

图 4-58　RCEP HS85 商品贸易网络各成员国（地区）有效规模

资料来源：笔者依据贸易网络数据计算整理获得。

（5）限制度。如图 4-59 所示，在 HS85 商品贸易网络中，不同国家（地区）的限制度发展趋势不同且在数值上存在较大差异，2010 年各国（地区）基本集中在 0.35 ~ 0.4 区间，随后各国（地区）的限制度等级逐渐发散。中国在2010—2019年呈下降趋势，2010—2016年的限制度等级由0.36下降至0.3，2016年以后回升至0.34，此后在2018—2019年间再次回落至0.3，表明中国在开展贸易时受其他成员国（地区）限制的水平最低且受限程度逐渐下降。与中国限制度等级变化趋势相反且表现最为明显的是东盟（10国），在2011—2014年其限制度等级由0.38上升至0.46，后续期间基本维持在该水平，表明东盟区域内各国在开展电子设备产品贸易时受其他国家控制的程度在不断加深。新西兰的限制度水平总体来看也呈上涨趋势。韩国、日本的限制度水平在数值和变化趋势上大体一致，均在0.36~0.38区间波动。澳大利亚的限制度等级相比日本和韩国较小，且在时间序列上有略微下降的趋势。

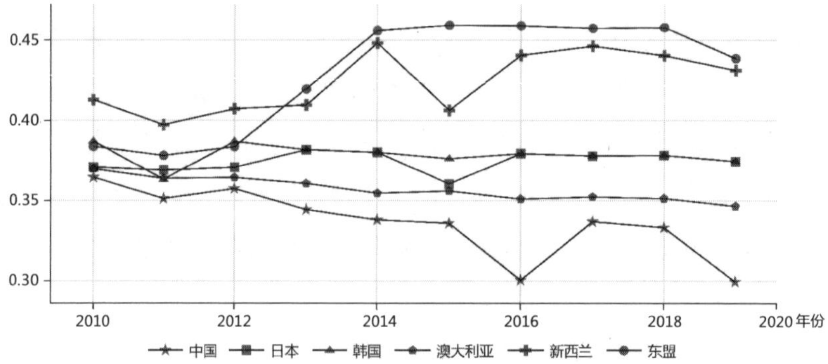

图4-59 RCEP HS85商品贸易网络各成员国（地区）限制度

资料来源：笔者依据贸易网络数据计算整理获得。

2）网络指标

（1）网密度。如图4-60所示，从动态趋势来看，HS85商品贸易网络的网密度在2010—2019年有比较大的波动，除2019年表现出快速回升，整体上呈下降趋势，说明国家之间的贸易联系并不稳定，政治、经济等其他因素的影响会导致国家之间贸易联系断开；从数值上看，网密度在0.47~0.58波动，总体水平较低，说明成员国之间建立的直接贸易联系相对较少，贸易紧密程度有提升空间。

（2）局部效率。由图4-61的变化趋势来看，整体上局部效率有上升趋势且在多数年份维持在0.8以上，这说明网络中的贸易公平性较高，几

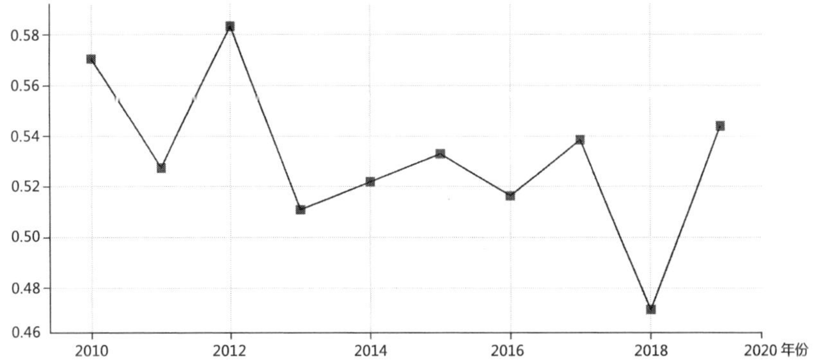

图 4 -60　RCEP HS85 商品贸易网络的网密度

资料来源：笔者依据贸易网络数据计算整理获得。

乎不存在少数国家控制整个贸易网络的现象。2011—2014 年，网络的局部效率从 0.75 上升至 0.95，说明在此期间网络中存在多个核心节点，贸易的公平性有所提升，不存在一个国家可以控制整个贸易网络的现象。2015 年后局部效率开始在 0.9 ~ 0.95 附近波动，但总体来看局部效率仍然较高，电子设备贸易网络中的核心节点较少且不存在足够打破垄断的节点，贸易公平性高。

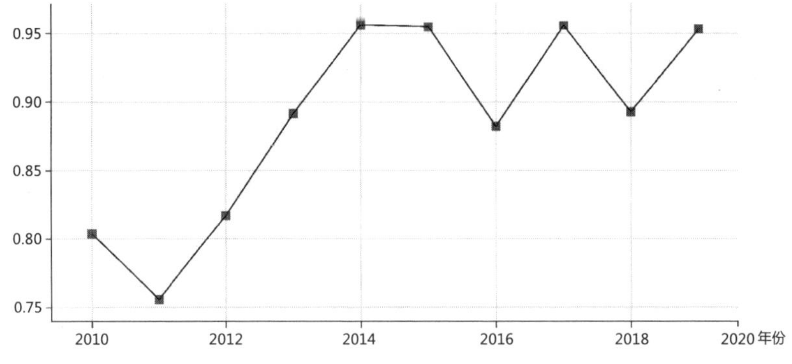

图 4 -61　RCEP HS85 商品贸易网络的局部效率

资料来源：笔者依据贸易网络数据计算整理获得。

（3）互惠性。如图 4 -62 所示，从变化趋势看，在电子设备商品贸易网络中，互惠性指数在 2011—2013 年处于 0.77 ~ 0.83 区间，且有较大幅度下降，说明网络中的双向贸易在此期间减少，贸易给双边国家带来的价值并不对等；此后 2014—2019 年基本保持上升趋势，说明双向货物贸易规模在此期间得到逐步提升，贸易的公平性和对等性提高。从数据来看，互惠性指数在2010—2019年一直高于0.77，贸易的公平性较好，开展贸易的双边国家均可享受贸易福利。

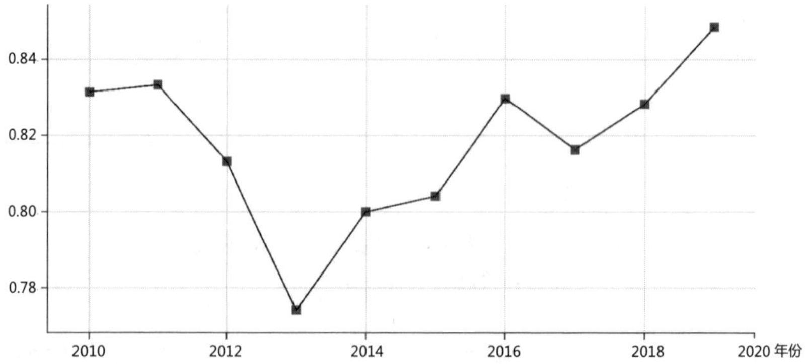

图4-62　RCEP HS85商品贸易网络互惠性

资料来源：笔者依据贸易网络数据计算整理获得。

3. HS87商品贸易网络结构分析

1）节点指标

（1）度数中心度。如图4-63所示，RCEP HS87商品贸易网络中成员国（地区）的度数中心度在数值上有较大差距。日本的度数中心度在2010—2019年一直保持在1.4左右的较高水平，没有出现较大波动，在汽车贸易网络中一直保持在区域前两名，由此说明在汽车制造业的产业优势导致日本在网络中一直保持较强的影响力和较高的网络地位。中国的度数中心度在2010—2019年表现为波动上升，从2010年接近1.0上升到2017—2018年的最高值1.6，虽然中国在汽车贸易网络中的度数中心度在某些年份超过日本，但总体表现并不平稳，这说明中国尽管在网络中有相对较高的地位，但与其他国家的贸易联系并不稳定。

韩国的度数中心度在经历2010—2013年的起伏后于2016—2019年平稳上升，总体稳定在1.0，汽车产业是韩国的支柱产业之一，韩国在汽车贸易网络中占有优势地位。东盟（10国）的度数中心度在2013年后表现较为平稳，在0.6附近波动，但与中、日、韩三国的度数中心度相比数值上有较大差距。澳大利亚的度数中心度在2013年下降后与新西兰的度数中心度发展趋势一致，都在 0.4 附近波动，说明两国的汽车制造业贸易竞争力相对较弱。

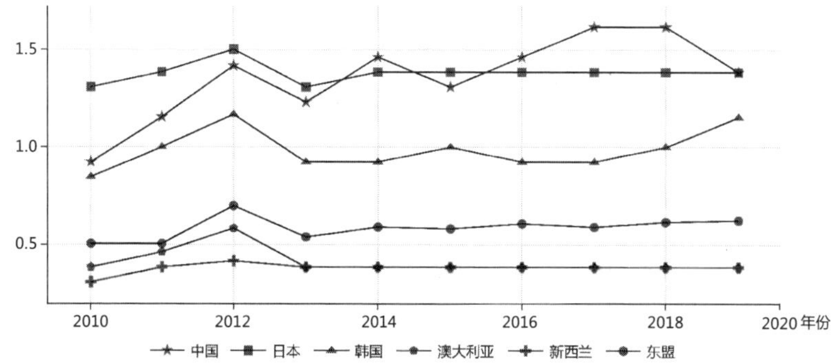

图 4 -63　RCEP HS87 商品贸易网络各成员国（地区）度数中心度

资料来源：笔者依据贸易网络数据计算整理获得。

（2）中间中心度。如图 4 -64 所示，总体来看，RCEP 不同成员国（地区）在 HS87 商品贸易网络中的中间中心度发展趋势和具体数值都有较大差异，但随着时间的推移，各国在数值上的差距逐渐缩小。2016 年后各国数值均低于 0.1，没有一个国家在网络中拥有绝对的核心影响力。日本的中间中心度在 2010—2019 年表现为明显的持续下滑，说明尽管日本作为汽车行业的出口大国，掌握装配及整车的高端核心技术，但在经济全球化逐步深入的背景下，汽车产业链分工更加精密，导致日本在网络中的核心影响力降低。但总体而言，日本仍然有较强的影响其他国家开展贸易的能力。

中国的中间中心度发展趋势大体表现为先增后减，但一直低于 0.1，在 2010—2012 年出现上升后，于 2013—2015 年及 2017—2019 年出现下降，但是中国在网络中仍然保持较强的影响力。韩国的中间中心度在 2010—2012 年表现为大幅上升，2011 年一度超过中国，在网络中排名第二，然而 2012 年后韩国的中间中心度下降至 0，在网络中几乎没有影响力，这也说明韩国尽管曾经是亚洲汽车行业的领军国家，但在网络中属于可被替代的节点。东盟（10 国）的中间中心度在 2010—2019 年一直保持相对较低。澳大利亚和新西兰的中间中心度在 2010—2019 年几乎保持为 0，由于国家内部产业结构原因，在网络中不具有影响力。

（3）接近中心度。如图 4 -65 所示，RCEP 各成员国（地区）的接近

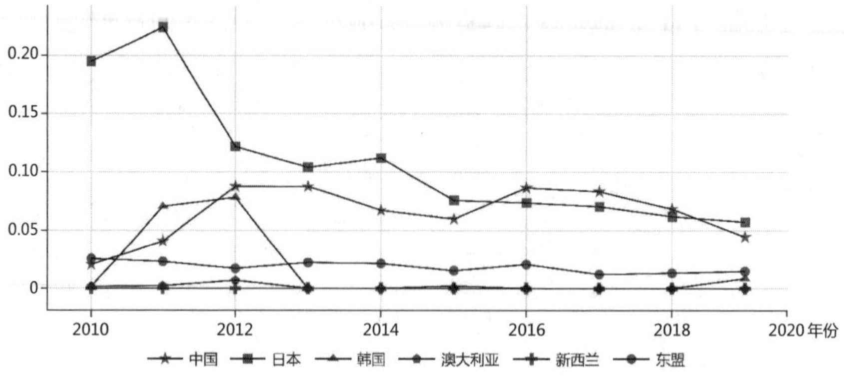

图 4-64　RCEP HS87 商品贸易网络各成员国（地区）中间中心度

资料来源：笔者依据贸易网络数据计算整理获得。

中心度变化趋势大致相同，但在数值上有差别，各国（地区）的接近中心度在 2011—2012 年都表现为上升，在 2012 年达到最大，除韩国以外，其他各国（地区）的接近中心度都处于 0.4～0.55 区间。2017 年后韩国表现为上升，新西兰、中国、东盟（10 国）和澳大利亚表现相对稳定，日本在 2018 年后上升并在网络中处于第一。值得指出的是，长期来看，新西兰作为网络中的边缘节点，且汽车制造业是其边缘产业，接近中心度在网络中长时间排在区域第一的位置，其次是日本、中国、东盟（10 国）和澳大利亚，而韩国作为汽车制造业强国接近中心度排在网络中最后一位。

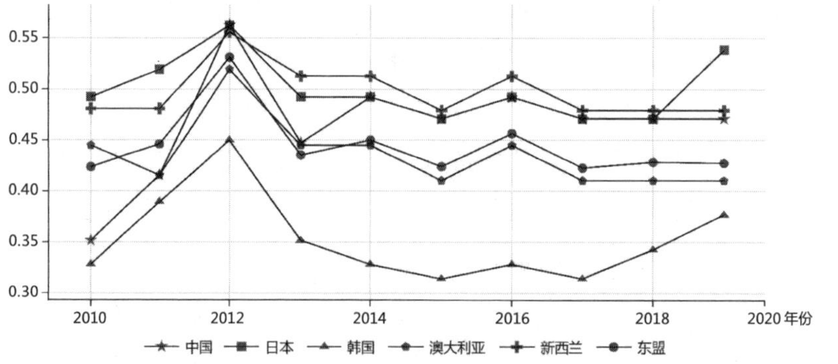

图 4-65　RCEP HS87 商品贸易网络各成员国（地区）接近中心度

资料来源：笔者依据贸易网络数据计算整理获得。

（4）有效规模。如图 4-66 所示，中国、日本和韩国的有效规模在发展趋势和数值上有较大区别。东盟（10 国）和澳大利亚的有效规模仅在数值上存在差距，但发展趋势基本相同。2010—2019 年，日本的有效规模表现为明显下降，说明日本在网络中掌握排他性信息和资源的能力有所下降，但有效规模仍然较高，在网络中仍然属于核心节点。中国的有效规模在 2010—2016 年表现为上升态势，并在 2015—2016 年超越日本排名第一，2016 年后表现为下降趋势，但仍排名第一，在网络中是核心节点。韩国的有效规模在 5.0 上下波动。东盟（10 国）的有效规模在2010—2019 年围绕在 3.0 附近波动。澳大利亚的有效规模与其他国家相差较大，在 1 ~ 2 波动且呈略微下降趋势。

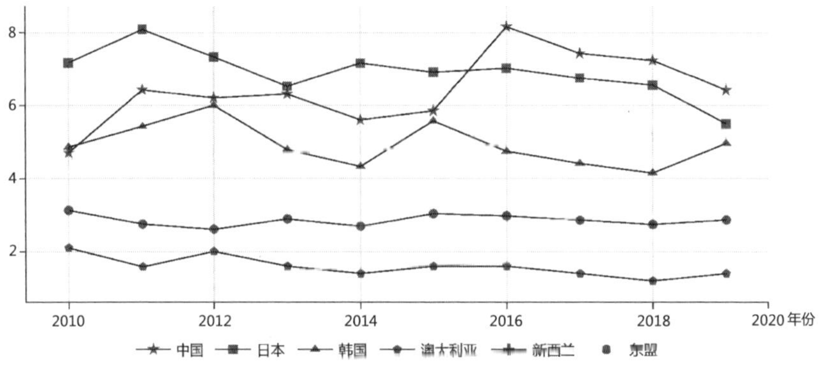

图 4 -66　RCEP HS87 商品贸易网络各成员国（地区）有效规模

资料来源：笔者依据贸易网络数据计算整理获得。

（5）限制度。如图 4 -67 所示，RCEP 不同成员国（地区）的限制度在发展趋势和数值上有较大差别，但整体来看各国限制度水平不高。日本的限制度水平在 2010—2019 年表现为较明显的上升趋势，可能是汽车行业内低端产业链的海外迁移，使得日本在原材料和零部件上对其他国家产生了贸易依赖。中国的限制度水平表现为大幅度的波动，其值在 0.32 ~ 0.4 区间变化，表明中国的汽车产业贸易在网络中可能会受到其他国家的制约。韩国的限制度水平略高于中国，整体稳定。总体来看，中、日、韩三国的限制度水平有逐渐趋同的态势，很大程度上是由于汽车产业链在中、日、韩三国不断完善，使得三个国家对彼此的依赖程度不断加深。东盟（10 国）的限制度等级表现出微小的下降趋势，从 2010 年的 0.43 下降至2019年的0.4。澳大利亚的限制度水平在2011—2013年出现较大幅度的波动，此后表现相对平稳，在网络中受到限制的程度最深。

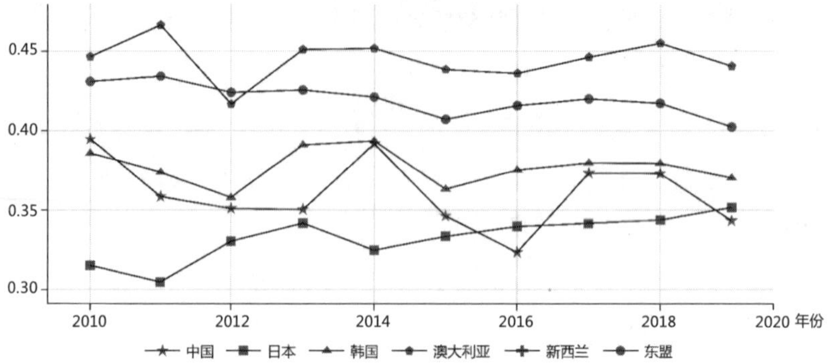

图4-67　RCEP HS87商品贸易网络各成员国（地区）限制度

资料来源：笔者依据贸易网络数据计算整理获得。

2）网络指标

（1）网密度。如图4-68所示，HS87商品贸易网络的网密度在2010—2019年内仅出现一次大幅波动，其他时间大体表现为上升趋势，整体水平由2010年的不足0.3上涨至2018年的0.36以上。但从数据层面看，网密度值较小，说明成员国之间建立的贸易联系仍然相对较少，贸易联系紧密性还有进一步提升的空间。

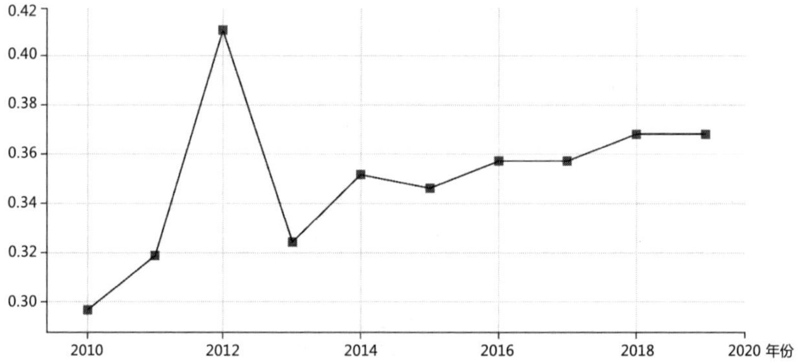

图4-68　RCEP HS87商品贸易网络的网密度

资料来源：笔者依据贸易网络数据计算整理获得。

（2）局部效率。如图4-69所示，2010—2013年局部效率的变化趋势和网密度的变化趋势相似，都有大幅上升和下降，说明贸易联系紧密程度的提升或下降会相应导致网络容错性的上升和下降。当开展贸易的国家增多、国家之间的贸易连接更加复杂时，少数节点对网络的影响力下降，网络的容错性上升。2014 年后局部效率再次上升并突破 0.9，并在 2017—2018 年保持平稳，2018 年后再次下降至 0.85。从数值上来看，局部效率整体保持在较高水平，贸易的公平性较高。

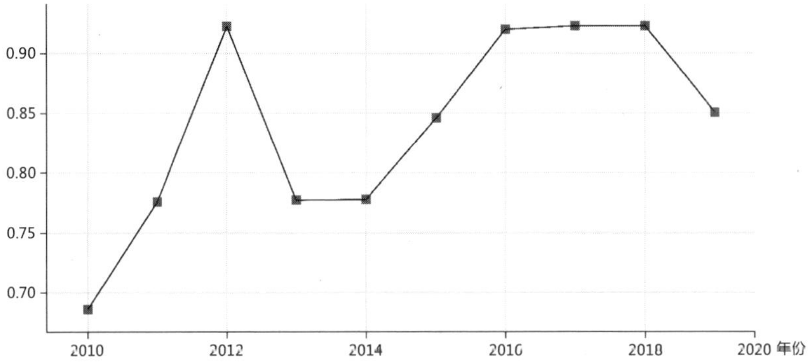

图 4－69　RCEP HS87 商品贸易网络的局部效率

资料来源：笔者依据贸易网络数据计算整理获得。

（3）互惠性。如图 4－70 所示，HS87 商品贸易网络的互惠性有较大波动，在 2010—2012 年整体上升，2013—2015 年整体下降，2016—2019 年再次波动回升。从测算结果来看，互惠性指数基本在 0.48～0.6 区间波动，互惠性较低。这表明国家之间的双向贸易处于不稳定状态，贸易给双边国家带来的价值在大多数时间内并不均等。

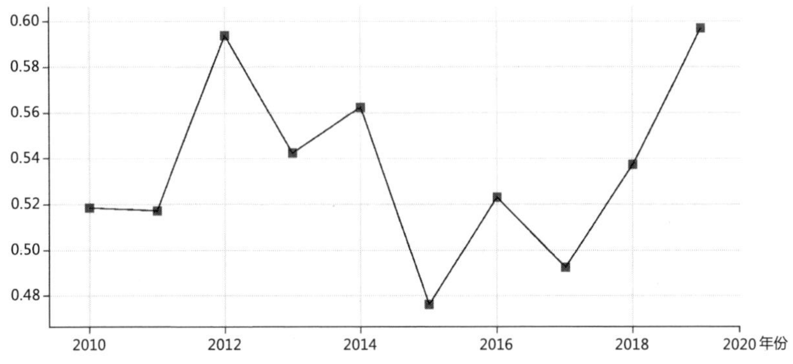

图 4－70　RCEP HS87 商品贸易网络的互惠性

资料来源：笔者依据贸易网络数据计算整理获得。

第5章　关税减让视角下RCEP制造业贸易网络预测分析

5.1　GTAP模型

全球贸易分析（Global Trade Analysis Project，GTAP）模型由美国普渡大学开发，适用于在一般均衡框架内对经济政策实施效果进行定量评估。该模型能够综合利用多个国家不同生产部门的数据来模拟贸易政策变化带来的影响，因此其在国际贸易领域中被用于定量模拟自由贸易区的建立或自由贸易协定（FTA）的签署对其成员国内部及非成员国可能产生的经济影响。魏芳、朱文佳（2018）认为，此模型在社会福利补贴、能源、环境保护等政策的经济效应方面也具有良好的模拟效果。GTAP模型被广泛应用于分析经济政策调整、贸易政策变化对经济增长、进出口规模等的影响，具有权威性和系统性。

5.2　GTAP模型动态递归拓展

首先，本书选取GTAP（10th）模型作为基准模型，对其进行非聚类处理，对RCEP区域内15个成员国分别进行讨论，把15国以外的地区聚合为一个整体，并对标准GTAP生产部门进行非聚类处理，以此充分保留模型细节，不会造成过分聚类导致的产出结果失真。

其次，本书采用动态递归更新方法进行时间序列上的模型矫正，在单个时间节点上，参考并改进 Walmsley（2006）的基线建模方法，用 GDP、GDI、人口、技术劳动力、非技术劳动力五个宏观变量及政策变化对基础模型进行基线矫正。递归是指算法在执行过程中调用自己本身的过程。本章的递归方法体现为 GTAP 基准模型通过宏观经济冲击产生新的基准模型的过程，这一过程主要体现为逐一建立 36 个 GTAP 基准模型。

再次，本书基于 GTAP 递归模型建立 RCEP 关税冲击模型，采用 RCEP 中 HS 编码 6 位细分商品税率减免变动值分别对相应年份的 GTAP 基准模型进行冲击，保证模型的真实性与科学性。

最后，本书将 GTAP 预测的各国双边贸易变动情况插入 UN Comtrade 数据库，由此产生的数据可作为其他双边贸易研究的数据基础。本书将给出双边贸易规模、贸易互补性、出口优势等问题分析的研究范例数据。

5.3　数据来源及处理

基于研究需要，本章选取 EconMap 数据库中的基础宏观指标预测数据、UN Comtrade 数据库中 RCEP 15 国双边贸易数据作为输入，产出基线双边贸易数据及 RCEP 关税签订后的双边贸易数据，两个高阶宏观指标序列为 GTAP 模型的基础产出。本书以其为基础构建 RCEP 制造业贸易网络，并对其动态演化及未来发展趋势进行预测分析；与此同时，将基线输出及 RCEP 关税签订后的关税冲击输出进行对比，得到 RCEP 制造业贸易网络指标净效应预测的时间序列。

5.4　基于 RCEP 关税减让承诺的 GTAP 模型的构建

5.4.1　基线模型

本节采用 GDP、GDI、人口、技术劳动力、非技术劳动力五个宏观变量及政策变化对基础模型进行基线更新。在模型矫正过程中，本节将

GDP、GDI 改为外生变量，且将投入要素技术与中间投入品技术两个变量改为内生。对变量的内生或外生属性进行设定后，本节选取宏观经济预测数据库 EconMap 中性场景下的数据计算模型中所需的水平变量，根据方程（5-1）、方程（5-2）、方程（5-3）计算 GDI、技术劳动力及非技术劳动力数据。

$$GDI_t(r) = GDP_t(r) \times IR_t(r) \tag{5-1}$$

$$SKLAB_t(r) = LAB_t(r) \times SEDU_t(r) \tag{5-2}$$

$$UNSKLAB_t(r) = LAB_t(r) - SKLAB_t \tag{5-3}$$

其中，$GDI_t(r)$ 为 t 时刻 r 区域总投资向量，GDP 为 2015 年平价 GDP，IR 为投资率，$SKLAB$ 为技术劳动力，LAB 为劳动力，$SEDU$ 为二级及以上教育水平人口比例，$UNSKLAB$ 为非技术劳动力。

随后将水平变量映射至 GTAP 模型进行冲击：采用与 GTAP 相同的符号体系，小写变量表示变量的百分比变化（Hertel，2000）。根据方程（5-4）、方程（5-5）、方程（5-6）、方程（5-7）、方程（5-8）来计算进入 GTAP 模型的冲击值。

$$qgdp_t(r) = \frac{GDP_t(r) - GDP_{t-1}(r)}{GDP_{t-1}(r)} \tag{5-4}$$

$$qcgds_t(r) = \frac{GDI_t(r) - GDI_{t-1}(r)}{GDI_{t-1}(r)} \tag{5-5}$$

$$qo_t(UNSKLAB(r), r) = \frac{UNSKLAB_t(r) - UNSKLAB_{t-1}(r)}{UNSKLAB_{t-1}(r)} \tag{5-6}$$

$$qo_t(SKLAB(r), r) = \frac{SKLAB_t(r) - SKLAB_{t-1}(r)}{SKLAB_{t-1}(r)} \tag{5-7}$$

$$pop_t(r) = \frac{POP_t(r) - POP_{t-1}(r)}{POP_{t-1}(r)} \tag{5-8}$$

其中，$qgdp$ 为 GDP 数量指数，$qcgds$ 为资本货物部门产品，$qo_t(UNSKLAB(r), r)$ 为地区 r 用于生产的非技术劳动力向量，pop 为 GTAP 模型中的区域人口，POP 为 EconMap 中的人口水平变量。

对于政策变化，本节将采用 Malcolm（2000）提出的方法，应用 RCEP

关税协定中的基准税率对 GTAP 模型进行税率更新。

在时间序列上，本书通过递归动态更新的方法为模型赋予时间维度。第一个基准模型体现 2022 年宏观经济环境，为构建此模型，首先采用 2014 年至 2022 年的宏观经济变量变动对 2014 年基准 GTAP 模型进行冲击，随后用 2014—2021 年各产品关税变动对模型中的基准税率进行调整。在构建了 2022 年基准 GTAP 模型后，构建 2023 年至 2057 年的 GTAP 基准模型，其过程可以表达为方程（5－9）至方程（5－12）联立方程组。之所以仅在构建 2022 年基准 GTAP 模型过程中调用了关税调整模块，是因为本节假设在 2023—2057 年没有签署新的 RTA 协定。

$$F_B(X_{t,B}, X_{t,B}^C, Y_{t,B}^{\ *}, Y_{t,B}^{C\ *}) = F_B(X_{t-1,B} \times x_{t-1,B}, X_{t-1,B}^C, Y_{t-1,B}, Y_{t-1,B}^C) \tag{5-9}$$

$$X_{t,B} = \begin{bmatrix} QGDP_t(r) \\ QCGDS_t(r) \\ POP_t(r) \\ QO_t(UNSKLAB(r), r) \\ QO_t(SKLAB(r), r) \end{bmatrix} \tag{5-10}$$

$$x_{t,B} = \begin{bmatrix} qgdp_t(r) + 1 \\ qcgds_t(r) + 1 \\ pop_t(r) + 1 \\ qo_t(UNSKLAB(r), r) + 1 \\ qo_t(SKLAB(r), r) + 1 \end{bmatrix} \tag{5-11}$$

$$Y_{t,B} = \begin{bmatrix} AFEREG_t(r) \\ AFREG_t(r) \end{bmatrix} \tag{5-12}$$

其中，F_B 表示基线 GTAP 模型的非线性方程系统，$X_{t,B}$ 与 $Y_{t,B}$ 表示 t 时刻基线模型方程系统中区别于标准 GTAP 模型的外生变量与内生变量向量，X^C 与 Y^C 表示标准 GTAP 模型中未加改变的外生变量与内生变量向量，* 代表 GTAP 模型中处于均衡状态的向量，x 为冲击变量向量。

5.4.2 RCEP生效后关税减让冲击模型

在建立GTAP基准模型后，本节将提取15个成员国RCEP关税协定中连续36年的HS 6位编码货物减税情况，将减税数据口径与GTAP模型数据口径统一，如方程（5-13）及方程（5-14）所示，将真实的减税变动作为冲击变量，逐年探究RCEP真实税率变动给各经济体带来的影响。

$$F_S(TMS_{t,S}(i,r,s),X^C_{t,S},Y_{t,S}{}^*)=$$
$$F_S(TMS_{t,B}(i,r,s)\times(tms_{t,S}(i,r,s)+1),X^C_{t,B},Y_{t,B})\quad(5-13)$$

$$tms_{t,S}(i,r,s)=\frac{TM_t(i,r,s)-TM_t(i,r,s)}{TM_t(i,r,s)}\quad(5-14)$$

其中，$TMS_{t,S}(i,r,s)$ 为 t 时刻关税冲击GTAP模型中从 r 地区到 s 地区 i 部门的进口税变动水平变量向量，tms 为关税冲击向量，TM 为RCEP真实关税值。

5.4.3 对UN Comtrade数据库的插值扩展

本节在获取GTAP序列仿真数据后将模型中各国各部门间的贸易情况变动预测值插入UN Comtrade原始数据，具体见方程（5-15）及方程（5-16）。这相当于将整个数据库分叉为基线场景及RCEP关税冲击场景，并向后延续36年。

$$X_{t,B}(j,r,s)=X_{t-1,B}(j,r,s)\times(qxs_{t,B}(j,r,s)+1)\quad(5-15)$$

$$X_{t,S}(j,r,s)=X_{t,B}(j,r,s)\times(qxs_{t,S}(j,r,s)+1)\quad(5-16)$$

其中，X 为出口额，qxs 为GTAP预测的出口额变动百分比。

5.5 贸易互补性净效应指标

与此同时，本书还构建了RCEP生效带来的贸易互补性净效应指标，具体测算如方程（5-17）所示。

$$TCI_{t,N}(j,r,s)=\frac{TCI_{t,S}(j,r,s)-TCI_{t,B(j,r,s)}}{TCI_{t,B(j,r,s)}}\quad(5-17)$$

其中，$TCI_{t,N}(j,r,s)$ 为 r 地区与 s 地区商品 j 的 RCEP 带来的贸易互补性净效应。

5.6　GTAP 模拟结果及预测分析

5.6.1　RCEP 制造业贸易总体预测

5.6.1.1　贸易规模

图 5－1 绘制出中国和 RCEP 其他成员国（地区）的制造业双边贸易额变化趋势（左侧数轴为中国对单个 RCEP 成员国（地区）贸易规模，右侧数轴为中国对 RCEP 总体贸易规模）。考虑到东盟（10 国）中绝大多数国家的贸易体量相对较小，因此将东盟（10 国）的数据进行合并。

从预测结果来看，RCEP 将进一步促进中国和大部分成员国（地区）的制造业贸易自由化。除新西兰以外的所有成员与中国双边贸易额随关税减免幅度的提升均表现出不同程度的提高。中国与 RCEP 其他成员国（地区）的整体双边贸易额预计在 2026 年突破 2 万亿美元，中期 2043 年将突破 4 万亿美元，并最终于 2057 年突破 8 万亿美元。在 RCEP 成员国（地区）中，东盟（10 国）作为中国第一大贸易伙伴，与中国的双边制造业贸易规模预计将在 2022—2057 年始终保持第一，并预计于 2034 年突破 1 万亿美元，中期到 2049 年将突破 2 万亿美元，后期到 2057 年预计突破 3 万亿美元。韩国作为中国第二大制造业货物双边贸易国，与中国的贸易规模及增长速度与东盟（10 国）相似，分别在 2037 年和 2051 年预计突破 1 万亿美元和 2 万亿美元。其他成员国中，尽管日本经济体量相比其他 RCEP 成员较大，但与中国的制造产业链存在部分相似，因此中日两国双边贸易额相对东盟（10 国）和韩国较低。澳大利亚与中国的双边贸易额预计一直保持增长，并于关税减免后期即 2057 年接近 1 万亿美元。新西兰作为 RCEP 制造业贸易网络中的边缘国家，与中国的双边贸易额在时间序列上并未表现出明显提升。

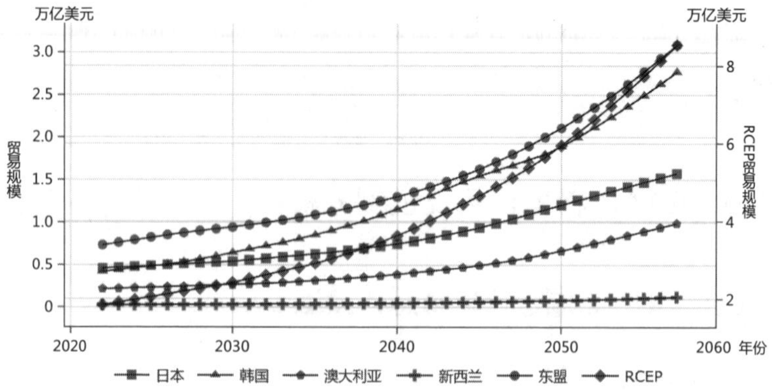

图 5－1　中国与 RCEP 其他成员国（地区）制造业双边贸易规模

资料来源：笔者根据 GTAP 预测数据计算整理获得。

5.6.1.2　贸易互补性

图 5－2 展示了中国与其他 RCEP 成员国（地区）制造业贸易的互补性。由图 5－2 中数据可知，除了中国与新西兰的制造业产品贸易互补性有所上升外，与其余 RCEP 成员国（地区）的贸易互补性均随税率逐年减免表现为较小幅度的递减趋势，且最终所有成员国互补性指数在 2057 年均降低至 1 以下。这表明 RCEP 将提升中国在制造产业链上的完整度，使其在制造业大部分领域占据生产和贸易优势。新西兰属于 RCEP 网络中的边缘国家，自由贸易区的建立可以使其更好地参与区域内的分工合作，更好地发展其在高端技术领域的优势，因此互补性有所提升。

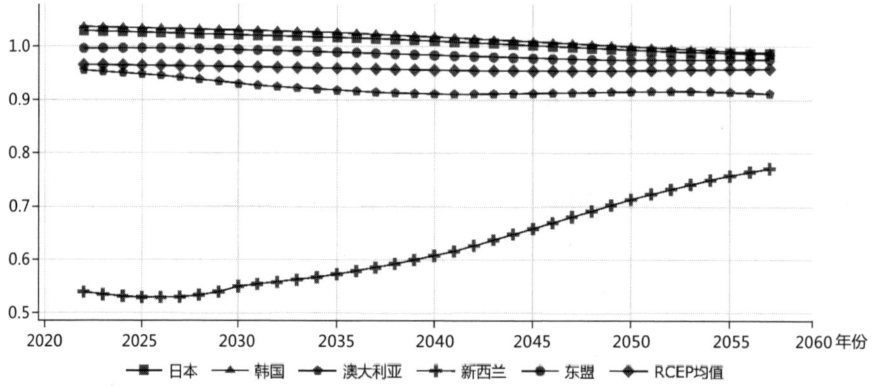

图 5－2　中国与其他 RCEP 成员国（地区）的贸易互补性

资料来源：笔者根据 GTAP 预测数据计算整理获得。

5.6.2　机械、电气设备及汽车制造行业贸易预测

5.6.2.1　出口优势

RCEP 生效会带来区域内成员国的贸易转移效应和贸易创造效应，对中国的出口价值链影响存在内部替代和内部竞争效应。RCEP 框架内关税壁垒的逐年递减使得成员国与非成员国之间的贸易转向成员国之间，造成内部替代效应；而多个成员国对同一产品存在出口优势将造成成员国之间的内部竞争。为了更好地表现税收减免带来的短期、中期和长期影响，本节选择 2022 年、2040 年、2057 年三年进行数据分析并探寻不同时期中国在机械器具及零件（HS84）、电机和电气产品（HS85）以及车辆及其零附件（HS87）商品的出口优势。

如表 5－1 所示，中国对 RCEP 其他成员国的总体出口优势在关税减免初期（2022 年）集中为电话、无线电广播等通信设备（8517、8525），自动数据处理设备（8471），集成电路（8542）和机械零部件（8473），由此可见，关税减免初期中国的贸易优势集中为机电产品中的加工产品，在汽车制造业上出口优势较弱；关税减免中期（2040 年），中国对 RCEP 其他成员国的出口优势产品没有发生太大变化，仍以机电产品及相关加工产品为主，但出口额相比 2022 年有近一倍的提升；关税减免后期（2057 年），中国电缆和光缆商品（8544）的出口优势提升至区域内第五，其他出口优势产品没有发生明显变化，出口额有不同程度提升。

中国与不同成员国的出口优势商品预测分析如下：

1. 中国与日本、韩国的出口优势商品预测

如表 5－1 和表 5－2 所示，在关税减让承诺实施初期（2022 年），中国出口优势集中为电话、无线电广播等通信设备（8517、8525），自动数据处理设备（8471），而中国对韩国的出口优势集中为电话等通信设备（8517）、集成电路（8542）。日本的出口优势将集中为汽车整车（8703）和集成电路（8542），其中半导体设备（8541）的出口额预测高达 65.75 亿美元。韩国最大的出口优势是集成电路（8542），预计 2022 年将达到 805.22

表 5－1　中国出口优势商品预测

			澳大利亚	文莱	印度尼西亚	日本	柬埔寨	韩国	老挝	缅甸	马来西亚	新西兰	菲律宾	新加坡	泰国	越南
2022年	Rank 1	商品（HS）	8471	8471	8525	8525	8517	8517	8517	8481	8542	8471	8542	8542	8525	8517
		出口额（十亿美元）	8. 196	0. 024	2. 810	19. 639	0. 130	8. 439	0. 105	0. 256	7. 062	1. 070	0. 904	4. 869	4. 699	8. 747
	Rank 2	商品（HS）	8525	8525	8471	8471	8447	8542	8704	8711	8471	8525	8473	8471	8471	8525
		出口额（十亿美元）	5. 197	0. 017	2. 223	19. 090	0. 095	8. 379	0. 044	0. 143	2. 099	0. 583	0. 493	2. 823	3. 885	2. 824
	Rank 3	商品（HS）	8517	8517	8517	8541	8452	8471	8544	8716	8473	8517	8471	8525	8473	8542
		出口额（十亿美元）	2. 272	0. 011	1. 644	7. 002	0. 074	7. 206	0. 036	0. 116	1. 777	0. 280	0. 352	2. 664	1. 910	1. 605
	Rank 4	商品（HS）	8544	8415	8529	8517	8537	8544	8521	8704	8525	8516	8517	8473	8517	8471
		出口额（十亿美元）	1. 119	0. 011	0. 967	6. 213	0. 063	3. 915	0. 032	0. 097	1. 424	0. 137	0. 341	2. 601	1. 665	1. 483
	Rank 5	商品（HS）	8516	8426	8474	8544	8451	8541	8714	8701	8529	8467	8544	8517	8542	8473
		出口额（十亿美元）	0. 855	0. 005	0. 583	4. 407	0. 055	3. 163	0. 025	0. 073	1. 112	0. 114	0. 333	1. 125	1. 455	1. 184
2040年	Rank 1	商品（HS）	8471	8471	8525	8525	8447	8517	8517	8481	8542	8471	8542	8542	8525	8517
		出口额（十亿美元）	24. 312	0. 062	7. 343	40. 119	0. 479	32. 822	0. 293	0. 419	17. 365	2. 677	1. 803	7. 274	12. 215	15. 114
	Rank 2	商品（HS）	8525	8525	8471	8471	8517	8542	8704	8716	8471	8525	8473	8471	8471	8525
		出口额（十亿美元）	15. 415	0. 044	5. 809	38. 997	0. 471	32. 590	0. 166	0. 344	5. 160	1. 458	1. 188	4. 217	10. 099	4. 880
	Rank 3	商品（HS）	8517	8517	8517	8708	8452	8471	8521	8704	8473	8517	8544	8473	8708	8542
		出口额（十亿美元）	6. 738	0. 029	4. 296	15. 229	0. 375	28. 029	0. 088	0. 287	4. 459	0. 701	0. 957	4. 176	5. 202	2. 773
	Rank 4	商品（HS）	8544	8415	8529	8541	8537	8544	8705	8711	8525	8516	8471	8525	8473	8471
		出口额（十亿美元）	4. 058	0. 022	2. 527	14. 303	0. 364	18. 613	0. 085	0. 246	3. 502	0. 517	0. 702	3. 980	4. 693	2. 562

续表

			澳大利亚	文莱	印度尼西亚	日本	柬埔寨	韩国	老挝	缅甸	马来西亚	新西兰	菲律宾	新加坡	泰国	越南
2040年	Rank 5	商品（HS）	8708	8426	8502	8517	8714	8541	8714	8701	8708	8544	8517	8517	8517	8473
		出口额（十亿美元）	3.490	0.010	1.663	12.692	0.351	12.300	0.084	0.215	2.806	0.342	0.679	1.680	4.327	2.455
2057年	Rank 1	商品（HS）	8471	8471	8525	8525	8517	8517	8517	8716	8542	8471	8542	8542	8525	8517
		出口额（十亿美元）	51.065	0.142	15.192	61.459	0.572	58.713	0.406	1.669	28.091	5.014	1.528	9.543	15.611	17.287
	Rank 2	商品（HS）	8525	8525	8402	8471	8537	8542	8704	8704	8471	8525	8544	8471	8471	8525
		出口额（十亿美元）	32.378	0.101	12.052	59.740	0.464	58.297	0.261	1.395	8.348	2.731	1.311	5.533	12.907	5.582
	Rank 3	商品（HS）	8517	8517	8471	8708	8447	8471	8544	8701	8708	8517	8704	8525	8708	8504
		出口额（十亿美元）	14.153	0.067	12.020	31.625	0.365	50.138	0.153	1.043	6.867	1.313	0.993	5.221	11.612	3.386
	Rank 4	商品（HS）	8544	8415	8404	8541	8544	8544	8705	8711	8525	8516	8504	8473	8544	8542
		出口额（十亿美元）	10.237	0.033	9.356	21.911	0.362	33.403	0.134	0.673	5.665	1.289	0.897	3.549	7.013	3.172
	Rank 5	商品（HS）	8516	8528	8517	8517	8502	8541	8521	8481	8504	8544	8473	8536	8501	8471
		出口额（十亿美元）	7.827	0.015	8.888	19.443	0.316	22.003	0.122	0.607	4.622	0.854	0.786	2.735	6.513	2.930

资料来源：笔者根据 GTAP 预测数据计算整理获得。

表 5－2　RCEP 各成员国出口优势预测

			澳大利亚	文莱	中国	印度尼西亚	日本	柬埔寨	韩国	老挝	缅甸	马来西亚	新西兰	菲律宾	新加坡	泰国	越南
2022 年	Rank 1	商品（HS）	8703	8548	8517	8703	8703	8529	8542	8529	8525	8542	8504	8542	8542	8471	8525
		出口额（十亿美元）	0.268	0.065	74.936	1.544	24.608	0.576	80.522	0.251	0.017	51.673	0.046	15.171	26.422	11.059	8.280
	Rank 2	商品（HS）	8708	8708	8542	8532	8542	8544	8517	8544	8431	8541	8418	8471	8471	8542	8542
		出口额（十亿美元）	0.247	0.012	73.059	1.345	17.807	0.505	14.599	0.023	0.008	7.715	0.040	5.091	4.137	9.974	7.727
	Rank 3	商品（HS）	8431	8414	8471	8471	8708	8501	8708	8714	8518	8471	8544	8473	8523	8704	8517
		出口额（十亿美元）	0.235	0.012	71.566	1.144	17.311	0.267	5.805	0.013	0.006	6.059	0.037	4.248	3.116	5.748	2.516
	Rank 4	商品（HS）	8407	8431	8525	8708	8541	8518	8534	8504	8426	8517	8428	8541	8541	8473	8471
		出口额（十亿美元）	0.180	0.009	53.605	1.029	6.575	0.080	5.035	0.005	0.005	3.132	0.034	2.733	2.466	4.838	2.092
	Rank 5	商品（HS）	8704	8703	8473	8544	8479	8454	8703	8541	8536	8473	8415	8517	8517	8703	8544
		出口额（十亿美元）	0.137	0.009	33.335	0.958	4.877	0.061	5.031	0.004	0.005	2.818	0.029	1.279	0.962	4.457	2.061
2040 年	Rank 1	商品（HS）	8703	8548	8471	8703	8703	8712	8542	8529	8525	8542	8418	8542	8542	8704	8525
		出口额（十亿美元）	0.458	0.013	157.933	2.977	26.634	4.486	205.825	1.243	0.008	44.698	0.040	15.132	0.871	13.693	12.498
	Rank 2	商品（HS）	8708	8414	8517	8708	8708	8544	8517	8714	8431	8541	8708	8471	8471	8703	8542
		出口额（十亿美元）	0.439	0.004	147.841	1.977	18.888	0.314	37.135	0.657	0.005	6.894	0.040	4.967	0.135	10.622	9.902
	Rank 3	商品（HS）	8431	8431	8542	8419	8542	8714	8703	8544	8426	8471	8428	8473	8523	8708	8517
		出口额（十亿美元）	0.258	0.003	141.226	0.980	15.336	0.179	13.010	0.089	0.005	5.776	0.037	3.958	0.095	9.080	3.584
	Rank 4	商品（HS）	8704	8430	8525	8409	8479	8501	8534	8504	8518	8473	8415	8541	8541	8471	8471
		出口额（十亿美元）	0.236	0.003	116.884	0.836	6.780	0.151	12.717	0.020	0.003	4.259	0.036	2.735	0.077	9.013	3.138

续表

			澳大利亚	文莱	中国	印度尼西亚	日本	柬埔寨	韩国	老挝	缅甸	马来西亚	新西兰	菲律宾	新加坡	泰国	越南
2040年	Rank 5	商品（HS）	8407	8708	8473	8714	8456	8408	8541	8541	8443	8517	8419	8708	8704	8542	8518
		出口额(十亿美元)	0.233	0.002	61.741	0.687	5.883	0.069	12.206	0.014	0.003	3.109	0.025	1.279	0.034	8.289	2.497
2057年	Rank 1	商品（HS）	8708	8548	8471	8703	8542	8712	8542	8529	8431	8542	8708	8542	8542	8704	8525
		出口额(十亿美元)	0.616	0.000	226.798	3.382	73.253	18.002	346.485	0.791	0.000	35.535	0.481	20.463	0.420	29.190	21.502
	Rank 2	商品（HS）	8703	8414	8525	8708	8703	8408	8517	8714	8426	8541	8418	8471	8471	8703	8542
		出口额(十亿美元)	0.581	0.000	173.083	2.477	4[illegible].596	1.447	63.327	0.250	0.000	6.928	0.400	5.599	0.068	23.704	9.352
	Rank 3	商品（HS）	8431	8430	8517	8409	8708	8714	8703	8544	8525	8471	8415	8541	8541	8708	8471
		出口额(十亿美元)	0.439	0.000	167.139	1.102	30.696	0.821	43.644	0.061	0.000	6.713	0.381	3.993	0.037	21.888	5.563
	Rank 4	商品（HS）	8704	8431	8542	8704	8541	8711	8708	8504	8708	8473	8428	8473	8523	8471	8517
		出口额(十亿美元)	0.316	0.000	149.313	0.480	27.846	0.123	31.586	0.014	0.000	5.613	0.356	3.032	0.033	11.528	4.890
	Rank 5	商品（HS）	8471	8412	8544	8419	8479	8715	8525	8541	8430	8517	8716	8708	8704	8542	8518
		出口额(十亿美元)	0.261	0.000	90.108	0.475	26.365	0.050	24.634	0.006	0.000	4.522	0.247	2.858	0.027	11.010	2.466

资料来源：笔者根据 GTAP 预测数据计算整理获得。

亿美元，高于中国该类商品的出口额；韩国电话等通信设备（8517）、汽车零部件（8708）出口也将占据优势。以上数据印证了中、日、韩三国在电子产业链和汽车产业链所处的上、中、下游关系。

随着关税减免程度逐年提升，在电子产业链中，日本提供制作集成电路的原材料二极管和半导体材料，韩国主要负责将这些原材料加工成中间品——集成电路（8542），中国则处于电子产业链的下游组装环节，负责组装中间品成为电子消费品整机——自动数据处理设备（8471）和通信设备（8517）。从短期到中期再到后期，表5－2中各国的优势产品及出口额表明，中、日、韩在电子产业链上、中、下游没有发生较大程度的变化。

随着关税减免程度的逐年提升，在汽车产业链内，中国和韩国负责向日本出口汽车零部件（8708）并最终在日本完成汽车整车（8703）组装生产，因此在短期内，日本处于电子设备产业和汽车产业链的最顶端，韩国一直处于中高端，从事部分高端加工，中国汽车零部件商品（8708）对日本的出口额度在中期和后期不断提升，逐渐由出口钢材等原材料转为稳定的中间加工方。

2. 中国与其他成员国的出口优势商品预测

自动数据处理设备与电话等通信设备将长期成为中国最大优势出口商品。对东盟国家来说，中国的出口优势集中为集成电路、电话等通信设备和自动数据处理设备，但是不同国家也表现各异：中国的集成电路对马来西亚、新加坡和菲律宾最具出口优势；自动数据处理设备和电话等通信设备对老挝和越南最具出口优势。而东盟内部多数国家作为RCEP区域内潜在的制造加工提供方，在短期、中期和后期的出口优势没有发生太多变化，仍作为产品的主要加工方，没有表现出明显的产业升级迹象。

因此，由表5－1和表5－2中GTAP模拟的中期和长期预测结果来看，中国在电子设备和汽车制造业中的地位逐步稳定，RCEP各国以及中国对RCEP其他成员国的优势产品出口排名并没有发生太大变化，说明整体没有出现比较明显的产业升级现象。原因是绝大多数存在内部竞争的产品关税调整在各个国家步调相对一致，方向相同，幅度也大致相同，且税率减免的时间跨度较长，留给各个国家充分的调整时间。因此市场供求不会因为RCEP关税减让承诺的逐步实施而产生剧烈变动，竞争格局变化不大。另外，随着RCEP带来的税率不断降低，成员国内部贸易往来将会增加，RCEP各成员国和中国的出口规模明显扩大，因此RCEP对各国制造业商品的进出口规模以及各国市场互通都起到积极促进作用，有利于促进亚太经济一体化。

5.6.2.2 贸易互补性

由表5-3预测数据可见，预计与中国机械设备商品存在较强互补性的仅有日本、韩国、菲律宾和泰国。其中日本与中国的互补性最强，预计在冲击模型中分别为2022年1.188、2040年2.046和2057年4.984。关税减免对中日、中韩贸易互补性在中长期起到负面作用，并随着时间的推移负面效应逐渐增加，预测净效应在2057年分别为-5.606%和-14.969%。这主要是由于我国对关键工业中间品和资本品的关税减让使得我国有更多进口日、韩高科技中间品的可能，有利于精密仪器如机床的升级和发展。因此在中长期即使各国在产业链上地位相对固定，也会与日、韩产业发生竞争，贸易互补性下降，由此带来的劳动密集型产业向技术和资本密集型产业的转型会使得我国与菲律宾、泰国的互补性得到加强。

表5-3 中国与RCEP其他成员国HS84产品贸易互补性预测

国家	2022年			2040年			2057年		
	基准模型	净效应（%）	冲击模型	基准模型	净效应（%）	冲击模型	基准模型	净效应（%）	冲击模型
澳大利亚	0.067	5.786	0.070	0.065	10.409	0.072	0.062	11.450	0.069
文莱	0.066	-9.240	0.060	0.031	-8.508	0.028	0.000	-6.031	0.000
印度尼西亚	0.366	1.623	0.372	0.259	8.605	0.281	0.091	25.061	0.114
日本	1.185	0.191	1.188	2.053	-0.312	2.046	5.280	-5.606	4.984
柬埔寨	0.118	-8.462	0.108	0.050	-8.669	0.046	0.417	-15.085	0.354
韩国	0.638	-0.819	0.633	1.105	-10.261	0.991	2.312	-14.969	1.966
老挝	0.008	13.196	0.009	0.015	23.089	0.019	0.006	34.062	0.008
缅甸	0.008	-11.905	0.007	0.012	-29.260	0.008	0.000	16.902	0.000

续表

国家	2022年			2040年			2057年		
	基准模型	净效应（%）	冲击模型	基准模型	净效应（%）	冲击模型	基准模型	净效应（%）	冲击模型
马来西亚	0.567	-1.077	0.561	0.614	0.871	0.619	0.806	3.062	0.831
新西兰	0.112	3.073	0.116	0.128	-8.271	0.118	0.706	-9.079	0.642
菲律宾	1.422	8.631	1.544	1.723	6.465	1.834	1.940	3.139	2.001
新加坡	0.181	4.620	0.190	0.003	5.027	0.003	0.001	2.450	0.001
泰国	1.437	5.417	1.515	1.450	2.808	1.491	1.730	1.323	1.753
越南	0.462	-9.373	0.418	0.522	-9.913	0.470	0.735	-10.276	0.659

资料来源：笔者根据GTAP预测数据计算整理获得。

由表5-4数据可知，预计与中国电气设备商品在中长期存在较强互补性的有日本、韩国、菲律宾和越南。其中韩国和菲律宾与中国的互补性最强，在冲击模型中预计2057年互补性系数分别为3.884和4.469。而由表5-1和表5-2中国对各国及各国不同时期出口优势可知，韩国相对中国处于产业链上游，而菲律宾在产业链下游。关税减免对中国和日本以及中国和越南的贸易互补性在短、中、长三个时期均起到负面作用；对中、韩贸易互补性在短期和长期起到负面作用，中期起到略微的正面作用；对中国与菲律宾贸易互补性则是在长期产生负面影响。这主要是由于我国对关键工业中间品和资本品的关税减让使得我国有更多进口日、韩高科技中间品的可能，有利于半导体产业和二极管产业的升级和发展，因此在中长期会与日、韩产业产生竞争，贸易互补性下降；而菲律宾和越南两国的劳动力成本相对较低，在低端电子设备制造如通信设备的组装上会与中国产生竞争，贸易互补性下降。

表5-4　中国与RCEP其余成员国HS85产品贸易互补性预测

国家	2022年			2040年			2057年		
	基准模型	净效应（%）	冲击模型	基准模型	净效应（%）	冲击模型	基准模型	净效应（%）	冲击模型
澳大利亚	0.018	7.568	0.020	0.014	8.659	0.015	0.016	-2.441	0.016
文莱	0.058	13.158	0.066	0.019	7.966	0.020	0.000	-0.946	0.000

续表

国家	2022 年			2040 年			2057 年		
	基准模型	净效应（%）	冲击模型	基准模型	净效应（%）	冲击模型	基准模型	净效应（%）	冲击模型
印度尼西亚	0.350	7.252	0.375	0.152	15.750	0.176	0.014	18.331	0.017
日本	0.919	-1.663	0.904	1.197	-1.926	1.174	3.236	-15.690	2.728
柬埔寨	1.669	-3.330	1.613	0.244	-4.808	0.232	0.004	-8.030	0.004
韩国	1.968	-3.682	1.896	3.833	2.185	3.916	4.347	-10.641	3.884
老挝	0.219	27.999	0.280	0.671	40.560	0.943	0.254	41.242	0.359
缅甸	0.009	0.264	0.009	0.009	-17.467	0.008	0.000	27.219	0.000
马来西亚	1.965	6.753	2.098	1.845	6.182	1.959	1.523	-3.926	1.464
新西兰	0.042	4.365	0.044	0.034	-8.507	0.031	0.227	-20.712	0.180
菲律宾	2.545	4.758	2.666	3.688	2.196	3.769	4.877	-8.361	4.469
新加坡	0.532	6.733	0.568	0.009	4.665	0.010	0.004	-4.028	0.004
泰国	0.941	8.692	1.023	0.859	7.558	0.924	0.916	-4.013	0.879
越南	1.824	-0.307	1.818	2.782	-1.203	2.748	3.247	-10.972	2.890

资料来源：笔者根据 GTAP 预测数据计算整理获得。

由表5-5数据可知，预计与中国汽车制造及零部件商品长期存在较强互补性的国家有日本、柬埔寨和泰国。其中预计柬埔寨和中国的贸易互补性将在中长期最强：在初期 2022 年仅为 0.232，中期 2040 年上升到 4.271，后期 2057 年上升到 6.450。

表 5-5　中国与 RCEP 其余成员国 HS87 产品贸易互补性预测

国家	2022 年			2040 年			2057 年		
	基准模型	净效应（%）	冲击模型	基准模型	净效应（%）	冲击模型	基准模型	净效应（%）	冲击模型
澳大利亚	0.076	2.798	0.078	0.066	15.892	0.077	0.045	11.002	0.050
文莱	0.074	-1.319	0.073	0.010	7.716	0.011	0.000	2.762	0.000
印度尼西亚	0.598	-2.279	0.584	0.471	14.214	0.537	0.264	21.466	0.321
日本	3.021	2.178	3.087	2.700	3.051	2.783	2.301	-5.763	2.168
柬埔寨	0.246	-5.544	0.232	3.535	20.805	4.271	6.199	4.042	6.450

续表

国家	2022年			2040年			2057年		
	基准模型	净效应（%）	冲击模型	基准模型	净效应（%）	冲击模型	基准模型	净效应（%）	冲击模型
韩国	0.726	-2.571	0.708	0.779	-11.225	0.692	1.324	-18.424	1.080
老挝	0.049	11.120	0.055	0.527	76.942	0.933	0.108	79.916	0.194
缅甸	0.002	-10.627	0.002	0.003	-1.065	0.003	0.000	33.697	0.000
马来西亚	0.217	-8.921	0.197	0.228	18.351	0.270	0.218	19.193	0.260
新西兰	0.037	-0.421	0.037	0.049	-3.229	0.047	0.260	-9.778	0.234
菲律宾	0.281	-14.720	0.240	0.409	1.328	0.414	0.718	-0.013	0.718
新加坡	0.015	-3.107	0.015	0.001	16.368	0.001	0.001	10.006	0.001
泰国	2.498	-7.404	2.313	2.834	6.334	3.014	3.828	2.410	3.920
越南	0.266	-22.123	0.207	0.151	-12.093	0.133	0.178	-12.652	0.156

资料来源：笔者根据GTAP预测数据计算整理获得。

关税减免对中、日贸易互补性在短中期阶段起到正面作用，后期起到负面作用；对柬埔寨和泰国则在短期造成负面影响，中后期造成正面影响。其中，日本作为汽车制造业强国，税率减免会使我国对日产车型的需求持续增加，而在中长期中国汽车产业的不断成熟将导致日本汽车零配件（8708）商品竞争优势下降，因此贸易互补性降低；而柬埔寨和泰国人工成本相对较低，因此税率减免使得其在初期的汽车生产上会与中国产生竞争，贸易互补性下降，后期由于中国在汽车制造业产业链中的地位提升，各国在汽车产业链的地位趋于稳定，贸易互补性再次提升。

5.7 关税减让视角下RCEP制造业贸易网络演变趋势

5.7.1 创建贸易网络动态净效应指标

5.7.1.1 网络节点动态净效应指标

本节构建节点指标的RCEP平均净效应，利用方程（5－18）进行测算。

$$COC_{\bar{N}}(j,r) = \frac{1}{36}\sum_{t=2022}^{2057}\frac{COC_{t,S}(j,r) - COC_{t,B}(j,r)}{COC_{t,B}(j,r)}, r \in V_{t,B}(j)$$

(5 - 18)

其中，$COC_{\bar{N}}(j,r)$ 为 j 商品的贸易网络中 r 节点的紧密中心度的平均 RCEP 净效应，$COC_{t,S}(j,r)$ 为 t 年份关税冲击场景中 j 商品的贸易网络中 r 节点的紧密中心度。

5.7.1.2　网络动态净效应指标

本节还将测算网络指标的 RCEP 平均净效应，测算方法见方程（5 - 19）。

$$ACC_{\bar{N}}(j) = \frac{1}{36}\sum_{t=2022}^{2057}\frac{ACC_{t,S}(j) - ACC_{t,B}(j)}{ACC_{t,B}(j)} \quad (5-19)$$

其中，$ACC_{\bar{N}}(j)$ 为 j 商品的贸易网络平均集聚系数的平均 RCEP 净效应，$ACC_{t,S}(j)$ 为 t 年份关税冲击场景中 j 商品的贸易网络的平均集聚系数。

5.7.2　制造业贸易网络总体发展趋势

5.7.2.1　网络节点特征发展趋势

从 RCEP 制造业贸易网络总体发展趋势来看，区域内国家间贸易联系紧密程度在时间序列上表现为逐渐加强，且 RCEP 带来的净效应可以进一步提升网络中国家间自由贸易程度。制造业贸易网络节点特征预测结果如表 5 - 6 所示，协定生效后：①平均集聚系数在中长期均稳定在 0.86 左右，相比未受 RCEP 税收减免冲击的基期，平均提升了 0.4%，表明 RCEP 可以小幅提升国家之间贸易联系的紧密性。② 平均最短路径由 2022 年的 1.476 下降至 2057 年的 1.333，相比各年的基期数据平均下降 1.1%，表明成员国之间开展货物贸易需要的中间“桥梁”国家减少，对整体网密度的提升有一定积极作用。③互惠性和传递性水平从长期来看将有小幅度提升，国家间开展双边贸易的价值平衡性上升。

表 5-6　制造业贸易网络节点特征指标预测数据

指标	2022 年	2040 年	2057 年	净效应（%）
平均集聚系数	0.867	0.864	0.863	0.418
平均最短路径长度	1.476	1.448	1.333	-1.123
互惠性	0.857	0.848	0.889	1.104
传递性	0.740	0.776	0.785	1.311

资料来源：笔者依据贸易网络数据计算整理获得。

5.7.2.2　节点特征分析

从接近中心度和集聚中心度产生的净效应预测数据来看（见表 5-7），RCEP 将促进绝大多数成员国向网络中心靠拢，网络的边缘节点数下降；各国限制度水平均有所下降，成员国之间开展自由贸易的程度加深；不同国家的网页排名系数净效应表现出较大差异。大部分东盟国家的网页排名系数净效应为负数，说明东盟内部国家间制造业贸易水平上升，东盟一体化程度加深。

表 5-7　制造业贸易网络的节点特征 RCEP 净效应

国家	接近中心度（%）	集聚中心度（%）	限制度（%）	PageRank（%）
澳大利亚	1.400	0.000	-1.100	-4.400
文莱	0.600	0.000	-0.300	-0.800
中国	4.800	-1.000	-1.000	3.900
印度尼西亚	0.800	0.400	-0.800	-2.900
日本	1.400	0.000	-0.900	-3.400
柬埔寨	1.300	0.900	-3.600	0.700
韩国	0.700	1.200	-0.400	7.400
老挝	0.100	0.000	-1.000	-1.100
缅甸	2.700	0.000	-1.500	-0.100
马来西亚	0.200	0.800	-0.700	-4.100
新西兰	0.700	0.000	-1.300	-2.300
菲律宾	0.900	1.100	-0.600	-2.700
新加坡	0.000	1.500	-0.300	-9.200
泰国	0.400	1.400	-0.500	0.800
越南	2.300	0.300	-0.800	1.200

资料来源：笔者依据贸易网络数据计算整理获得。

1. 接近中心度的动态发展趋势

由图5－3可知，预计中国和日本的接近中心度一直保持在0.933和0.875；韩国、澳大利亚、新西兰的接近中心度分别在2031年、2038年、2037年和2054年有阶段性提升；东盟（10国）在时间序列上表现为0.65～0.73的提升。表5－7数据显示，东盟地区内部缅甸、越南两国网络节点的接近中心度净效应最大，分别为2.7%和2.3%，表明RCEP将促进两国逐渐从贸易网络边缘向网络中心靠近。

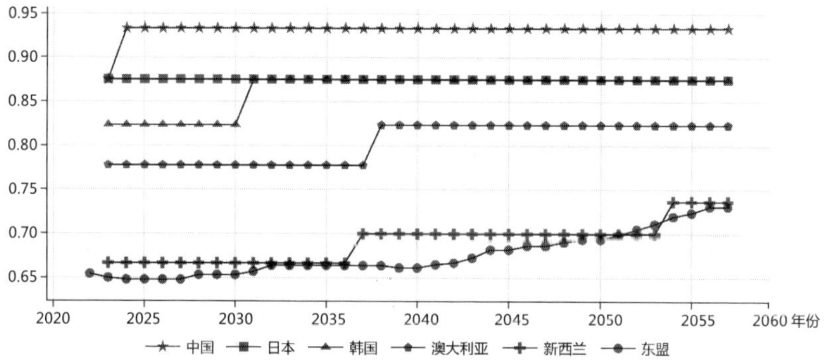

图5－3 制造业贸易网络预测序列中各国（地区）接近中心度

资料来源：笔者依据贸易网络数据计算整理获得。

2. 集聚系数的动态发展趋势

由表5－7可知，RCEP给中国的集聚系数带来的净效应为－1%，说明与中国直接开展贸易的国家（地区）之间彼此的制造业货物贸易水平将略有下降。这可能是由于RCEP带来的税收减免使得中国在开展进出口贸易时制造业商品优势获得进一步提升，中国完善的工业生产体系可以使其他成员国直接与中国展开双边互补贸易，而与第三方国家开展相同产业贸易的水平下降。这导致图5－4中预计中国的集聚系数长期围绕0.6上下波动并位于网络中最后一名。对于RCEP其他成员国（地区）而言，税率降低使得它们在开展贸易时不再仅局限于原有的FTA框架，尤其是东盟地区，RCEP框架内该地区的贸易伙伴进一步增加。如表5－7所示，韩国、新加坡和泰国的集聚系数分别提升了1.2%、1.5%与1.4%，说明与这三个国家开展贸易的国家间贸易水平提升。

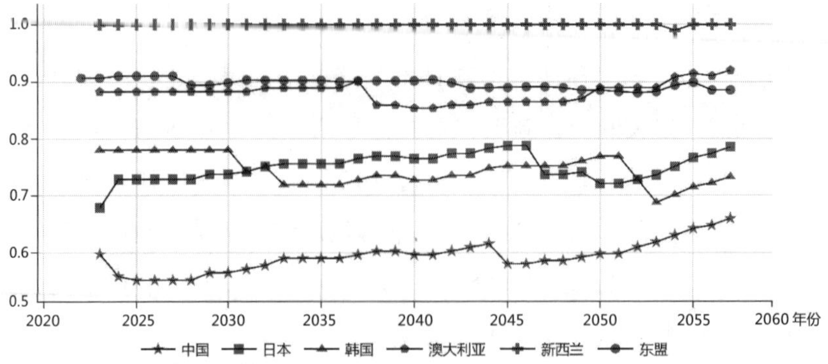

图5－4　制造业贸易网络预测序列中各国（地区）集聚中心度

资料来源：笔者依据贸易网络数据计算整理获得。

3. 限制度水平的动态发展趋势

由表5－7可知，各国限制度水平的净效应均为负。预计中国的限制度水平降低1%，其余成员国中下降幅度最大的为柬埔寨，下降了3.6%，其次是缅甸和新西兰，分别下降1.5%和1.3%。由图5－5可知，预测东盟（10国）整体的限制度水平从2022年的0.39下降至2057年的0.33，其他国家的限制度水平也都出现不同程度的下降。这表明RCEP能够使所有成员国，尤其是网络中处于边缘位置的国家贸易受其他国家限制的程度降低，对亚太地区自由贸易起到推动作用。

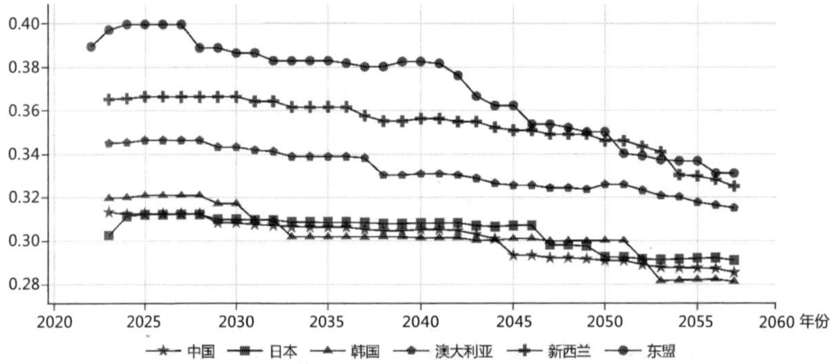

图5－5　制造业贸易网络预测序列中各国（地区）限制度

资料来源：笔者依据贸易网络数据计算整理获得。

4. 网页排名系数水平的动态发展趋势

由图5-6可知，预测除中国的网页排名系数水平由2022年的0.35逐渐下降至2057年的0.2外，大部分国家（地区）的网页排名系数都没有出现大幅度波动。由表5-7数据可知，大部分国家的网页排名系数净效应为负，仅韩国、中国、越南、泰国和柬埔寨的网页排名系数净效应为正。其中韩国和中国的净效应水平提升幅度最高，表明RCEP将促进网络中较为核心节点的国家贸易联系更为紧密。值得指出的是，新加坡网页排名系数水平下降最多，降幅达到9.2%，说明新加坡与网络中较为边缘国家的贸易联系将在未来逐步增强。

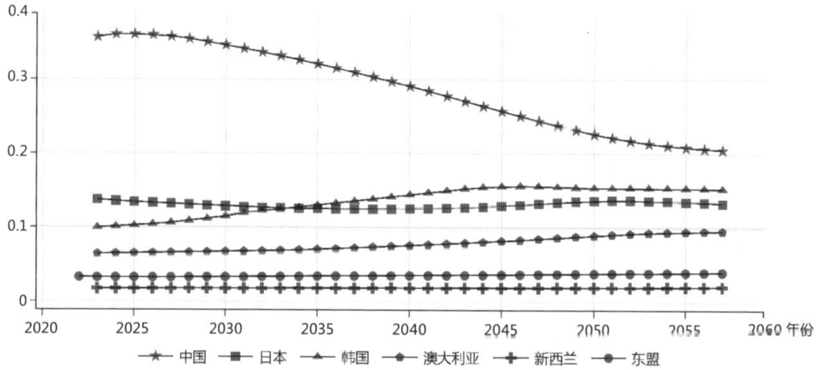

图5-6 制造业贸易网络预测序列中各国（地区）PageRank

资料来源：笔者依据贸易网络数据计算整理获得。

5.7.3 机械、电子及汽车贸易网络发展趋势

5.7.3.1 HS84、HS85、HS87可视化结构图

本部分以HS85商品为例，呈现该类商品贸易网络部分节点在拓扑结构中的动态变化趋势（见图5-7）。图中节点之间有连线则表示国家间贸易联系较为紧密；节点颜色表示对应国家在网络中的影响力大小，颜色越深表示影响力越强，颜色浅则表示在网络中影响力较弱；节点在网络图中的位置表示对应国家在网络中的地位，节点越接近中心表明在网络中地位越高，越处于网络边缘则表示地位越低。对比短期（2022年）、中期

（2040 年）和长期（2057 年）的拓扑图可以看出，节点之间连线明显增多，但部分节点的颜色逐渐变浅，且网络中心处节点减少，节点向网络周围扩散。这表明虽然整体贸易联系增强，但各国与中国和韩国的贸易联系更为紧密，网络逐渐由中国“单核心”节点变成了中国与韩国“双核心”节点。新西兰、缅甸、老挝、柬埔寨等仍然在网络中属于边缘节点，在网络中影响力较小。

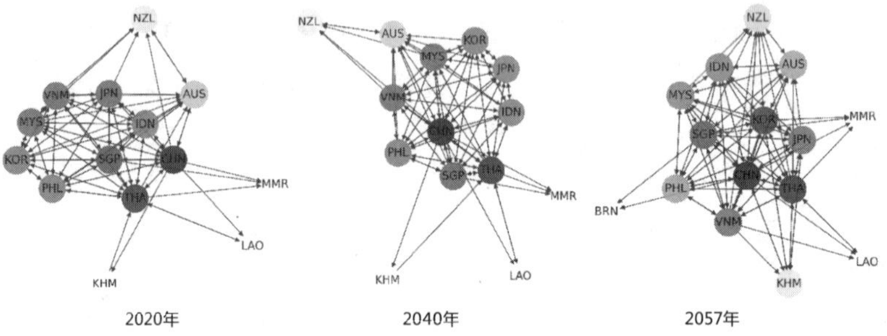

图 5 - 7　RCEP HS85 商品贸易网络拓扑结构动态发展趋势

资料来源：笔者依据贸易网络数据计算整理获得。

5.7.3.2　网络特征预测

机械贸易网络（HS84）：RCEP 生效并不能改变机械制造业货物贸易网络节点之间贸易联系的紧密性、稳定性和贸易活动给参与国家带来价值平衡的下降趋势。由表 5 - 8 的数据可以看出，在 RCEP 关税协定签署后的时间序列上，网络的平均聚集系数、互惠性和传递性在中长期均出现了不同程度的下降，而关税减免对网络指标相对基期带来的提升净效应较小。

电子贸易网络（HS85）：电子产品制造业贸易网络与机械制造业贸易网络指标在变化趋势上基本一致，互惠性和传递性均有所下降；平均集聚系数和局部效率则表现为短中期下降、中长期反升。RCEP 的关税减免对网络指标带来的净效应的提升作用仍然较小。RCEP 生效不能改变电子设备制造业货物贸易网络节点之间贸易联系的紧密程度、稳定程度以及贸易给双边国家带来的价值平衡均有所下降的趋势。

汽车贸易网络（HS87）：汽车制造业贸易网络与上述两个网络的发展趋势不同，平均集聚系数、互惠性和传递性在中长期均有不同程度的提升，净效应相对较大。在 2022—2057 年预计各成员国在局部区域内贸易联系逐渐紧密，平均最短路径长度预计将由 0.824 提升至 1.229，说明网络整体联系的紧密程度将有所下降。区域内将出现小规模集团化，集团内部贸易联系和利益沟通将较为顺畅，不同贸易集团之间的联系略微减少。

表 5－8　HS84、HS85、HS87 商品贸易网络特征指标预测数据

指标	HS84				HS85				HS87			
	2022 年	2040 年	2057 年	净效应（%）	2022 年	2040 年	2057 年	净效应（%）	2022 年	2040 年	2057 年	净效应（%）
平均集聚系数	0.884	0.793	0.715	0.058	0.796	0.702	0.810	0.528	0.689	0.702	0.756	2.938
平均最短路径长度	1.071	1.067	0.876	−0.172	1.412	1.181	1.186	1.982	0.824	1.138	1.229	3.706
互惠性	0.820	0.702	0.602	1.465	0.825	0.710	0.617	1.619	0.516	0.561	0.574	2.617
传递性	0.719	0.610	0.559	1.181	0.766	0.596	0.513	0.207	0.395	0.434	0.460	3.847

资料来源：笔者依据贸易网络数据计算整理获得。

5.7.3.3　节点特征预测

1. 机械贸易网络（HS84 类商品）

表 5－9 为 RCEP 生效后，在机械制造贸易网络中对各节点特征带来的净效应预测数据，可见：①除澳大利亚和新加坡的接近中心度净效应为负数外，其他成员国的接近中心度净效应均为正。其中，中国的接近中心度指标净效应最高，为 2.015%。②除柬埔寨和缅甸外，其他成员国的集聚中心度均获得不同程度的提升。其中，RCEP 对澳大利亚、马来西亚和新加坡的集聚系数提升程度相对更高，分别为 1.399%、1.274% 和 1.294%，说明与这三个国家开展贸易的伙伴国之间在机械产品领域的贸易联系将更加紧密。③除新西兰和新加坡外，限制度净效应将使其他各国开展贸易时受限程度不变或下降。④不同国家的网页排名系数净效应出现了较为明显的差距。韩国提升程度最高，为 11.828%，而新加坡下降程度最大，为 －11.646%。这说明 RCEP 将会加强韩国与网络中重要节点如中国、日本之间的贸易联系，而新加坡与东盟国家之间的贸易联系将有所增加。

表 5-9 机械、电子及汽车制造业贸易网络的节点特征 RCEP 净效应

国家	HS84				HS85				HS87			
	接近中心度（%）	集聚中心度（%）	限制度（%）	Page-Rank（%）	接近中心度（%）	集聚中心度（%）	限制度（%）	Page-Rank（%）	接近中心度（%）	集聚中心度（%）	限制度（%）	Page-Rank（%）
澳大利亚	-0.346	1.399	-0.102	-4.972	0.503	1.074	-0.533	-4.111	0.823	1.278	-2.213	-4.950
文莱	1.265	0.000	0.000	-2.112	3.304	0.000	0.000	-1.832	2.461	0.000	0.000	-0.368
中国	2.015	0.382	-0.433	9.070	4.463	1.090	-0.882	4.274	5.945	1.745	-1.059	15.772
印度尼西亚	0.002	0.301	-0.698	-4.050	2.111	0.053	-1.108	-1.165	6.974	-1.409	-3.042	23.431
日本	0.231	1.096	-0.072	-2.939	0.526	3.033	0.115	-1.483	0.889	5.137	0.785	-3.595
柬埔寨	0.683	-0.868	-0.226	-0.895	10.418	0.000	-1.939	-1.092	3.689	0.738	-2.786	1.924
韩国	1.391	0.645	-0.334	11.828	3.056	0.153	-0.919	17.897	7.288	2.326	-0.308	12.257
老挝	0.589	0.000	0.000	-2.822	3.960	0.000	-5.519	-3.199	1.041	2.660	2.125	-3.179
缅甸	0.694	-0.868	0.000	0.492	3.242	0.000	0.000	-2.847	1.966	0.000	0.000	-3.197
马来西亚	0.664	1.274	-0.020	-5.559	1.554	1.322	-0.539	-1.383	2.794	1.430	-0.456	9.012
新西兰	0.294	0.920	0.158	-7.179	1.198	1.691	-0.212	-14.759	0.588	3.273	-0.562	-13.263
菲律宾	0.788	0.248	-0.463	-3.867	1.614	0.896	-0.547	-1.800	3.665	1.324	-0.937	2.745
新加坡	-0.041	1.294	0.030	-11.646	0.723	1.100	-0.626	-7.036	2.229	1.021	0.000	-5.806
泰国	1.305	0.909	-0.263	2.222	1.825	-3.033	-1.834	4.144	2.751	1.830	0.304	13.683
越南	1.382	0.201	-0.425	-1.469	1.597	-1.421	-1.385	2.159	3.167	0.862	-0.945	3.822

资料来源：笔者依据贸易网络数据计算整理获得。

从预测的动态发展趋势来看：①由图 5-8 可知，尽管表 5-9 中显示出 RCEP 给除了澳大利亚和新加坡以外的成员国带来的接近中心度平均净效应为正，但加入 RCEP 后各成员国（地区）的接近中心度在 2022—2057 年仍然呈下滑趋势，且长期来看各成员国（地区）的接近中心度值均低于 0.65。网络的结构由集中向松散方向发展，各国（地区）将逐渐偏离网络的中心位置，区域内中心国家的影响力下降，贸易的容错性、开放性和平等性将有所提升。②由图 5-9 可知，大部分国家（地区）的集聚中心度水平表现为不同程度的下降趋势。其中，中国的集聚中心度水平最低，从 2022 年的 0.64 下降至 2035 年的 0.55 后一直保持在 0.55 以下的水平。③由图 5-10 可以看出，除澳大利亚的限制度水平未来长期保持在 0.36～0.38 区间外，其余成员国（地区）的限制度水平均表现为小幅下降。其中中国的限制度水平由 0. 34 下降至 0. 32，日本和韩国的限制度水平则由 0. 36 下降至 0. 32。各国在机械产品方面技术水平的不断发展及税收减免带来的进口价格下降是 RCEP 成员国（地区）受其他国家限制程度下降、拥有更多贸易选择的重要原因。④由图 5 - 11 可以看出，RCEP 各国家（地区）的网页排名系数水平趋向一致。其中，中国的网页排名系数水平由 2022 年的 0. 32 到后期逐渐降低至 0. 14，日本和韩国的网页排名系数水平长期在 0. 1 以下，说明网络中节点重要性较高的国家，如中、日、韩与网络节点重要性较低的部分东盟国家的贸易水平将有所提升。

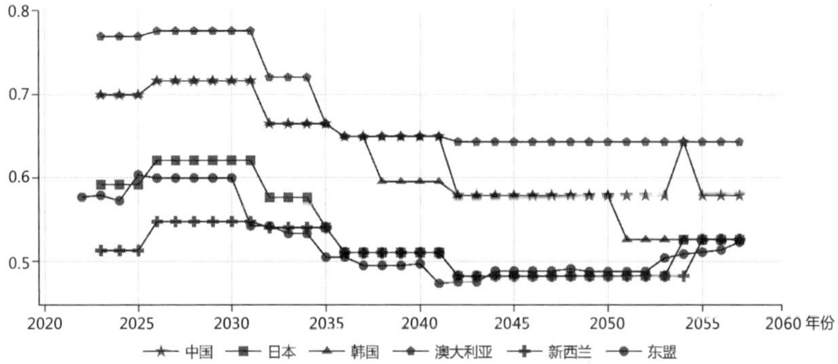

图 5 - 8　HS84 贸易网络各国（地区）接近中心度

资料来源：笔者依据贸易网络数据计算整理获得。

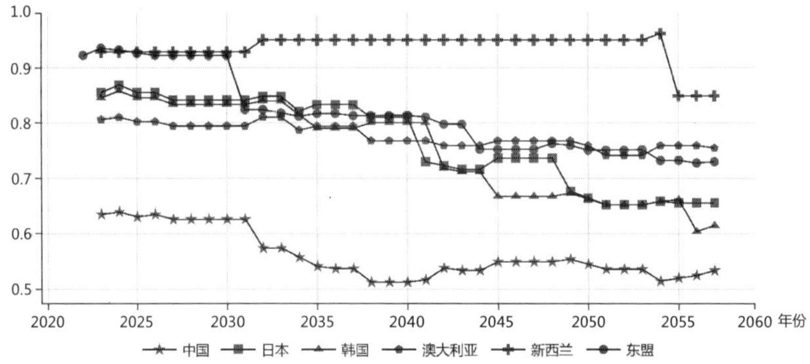

图 5 - 9　HS84 贸易网络各国（地区）集聚中心度

资料来源：笔者依据贸易网络数据计算整理获得。

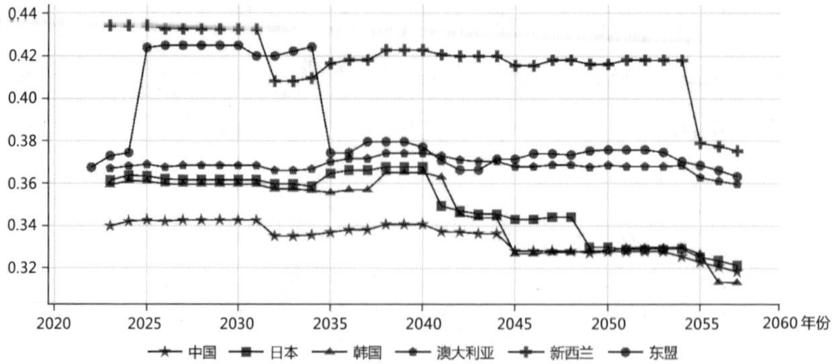

图 5-10　HS84 贸易网络各国（地区）限制度

资料来源：笔者依据贸易网络数据计算整理获得。

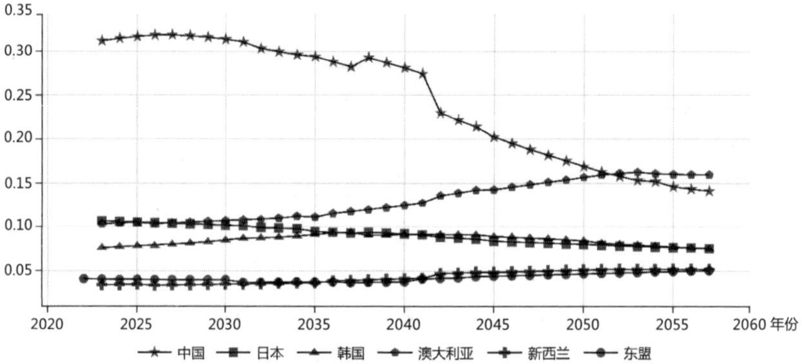

图 5-11　HS84 贸易网络各国（地区）PageRank

资料来源：笔者依据贸易网络数据计算整理获得。

2. 电子制造贸易网络（HS85 类商品）

由表 5-9 可知，RCEP 的税收减免给不同成员国带来的净效应不同。预计：①所有成员国的接近中心度净效应均为正。其中，中国净效应为 4.463%，而 RCEP 带来提升效应最高的国家为柬埔寨，其净效应为 10.418%。②除泰国和越南的集聚中心度净效应分别表现为 -3.033% 和 -1.421% 外，其他成员国的集聚中心度获得不同程度的提升，其中对日本的提升程度相对更高，为 3.033%，说明与日本开展贸易的国家之间更容易彼此展开贸易。③除日本的限制度净效应为 0.115% 外，RCEP 带来的净效应使其余成员国开展贸易时的受限制水平不变或出现略微下降。其中 RCEP 给老拙的限制度带来的净效应最强，为 -5.519%。④与机械设备制造业网络相似，在网络中不同国家的网页排名系数净效应同样出现了较为明显的差距。韩国提升程度最高，为 17.897%，而新西兰下降程度最高，为 -14.759%。

在时间序列上：①由图 5-12 可知，尽管 RCEP 对各成员国（地区）接近中心度的影响均为正向净效应，但是大部分国家的接近中心度仍然在中长期表现出下降趋势，仅在 2054 年和 2055 年预计出现回升。中国的接近中心度预计由 2023 年的 0.8 下降至 2050 年的 0.5，逐渐偏离出网络中心。②由图 5-13 可以看出，各成员国（地区）的集聚中心度水平表现为波动下降趋势，韩国的集聚中心度水平由 2023 年的 0.85 持续下降至 2056 年的 0.55。中国的集聚中心度水平在网络中仍然最低，预计在 2022—2039 年保持在 0.58 左右，2040 年下降至 0.51。③由图 5-14 可以看出，各成员国（地区）的限制度水平并没有出现大幅度下降。中国的限制度预计长时间在 0.33～0.34 区间波动，将是网络中受限程度最小的国家。④由图 5-15 可知，各成员国（地区）的网页排名系数水平将在 2045 年后趋向于一致。其中澳大利亚和新西兰的网页排名系数水平有明显上升，中国的网页排名系数水平表现出明显下降，三者预计将在 2053 年交汇至 0.19 的水平。

总体来看，机械制造业和电子设备制造业贸易网络的发展趋势大致相同，节点接近中心度的普遍降低趋势表明网络逐渐由单一核心节点向多核心节点网络演化，多元化程度提升，网络的去中心化发展趋势表明 RCEP 区域内贸易将会更加自由、开放和平衡。

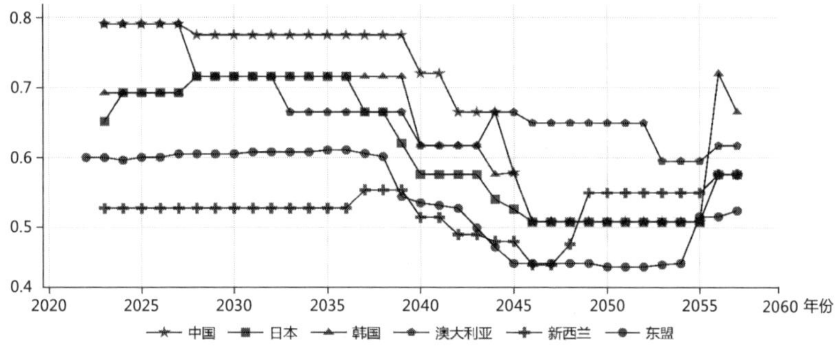

图 5-12 HS85 贸易网络各国（地区）接近中心度

资料来源：笔者依据贸易网络数据计算整理获得。

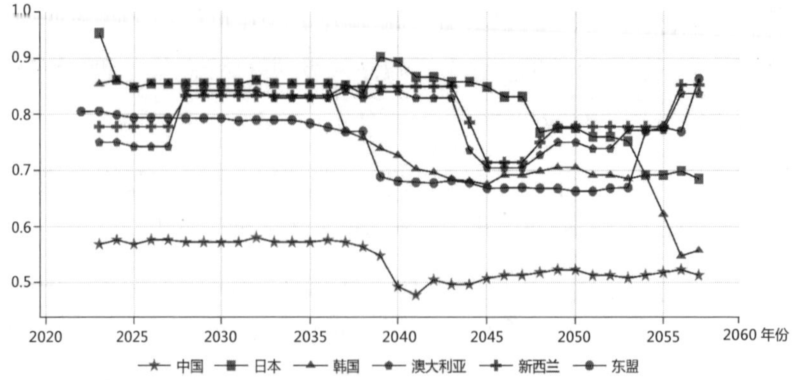

图 5-13 HS85 贸易网络各国（地区）集聚中心度

资料来源：笔者依据贸易网络数据计算整理获得。

导致机械制造业贸易网络和电子产品制造业贸易网络贸易联系紧密性下降的原因可能是：RCEP 税率减免带来的贸易转移效应和贸易创造效应使成员国（地区）之间在不同的制造业贸易中更加倾向与相对产业优势较强的国家直接展开贸易，而与相对优势较弱的国家贸易联系下降。中国网页排名系数水平的不断下降表明中国与网络中重要程度较弱的节点贸易联系不断上升，东盟地区可以直接与中国、韩国和日本在机械和电子设备方面展开高水平贸易。如图 5-10 和图 5-14 所示，东盟（10 国）在机械设备和电子设备贸易领域的限制度水平将长期稳定在 0.37 和 0.4 ，没有出现明显下降趋势，表明东盟地区在贸易中将会一直受中国、日本和韩国的直接或间接影响。

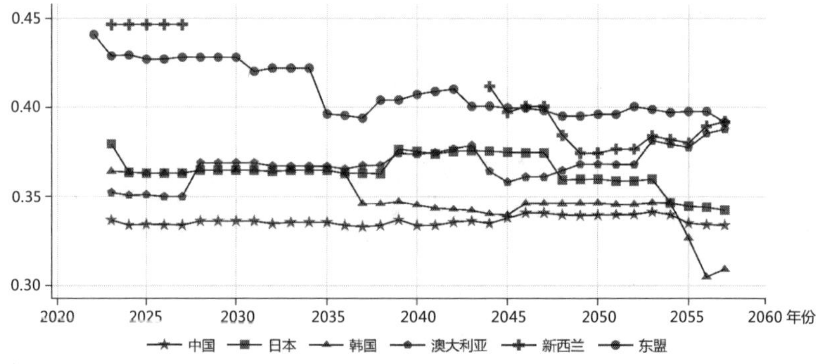

图 5-14 HS85 贸易网络各国（地区）限制度

资料来源：笔者依据贸易网络数据计算整理获得。

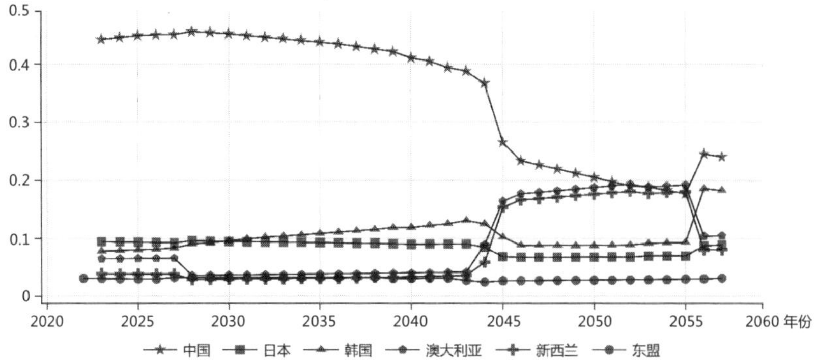

图 5-15　HS85 贸易网络各国（地区）网页排名系数

资料来源：笔者依据贸易网络数据计算整理获得。

3. 汽车制造贸易网络（HS87 类产品）

由表 5-9 可以看出，RCEP 税收减免在汽车制造贸易网络中给不同成员国带来的净效应存在差异，预计：①RCEP 对所有成员国的接近中心度水平净效应均表现为不同程度的提升，其中给中国带来的净效应为 5.945%，提升效应最高的是韩国，为 7.288%；②除文莱与缅甸和印度尼西亚的集聚中心度净效应分别表现为 0 和 -1.409% 以外，其他成员国的集聚中心度均获得不同程度的提升，其中，日本提升程度最高，为 5.137%；③大多数成员国的限制度水平净效应为负，而 RCEP 对日本、泰国、老挝限制度水平的净效应分别表现为提升其贸易受限程度的 0.785%、0.304%、2.125%；④不同国家的网页排名系数净效应同样出现较为明显的差距，其中，印度尼西亚提升程度最高，为 23.431%，而新西兰下降程度最高，为 -13.263%。

由时间序列观察可见，汽车贸易网络与上述网络节点的发展趋势有所不同：①由图 5-16 可以看出，预计大部分国家（地区）的接近中心度在 2022—2030 年表现为提升，2040 年出现小幅下降，2043 年后除东盟（10 国）有小幅上升外其他成员保持平稳。这表明在汽车制造贸易网络中，边缘节点逐步向网络中心靠近，国家间的贸易联系更加紧密。②由图 5-17 可知，大部分 RCEP 成员的集聚中心度预计持续波动，中国和日本的集聚中心度将由 2022 年的 0.42 在中长期上涨至 0.53，这表明围绕中、日两国，汽车制造业产业链中将嵌入与它们开展贸易的其他成员国。③相比电子和机械制造业贸易网络，汽车制造贸易网络中限制度等级的下降表现得更为平稳，除新西兰以外，其他成员国（地区）基本没有出现大幅度下降（见图5－18），这表明在汽车贸易中各国将会更加平稳地融入汽车贸易网络。④澳大利亚和新西兰的网页排名系数变化趋势在2042年与其他成员国（地区）出现了较大的差异，预测两国在汽车产业中将与日本、韩国等汽车制造大国的贸易联系增强，与其他国家（地区）的贸易联系紧密度下降（见图5－19）。

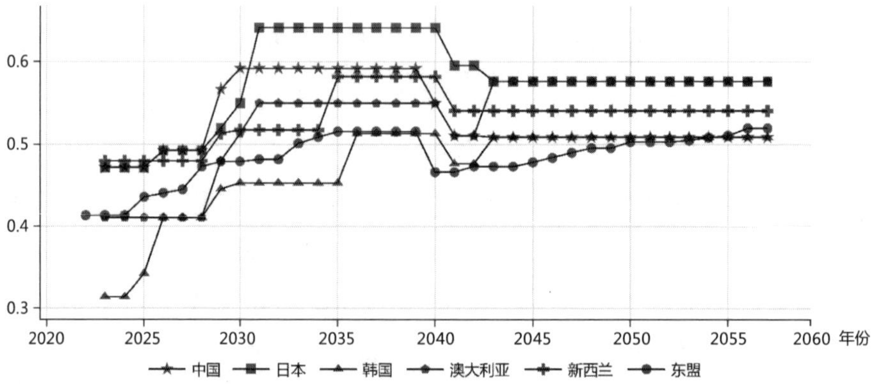

图5－16　HS87贸易网络各国（地区）接近中心度

资料来源：笔者依据贸易网络数据计算整理获得。

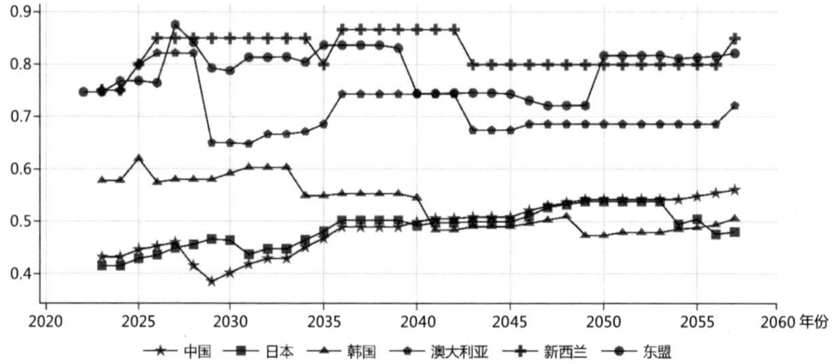

图5－17　HS87贸易网络各国（地区）集聚中心度

资料来源：笔者依据贸易网络数据计算整理获得。

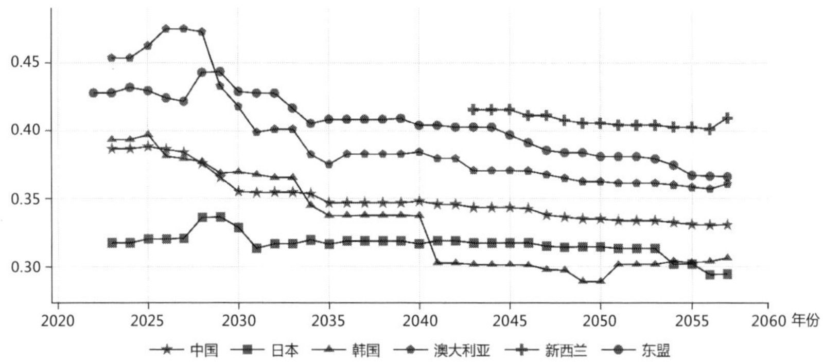

图 5-18 HS87 贸易网络各国（地区）限制度

资料来源：笔者依据贸易网络数据计算整理获得。

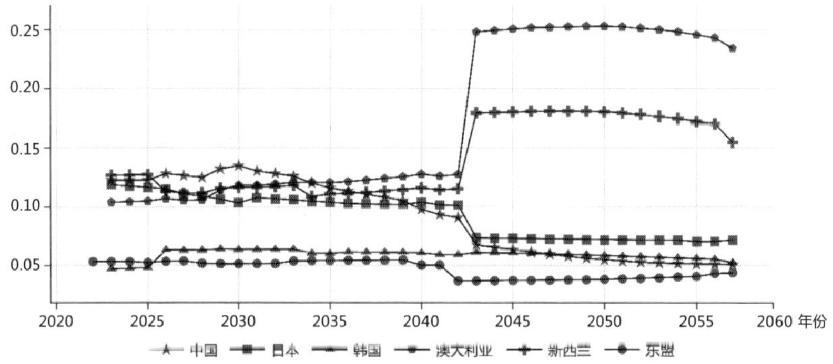

图 5-19 HS87 贸易网络各国（地区）PageRank

资料来源：笔者依据贸易网络数据计算整理获得。

第6章 基于网络模体的RCEP制造业贸易结构演变趋势

6.1 网络模体概念以及在贸易网络中的应用

6.1.1 网络模体的基本概念

复杂网络被应用于不同的领域，且很多复杂网络共享具有如小世界特性、群聚性、无标度性等相似的整体结构特征，但为了更好地理解不同学科复杂网络的生成机理，需要比较网络结构更基础的局部结构特征（Milo et al.，2002，2004）。Milo等（2002）是较早提出网络模体概念的学者，结合中国学者韩华、刘婉璐、吴翎燕（2013）的描述，网络模体定义为满足下列条件的子图：该子图那些在随机网络中出现的次数大于等于在真实网络中出现的次数的概率小于某个阈值，且该子图在真实网络中出现的次数不小于某个下限。此外，Milo等（2004）进一步提出了Z得分（Z-Score），以比较不同大小网络的模体及其重要程度。模体从网络局部特征的角度，刻画了给定网络整体结构的相互连接的特定模式，对把握网络整体构成具有重要意义，被誉为真实网络的“基元”（缪莉莉、韩传峰、刘亮、曹吉鸣，2012）。

6.1.2　模体在贸易网络中的应用

由于网络模体的分析方法可以进一步探究复杂网络的微观特征，该研究方法被广泛应用于生物、物理、社会科学等诸多学科。在国际贸易网络的研究领域，国内一些学者将网络模体用于对“一带一路”贸易投资网络的实证研究。杨文龙、杜德斌（2018）构建了“一带一路”沿线国家的对外投资网络，并进行“3 节点—网络模体”的微观研究，以此探索网络局部结构特征。李梦等（2019）构建了“一带一路”地区的能源贸易网络，并对该网络进行模体研究，识别并分析网络中主要国家在“一带一路”能源贸易网络中的地位。另有一些学者将模体分析应用于对 RCEP 区域贸易网络的实证研究。赵昌平、齐芯莉、屈敏（2021）利用模体数量等指标探究 RCEP 成员国（地区）在 2006—2019 年货物贸易网络结构的演变趋势，并具体分析了体现该网络互惠关系的 4 种不同模体结构。

6.2　模体识别及测度

本章将分别运用三种不同的网络模体测度方法探究 RCEP 制造业贸易网络的微观结构特征，它们分别是次二次条件子图搜索算法（简称“模体频次”）、模体显著性统计（Z - Score）以及模体的相对显著性（Network Significance Profile，NSP）。

6.2.1　三节点模体分类

本章重点对三节点模体进行分析，网络中三节点模体的具体形式如表 6 - 1所示，102 与 300 模体体现了对称的贸易关系，某种程度上是网络中两个节点（国家之间）的贸易结构平衡性。111D、201、111U、021C、030C 模体则能反映出不平衡的贸易模式。210、300 模体结构能够揭示贸易结构中的集团化特征，具体说明参见表 6 - 2。

表6－1 “三节点模体”

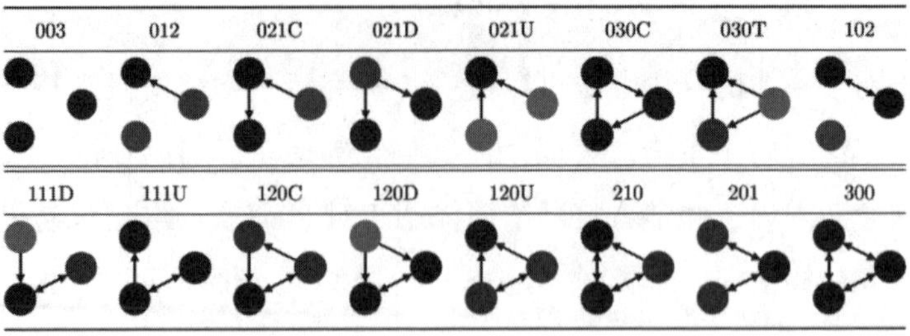

表6－2 不同“模体”组合的贸易模式

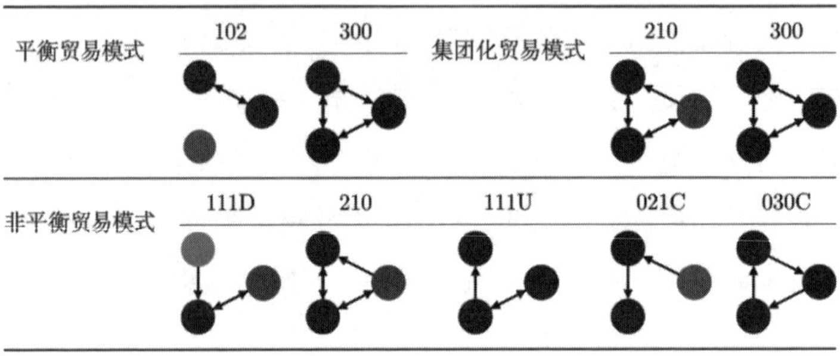

6.2.2 次二次条件子图搜索算法（模体频次）

模体是网络中反复出现、相互作用的基本模式。模体研究的基础是在复杂网络中统计出各类模体的频次。在算法层面需要首先搜索特定节点个数的子图，其次确定哪些子图在拓扑结构上是等价的，并相应地将它们进行分组。本章采用 Batagelj 和 Mrvar（2001）提出的次二次条件子图搜索算法对网络中包含的模体频次及各个节点参与的模体频次进行统计。

6.2.3 模体显著性统计（Z－Score）

网络自组织过程中对于不同模体形成的偏好并不一致，因此对模体频次的统计无法充分表明网络中特定模体的出现倾向。本章参照 Milo 等（2004）的定义，即特定网络中模体的显著性为网络中模体重复出现的次数高于与其具有高拓扑相似性的随机网络中出现的次数；进而，如式（6－1）所示，首先选取与原网络具有相同入度分布及出度分布的配置模型（Configuration Model）作为用于参考的随机网络。

$$G_t^{rand}(j) = G(P(ideg(v)),P(odeg(v))),v \in V_t(j) \qquad (6-1)$$

其中，$G_t^{rand}(j)$ 为基线场景中 t 时刻 j 商品贸易网络的随机网络，$\{ideg(v)\}$ 为原网络的入度序列，$P(\{ideg(v)\})$ 为该序列构成的入度分布，$\{odeg(v)\}$ 为网络的出度序列。

在此基础上，本书采用 Milo 等（2004）定义的网络中特定模体的 Z－Score作为其统计学显著性的度量。为减少随机误差，本章对每个特定网络的配置模型样本空间进行了规模 1000 的随机采样，并如式（6－2）所示，根据样本期望与方差计算网络中特定模体的 Z－Score，最终基于 Z－Score 对网络中模体的显著性进行检验。

$$Z_t^i(j) = \frac{\#triads_t^i(j) - E(\{\#triads_t^{i,rand}(j)\})}{\sigma(\{\#triads_t^{i,rand}(j)\})} \qquad (6-2)$$

其中，$Z_t^i(j)$ 为基线场景中 t 时刻 j 商品贸易网络 i 模体的 Z－Score，$\#triads_t^i(j)$ 为特定网络中 i 模体的个数，$\{\#triads_t^{i,rand}(j)\}$ 为 Configuration Model 样本集合对应的 i 模体的个数集合。

同理，本章还将对网络中个体参与模体的最大值的显著性进行检定。如式（6－3）所示，计算网络中个体参与模体的最大值的 Z－Score，最终以此对网络中个体参与模体的最大值的显著性进行检定。

$$Z_t^{i,\max}(j) = \frac{\max\{\#triads^i(v)\} - E(\max\{\#triads^i(v^{rand})\})}{\sigma(\max\{\#triads^i(v^{rand})\})} \qquad (6-3)$$

$$v \in V_t(j), v^{rand} \in V_t^{rand}(j)$$

其中，$Z_t^{i,\max}(j)$ 为基线场景中 t 时刻 j 商品贸易网络 i 模体个体参与最大值的 Z－Score。

6.2.4　模体的相对显著性

6.2.4.1　相对显著性的测定

由于网络规模与 Z－Score 正相关，以及本书研究有跨网络比较模体显著性的需求，故引入 NSP 来刻画网络中模体的相对显著性。本质上模体的 SP（Significance Profile）是经过标准化后的模体 Z－Score，计算方法如下：

$$SP_t^i(j) = \frac{Z_t^i(j)}{\sqrt{\sum_i Z_t^i(j)^2}} \tag{6-4}$$

其中，$SP_t^i(j)$ 为基线场景中 t 时刻 j 商品贸易网络 i 模体的 SP 值。

本书第4章对RCEP货物贸易网络的整体结构进行了深入、全面的分析，在此基础上，本章结合以上三种方法在子网络层面对模体结构特征展开分析，以此剖析RCEP区域内各国之间的货物贸易关系以及贸易模式，能够在更加微观的层面展示特定贸易网络的局部结构。

6.2.4.2 相对显著性的净效应

为了对RCEP的实施效果进行评估，还需定量分析RCEP对成员国贸易规模带来的影响（Athey & Imbens, 2017）。本章定义两场景下（关税冲击场景与基线模型场景）模体相对显著性变化率为RCEP生效前后对网络模体产生的净效应，由此实现对新关税政策实施效果的量化评估。具体测算见式（6-5），该指标用于衡量剔除宏观经济演化趋势后，RCEP关税新政策对网络模体相对显著性带来的影响。

$$SP_{\bar{N}}^i(j) = \frac{1}{36}\sum_{t=2022}^{2057}\frac{SP_{t,S}^i(j) - SP_{t,B}^i(j)}{SP_{t,B}^i(j)} \tag{6-5}$$

其中，$SP_{\bar{N}}^i(j)$ 为基线场景中 j 商品贸易网络 i 模体 SP 值的平均净效应。

6.3 基于频次统计与Z-Score显著性检验的模体分析

6.3.1 模体显著性检验结果及分析

6.3.1.1 制造业贸易网络的平衡性、集团化与互惠性

从RCEP制造业贸易网络整体来看，2010年、2015年、2019年这三年的102和300模体一直是出现频次排名前两位的模体（见表6-3）。

关于贸易平衡性：102与300模体体现了节点间对称的贸易关系，揭示了贸易结构的平衡性，其中102模体的三个节点间只有两个节点之间存在一条互惠边（即两个国家间同时存在进出口关系），300模体中三个节点

中每两个节点之间都存在着一条互惠边。102 和 300 模体的出现频次稳定在前两名说明 RCEP 制造业贸易的平衡性和互惠性一直保持较强水平。

由于 300 模体也反映出一种高度集团化的贸易联系，该模体的数量相对最多就表明在 RCEP 制造业贸易网络中，成员国之间的贸易模式呈现出较强的集团化特征。此外，结合表 6－3 数据可知，003 模体在 2010 年和 2015 年两年都是该网络中出现频次排名第三的模体。但在 2019 年，201 模体成为该网络出现频次排名第三的模体，201 模体在 003 模体基础之上，增加了两条互惠边，由此可见该网络的贸易互惠性在一定程度上逐渐增强。

6.3.1.2　低端制造业贸易网络的平衡性、集团化与互惠性

由低端制造业贸易网络来看，在 2010 年、2015 年和 2019 年，111U 和 210 模体总频次始终显著，意味着在 RCEP 低端贸易网络中存在不平衡的贸易模式。而三年中，300、210 模体总频次均显著且呈现上升趋势，说明 RCEP 低端制造业贸易的集团化水平在逐步提高。

6.3.1.3　中端与高端制造业贸易网络的平衡性、集团化与互惠性

在 RCEP 中端制造业贸易网络中，2010 年、2015 年、2019 年的 102 和 300 模体总频次较高且显著，同时呈明显上升趋势，说明区域内中等技术水平制造业贸易模式具有平衡性，国家间普遍开展的是互惠贸易。而 210 模体的总频次处于波动状态，且仅在 2010 年及 2019 年显著，意味着虽然贸易网络中存在集团化贸易模式，但其并不稳定。

由表 6－6 可得，在 RCEP 高端制造业贸易网络中，300、111U 和 102 模体在 2010 年、2015 年和 2019 年都是出现频次排名前三的模体。这表明高端制造业贸易模式呈现较明显的集团化结构，由于 111U 模体中存在只发出的节点（最左侧节点），该模体出现频次多则表征网络中节点间贸易关系存在不可替代性，贸易模式的平衡性稍弱。

关于互惠性特征，在 2019 年，102 模体出现频次超过了 300 模体，且在 2019 年 003 模体出现频次首次排在所有模体的第四位。由于 102 模体与 300 模体相比少了两条互惠边，003 模体的三个节点间并无有向边，故从 2010 年、2015 年、2019 年三年的数据来看，RCEP 成员国高端制造业贸易模式的互惠性减弱。

表 6-3 制造业贸易网络模体统计

模体	2010 年				2015 年				2019 年			
	总频次	中国参与频次	参与频次最大值国家	参与频次最大值	总频次	中国参与频次	参与频次最大值国家	参与频次最大值	总频次	中国参与频次	参与频次最大值国家	参与频次最大值
003	79	3	柬埔寨	35	71	0	柬埔寨	32	59	0	文莱	28
012	41	3	文莱	16	27	2	新西兰	13	27	0	新西兰	13
021C	1	0	老挝	1	2	1	文莱	1	2	0	柬埔寨	2
021D	2	0	印度尼西亚	1	2	0	新西兰	2	1	0	缅甸	1
021U	0	0	澳大利亚	0	0	0	澳大利亚	0	3	0	日本	3
030T	0	0	澳大利亚	0	0	0	澳大利亚	0	0	0	澳大利亚	0
102	126 ***	25	老挝	34	108 ***	10	文莱	38	96 ***	12	文莱	42
111D	26	3	文莱	17	20	11	中国	11	28	1	日本	23
111U	38 ***	12	新加坡	15	49 ***	10	柬埔寨	20	27	0	新西兰	15
120C	2	0	澳大利亚	1	0	0	澳大利亚	0	3	0	日本	2
120D	1	0	文莱	1	0	0	澳大利亚	0	1	0	日本	1
120U	1	0	马来西亚	1	8	1	新西兰	6	6	0	新西兰	6
201	25 ***	7	菲律宾	14	42 ***	12	菲律宾	17	62 ***	29	中国	29 **
210	24	5	印度尼西亚	12	23	8	新西兰	12	29	10	新西兰	12
300	89 ***	33	中国	33 ***	103 ***	36	中国	36 ***	111 ***	39	中国	39 ***

注：***、** 和 * 分别表示在 1%、5% 和 10% 水平上显著。

资料来源：笔者计算整理得出。

表 6－4　低端制造业贸易网络模体统计

模体	2010 年				2015 年				2019 年			
	总频次	中国参与频次	参与频次最大值国家	参与频次最大值	总频次	中国参与频次	参与频次最大值国家	参与频次最大值	总频次	中国参与频次	参与频次最大值国家	参与频次最大值
003	19	0	新西兰	9	56	0	柬埔寨	27	67	0	缅甸	29
012	24	0	新加坡	12	45	0	泰国	20	60	0	泰国	22
021C	2	0	印度尼西亚	2	2	0	新加坡	2	7	0	印度尼西亚	5
021D	3	0	印度尼西亚	2	12	3	泰国	7	19	6	印度尼西亚	7
021U	7	0	日本	7	6	0	日本	6	15	0	日本	15
030T	5	1	印度尼西亚	3	6	0	印度尼西亚	4	12	0	印度尼西亚	9
102	14*	0	韩国	9	23*	0	韩国	14	18	0	韩国	11
111D	5	0	韩国	5	8	0	日本	7	11	0	日本	8
111U	14**	11	中国	11	24***	21	中国	21***	32***	25	中国	25***
120C	1	1	中国	1	1	1	中国	1	6	3	日本	6
120D	0	0	澳大利亚	0	4**	0	泰国	4**	4*	0	泰国	4*
120U	2	2	中国	2	2	2	中国	2	4	4	中国	4
201	12***	11	中国	11***	14***	13	中国	13***	10***	10	中国	10***
210	8***	6	中国	6***	11***	10	中国	10***	15***	13	中国	13***
300	4***	4	中国	4***	6***	5	中国	5***	6***	5	中国	5***

注：***、**和*分别表示在 1%、5% 和 10% 水平上显著。
资料来源：笔者计算整理得出。

表 6－5　中端制造业贸易网络模体统计

模体	2010 年				2015 年				2019 年			
	总频次	中国参与频次	参与频次最大值国家	参与频次最大值	总频次	中国参与频次	参与频次最大值国家	参与频次最大值	总频次	中国参与频次	参与频次最大值国家	参与频次最大值
003	28	1	文莱	17	49	1	文莱	25	68	0	老挝	32
012	26	2	文莱	11	32	2	菲律宾	15	49	3	菲律宾	22
021C	2	0	文莱	1	2	0	文莱	2	7	2	柬埔寨	4
021D	1	0	菲律宾	1	7	0	菲律宾	5	5	1	菲律宾	4
021U	0	0	澳大利亚	0	0	0	澳大利亚	0	0	0	澳大利亚	0
030T	0	0	澳大利亚	0	0	0	澳大利亚	0	0	0	澳大利亚	0
102	64 ***	15	缅甸	29	76 ***	18	文莱	30	90 ***	9	文莱	33
111D	26	3	文莱	16	9	1	文莱	9	23	10	日本	11
111U	21	7	新西兰	14	51 ***	7	新西兰	20	48 ***	13	新西兰	23
120C	2	0	澳大利亚	2	0	0	澳大利亚	0	2	1	柬埔寨	2
120D	1	0	文莱	1	0	0	澳大利亚	0	0	0	澳大利亚	0
120U	5	1	菲律宾	3	17 ***	3	菲律宾	10	22 ***	4	菲律宾	15 *
201	16 *	3	澳大利亚	9	24 ***	9	澳大利亚	13	33 ***	8	泰国	21 **
210	26 *	7	菲律宾	12	24	9	菲律宾	10	29 *	11	菲律宾	12
300	68 ***	27	中国	27 ***	73 ***	28	中国	28 ***	79 ***	29	中国	29 ***

注：***、** 和 * 分别表示在 1%、5% 和 10% 水平上显著。

资料来源：笔者计算整理得出。

表 6－6　高端制造业贸易网络模体统计

模体	2010 年				2015 年				2019 年			
	总频次	中国参与频次	参与频次最大值国家	参与频次最大值	总频次	中国参与频次	参与频次最大值国家	参与频次最大值	总频次	中国参与频次	参与频次最大值国家	参与频次最大值
003	9	0	越南	7	15	0	缅甸	12	41	0	柬埔寨	23
012	12	0	新西兰	9	23	0	澳大利亚	16	27	0	澳大利亚	15
021C	9	0	澳大利亚	7	0	0	澳大利亚	0	0	0	澳大利亚	0
021D	6	0	澳大利亚	4	1	1	中国	1	7	3	澳大利亚	4
021U	0	0	澳大利亚	0	0	0	澳大利亚	0	0	0	澳大利亚	0
030T	1	1	澳大利亚	1	3	0	澳大利亚	3	0	0	澳大利亚	0
102	21 **	0	新西兰	17	46 ***	0	缅甸	23	71 ***	0	柬埔寨	23
111D	1	0	印度尼西亚	1	0	0	澳大利亚	0	0	0	澳大利亚	0
111U	24	11	中国	11	25	18	中国	18	41 ***	27	中国	27
120C	0	0	澳大利亚	0	0	0	澳大利亚	0	0	0	澳大利亚	0
120D	1	0	马来西亚	1	0	0	澳大利亚	0	1	0	印度尼西亚	1
120U	17 ***	5	澳大利亚	15 ***	21 ***	0	澳大利亚	18 ***	13 **	0	澳大利亚	10
201	11 **	5	越南	8	11	3	菲律宾	11	7	4	印度尼西亚	5
210	20 ***	6	泰国	10	19	10	印度尼西亚	13	22 *	9	印度尼西亚	11
300	33 ***	17	中国	17 ***	56 ***	23	中国	23 ***	56 ***	23	中国	23 ***

注：***、** 和 * 分别表示在 1%、5% 和 10% 水平上显著。

6.3.2 贸易集团化演变趋势

本小节对网络中各个节点的300模体演变趋势进行分析，统计2010—2019年各节点的该模体频次演变趋势并对其进行描述性分析。特别关注300模体的原因有两点：第一，300模体本身的含义较为特殊，它不仅能体现贸易结构的平衡性，还可以代表三个节点（三个国家）之间呈现出高度集团化特征的贸易模式。第二，根据Z－Score统计结果，无论是网络整体还是中国，300模体均为出现频次最高的模体形式，在RCEP区域制造业贸易网络和中端制造业贸易网络中，各国的300模体数量变化最具特点，故我们对此展开分析。

如图6－1所示，2010—2019年，各个国家（地区）在RCEP区域高端制造业贸易网络中300模体数量排名相对稳定。中国、日本、韩国的300模体在该网络中出现的次数最多。从具体频次来看，各成员国300模体出现频次的平均水平为22次，中、日、韩300模体的出现次数位于平均水平之上，东盟地区位于平均水平之下。由此推断，中、日、韩三国之间的制造业贸易联系相对于其他成员国最为密切，且这三国在RCEP区域的制造业贸易中存在贸易集团特征。

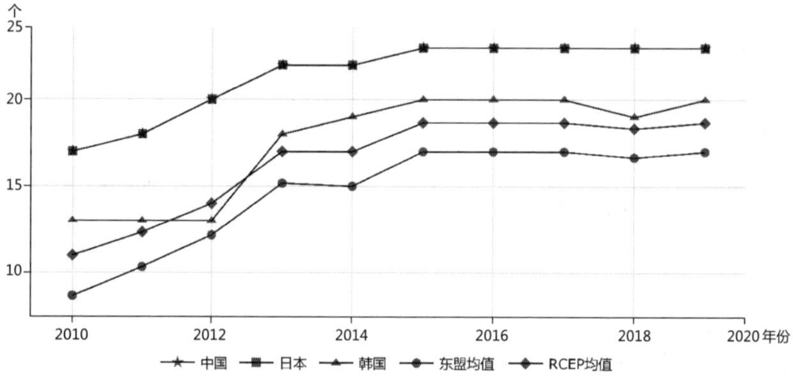

图6－1 高端制造业贸易网络300模体个数演变趋势

资料来源：笔者计算整理得出。

如图6－2所示，报告期内，仅2018年澳大利亚在RCEP中端制造业贸易网络中的300模体数量达到28个，暂时超过韩国成为300模体第三的国家。除此之外，在其他研究年份，中国、日本和韩国的300模体数量一直是成员国（地区）中最多的。由此可以推断：中、日、韩在中端制造业贸易中也有更大的可能性存在贸易集团。

此外，注意到在中端制造业贸易网络中各成员国（地区）300模体数量的平均水平约为18，小于制造业网络中的平均水平，由此推断中端制造业贸易模式中表现的集团化特征稍弱于在制造业贸易中呈现出的集团化特征（见图6-2）。

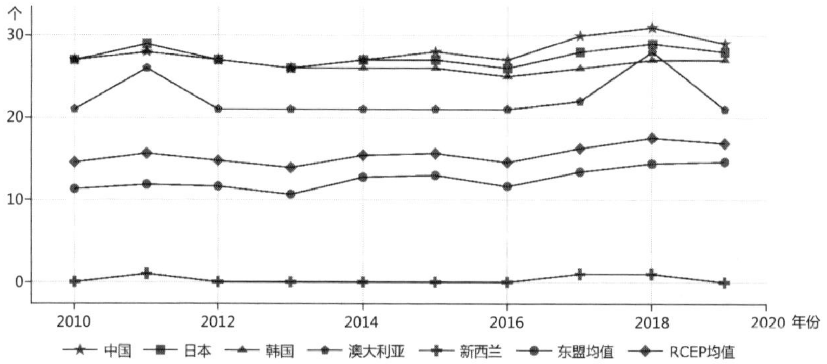

图6-2 中端制造业贸易网络300模体个数演变趋势

资料来源：笔者计算整理得出。

低端制造业贸易网络的300模体个数相比中高端制造业较少，2010—2019年，排名第一的中国，其模体数量基本在5~6波动。其次是韩国，其300模体数量自2012年上升到4个之后维持稳定，日本在2011年上升超过RCEP区域均值，2012年达到韩国的模体数量水平，但在2015年、2019年小幅波动，回落到3个。最后，澳大利亚和新西兰自始至终一直保持在1个的水平，东盟国家围绕其上下小幅波动。具体数据见图6-3。

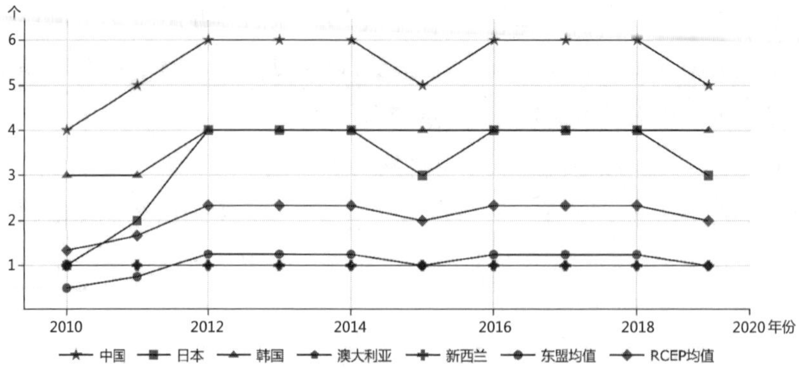

图 6－3　低端制造业贸易网络 300 模体个数演变趋势

资料来源：笔者计算整理得出。

6.3.3　中国在 RCEP 制造业贸易网络中的角色定位

由于 201 模体和 111U 模体均代表一种不平衡的贸易模式，且它们中分别存在着不可替代的国家（两个模体中的左顶点），本章结合由模体所代表的网络子图连接特征与由节点中心性指标所代表的节点特征，进一步剖析中国在特定模体中所处的位置，进而分析中国在局部网络中扮演的角色。

6.3.3.1　依据 201 模体：中国在制造业贸易网络和低端制造业贸易网络中的角色定位

在制造业贸易网络和低端制造业贸易网络中，201 模体在 2015 年和 2019 年都是中国出现频次最高的模体之一。由于 201 模体的特殊形状，它存在一个节点（左顶点）扮演着不可替代的中枢角色。这个节点分别和另外两个节点存在互惠边，但另外两个节点间不存在贸易关系，通过相对度数中心度指标表现出的与该节点直接相连的有向边条数的相对大小，刻画了节点在网络中的地位与影响力。故本书认为，结合相对度数中心度指标可以进一步分析中国在网络中可能所处的贸易地位。

具体分析，2010—2019 年，中国在制造业贸易网络和低端制造业贸易网络中，其相对度数中心度指标一直在成员国中位列第一。该结果表明：中国在上述两个网络中均处于核心地位，与其他国家展开贸易的能力最强。因此本书推断在中国参与的 201 模体中，中国有更大的可能性位于上文所提到的“中枢节点”（左顶点）的位置。

6.3.3.2　依据 111U 模体：中国在高端制造业贸易网络中的角色定位

除了平衡模体 300 以外，中国的 111U 模体是另外一种重要的模体。111U 模体中存在着一个国家（左节点）对另外两个国家只输出，其地位特殊。结合中国的入度中心度、出度中心度以及度数中心度数据来看，2010—2019 年，中国一直保持成员国最高，体现出中国在该网络中表现活跃，与各国开展贸易的能力强，由此推测中国在 111U 模体中也占据着具有高影响力的核心位置。

不仅如此，在 RCEP 高端制造业网络中，中国在十年间的出度中心度指标一直维持在 1.0 以上的水平，而入度中心度指标一直稳定在 1.0 以下。据此推断，中国在 111U 模体中更多处于左顶点位置，扮演高端制造输出国的角色。

6.4　基于相对显著性统计的模体分析

6.4.1　RCEP 制造业贸易网络集团化与等级化发展潜力

6.4.1.1　集团化发展潜力

区域贸易集团化是当前世界贸易网络发展的主要趋势之一，Dorussen 和 Ward（2010）的研究表明，当越来越多的国家嵌入贸易网络时，各国之间不太可能发生冲突。Cranmer 等（2012）也指出：国家通过与三个或者更多国家形成贸易关联、获得协同效应，意味着三个或更多国家之间贸易关系的效用将大于其二元关系的总和。这些研究对于区域贸易集团化进程的预测分析具有重大意义。现有研究中对贸易集团化的分析大多停留在某一区域中集团化程度发生的变化，但对于增长的贸易集团从哪一种贸易模式演化而来，以及减少的贸易集团转化成什么贸易模式都没有进一步的探索。本书提出的“多模体联合分析”方法便能解决上述问题，通过对贸易网络集团化程度的加深进行量化评估，可以有效评估政策实施成本及实现效果。

具体而言，首先采用网络中210模体的*SP*度量贸易集团化发展潜力。210模体仅需增加一条边，便可形成三节点网络子结构中关系强度最大的300模体，代表着网络中形成高强度子结构的潜力。在贸易网络中，210模体表示三国之间存在两组双边贸易关系及一组单边贸易关系的贸易模式。该贸易模式仅需新增一组单边贸易关系，便可形成三个国家的贸易集团，即210模体的相对显著性代表了区域贸易集团化的发展潜力。在网络的动态演变过程中，210模体具有三种演变去向：

第一种是210模体保持稳定。这代表了区域贸易始终具有集团化潜力，但没有其他诱因驱使贸易集团的形成。

第二种是210模体关系解体。这代表了区域贸易集团化潜力遭到破坏。

第三种是210模体成功转化为300模体。这代表了区域贸易集团化潜力得到发挥，区域贸易集团化程度增强。

可以发现，相较于简单的贸易集团化，引入贸易集团化潜力可以有效抓取贸易集团化发展进程中更多的可能性，为政策制定者提供更多维度的参考依据。

6.4.1.2 等级效应发展潜力

目前，发达国家内部、发达国家与发展中国家之间的贸易失衡问题正在逐步加剧（Welfens, 2020）。Blavasciunaite等（2020）也提出贸易平衡的恶化会对经济增长产生较大的负面影响。因此，本节试图提取不平衡贸易模式中最极端的三国间逐级单向出口贸易模式，并对其进行分析，将其视为贸易等级效应。

与上文同理，本部分协同分析贸易等级效应潜力的量化评估，为区域等级效应发展进程提供更精确的定位。

本部分将用网络中021C模体的*SP*值来度量贸易等级效应潜力，030T模体为三节点传递性最强的网络子结构。021C模体同样具有较强的传递性，是形成 030T 结构过程中的必要一步，因此它代表网络传递性的潜力。在贸易网络中，021C 模体表示三个国家间存在单向出口链条的贸易模式。该模式代表了较强的贸易等级效应，即在该贸易模式下，高等级国家作为净出口国，中等级国家既接受高等级国家的出口，也对外进行出口，低等级国家接受中等级国家的出口。与此同时，当马太效应作用于该贸易模式时，将进一步加剧贸易等级效应并形成具有最高等级效应的贸易模式。

综上，本书以 021C 模体的相对显著性度量区域贸易等级效应潜力。在网络演化过程中 021C 模体也具有三种演变方向：

第一种是 021C 模体保持稳定，代表区域贸易等级效应潜力持续存在，但马太效应被抑制，区域贸易等级效应不会进一步恶化。

第二种是 021C 模体成功转化为 030T 模体，表示在马太效应的作用下，区域等级效应潜力发挥作用，区域贸易阶梯形成。

第三种是 021C 模体转化为其他模体，即代表其他贸易模式的形成。

6.4.2　RCEP 制造业贸易网络集团化与等级化发展潜力预测分析

6.4.2.1　对 RCEP 制造业贸易网络集团化发展潜力的预测

本书预测 RCEP 制造业贸易网络的贸易集团化潜力将稳步提升，如图 6－4 和图 6－5 所示。在模体观测结果中，210 模体的 *SP* 值处于较低水平且未发生显著变化，其值始终在 0.1 附近波动；300 模体的 *SP* 值始终稳定在高水平 0.9。模体预测结果中：210 模体的 *SP* 值稳定而缓慢地提升，从 2021 年的 0.1，2030 年的 0.15 到 2052 年的约 0.2；300 模体的 *SP* 值未表现出变化趋势，始终在 0.9 ~ 0.95 范围内波动，意味着 RCEP 制造业贸易网络的贸易集团化潜力在 2010—2019 年未发生明显变化，而在 RCEP 生效后，贸易集团化潜力稳定、缓慢地提升。与此同时，RCEP 制造业贸易网络集团化水平并未发生其他明显变化，说明贸易集团化潜力是由贸易个体产生新的联系而提高的，同时未在形成后进一步产生贸易集团。换言之，区域制造业贸易存在形成贸易集团的基础，但仍然缺少诱导其形成的因素。

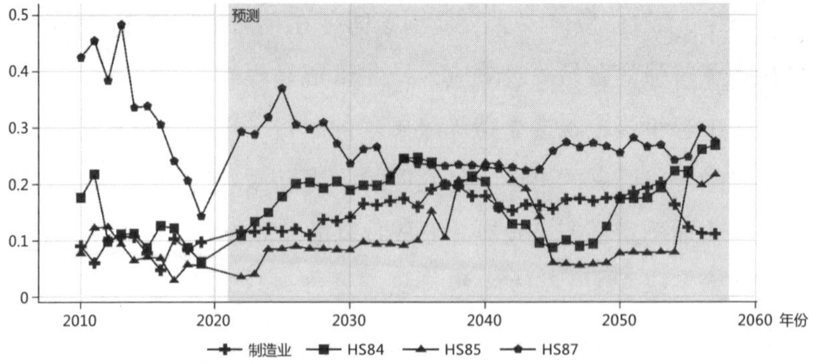

图 6-4　210 模体相对显著性的演变趋势

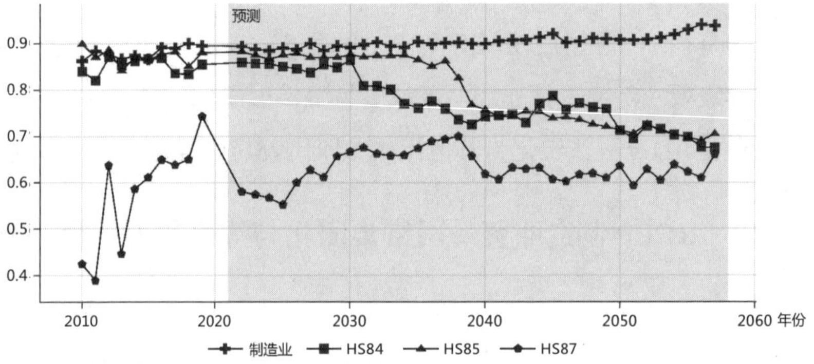

图 6-5　300 模体相对显著性的演变趋势

本书同时预测得出 RCEP 区域 HS84、HS85 商品贸易网络的集团化发展潜力将会呈现有波动的提升。对于 HS84 与 HS85 的商品贸易网络来说，在模体统计结果中，两者的 210 模体 *SP* 分别从 0.2 和 0.1 下降至 2020 年的 0.08 和 0.05；300 模体的 *SP* 始终稳定在高水平 0.8～0.9。在网络预测结果中，两类商品的 210 模体在 RCEP 生效前期平滑上升，随后分别在 2032 年与 2038 年快速爬升，达到了 0.2 的峰值，此后，两者又分别经历了较为显著的波动，首先分别回落至 0.1 和 0.05，然后在 2057 年再次分别达到了 0.25 和 0.2；两类商品 300 模体的 *SP* 在 RCEP 生效前仍保持稳定，在 2031 年与 2035 年则出现了较为快速的下降，2042 年下降至 0.83 及 0.82，此后，两类商品的 300 模体 *SP* 持续波动下滑，最终在 2057 年分别达到0.68与0.7，这意味着RCEP HS84、HS85商品贸易网络的集团化潜力在2010—2019年出现下降，而在RCEP生效后，该下降趋势得以扭转。两类商品的贸易集团化潜力在RCEP生效前期获得稳定而缓慢的提升，而在中后期表现出较为强烈的波动提升。结合两类商品区域贸易集团化预测结果可知，在2010—2019年以及RCEP生效前期，两类商品的区域贸易集团化水平均未发生明显变化，说明贸易集团化潜力在RCEP生效前期稳定而缓慢地上升是由新的贸易关系形成而导致的。

RCEP生效中期是两类商品贸易集团化潜力快速上升的阶段，但贸易集团化水平出现了较为显著的下降。这表明该阶段贸易集团潜力的上升很大程度上是由于贸易集团发生了退化，形成了更弱的集团化贸易模式而造成的。此后，两类商品贸易集团化潜力还经历了较为严重的下降，而贸易集团化水平没有发生显著变化，这表示上述贸易集团的退化在持续进行，贸易集团化潜力遭到了破坏。最后，两类商品的贸易集团化潜力再次上升至较高水平，而贸易集团化水平持续波动下滑。这代表贸易集团化潜力将从两方面提高：一是具有较弱联系的贸易个体逐渐形成低水平的贸易集团；二是稳定且具有强联系的贸易集团逐步解体，同样形成较低水平的贸易集团。

同时，本书预测RCEP区域HS87商品的区域贸易集团化潜力将下降。对HS87商品贸易网络而言，210模体的*SP*显著下降，从2010年的0.45下降至2019年的0.15；对应的300模体*SP*显著上升，从2010年的0.42上升至2019年的0.75。在网络预测结果中：RCEP生效后的初期阶段，210模体*SP*出现了极其显著的提升，在2023年达到峰值0.38，随后出现有波动的下降，在2035—2057年一直处于波动中，未体现出明显趋势；2024年300模体的*SP*回落至0.55，随后波动上升，在2038年达到峰值0.7，最后在2038—2057年一直处于波动中，但未表现出较为明显的趋势。这意味着在2010—2019年，贸易集团化潜力剧烈下降，与之对应的贸易集团化水平快速攀升。贸易集团化潜力得到发挥，成功转化成大量贸易集团。在RCEP生效初期，贸易集团化潜力提升，而贸易集团化水平下滑，这表明离散的贸易个体在形成初级贸易集团的同时，存在已经形成的强联系贸易集团部分退化成了具有弱联系的贸易集团；在 RCEP 生效中期，贸易集团化潜力下降，贸易集团化水平上升，这说明前期积累的贸易集团化潜力得到发挥，成功地形成具有强联系的贸易集团，且最终贸易集团化潜力与集团化趋势均达到稳定。

6.4.2.2 对 RCEP 制造业贸易网络等级效应潜力的预测

本书预测制造业贸易网络等级效应潜力将在 RCEP 生效前中期波动下降、中后期波动上升。在网络观测结果中：021C 模体的 *SP* 值始终在 -0.02波动，2022 年 *SP* 下降至 -0.03，随后在 2023—2038 年有波动地下降至最小值 -0.03，2038—2057 年该值最终回升至 -0.028。对于 030T 模体而言，*SP* 值在整个时间序列上稳定在 -0.03，这意味着 RCEP 生效前，制造业贸易网络的等级效应潜力持续存在且处于稳定状态。RCEP 生效第一年，贸易等级效应出现较显著的下降，且在 RCEP 生效前中期，贸易等级效应潜力保持下降趋势。与此同时，区域等级效应水平未发生明显变化，这也说明具有等级效应的贸易模式正在向其他更为平衡的贸易模式转化。而在 RCEP 生效中后期，区域等级效应潜力回升，区域等级效应水平未发生明显变化，这代表着具有弱等级效应的贸易模式再次形成。具体数据见图 6 -6 和图 6 -7。

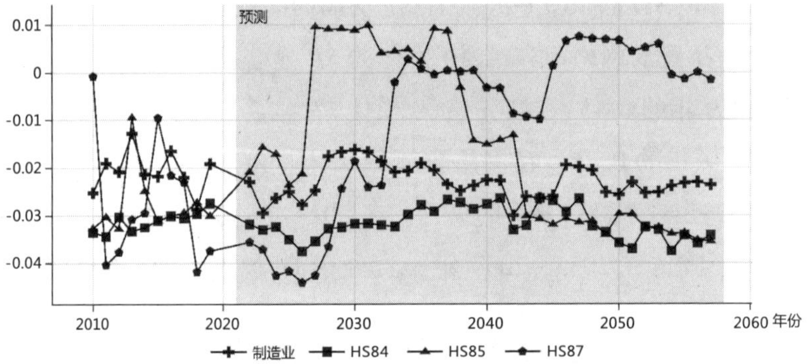

图 6 -6　021C 模体相对显著性的演变趋势

本书预测 HS84 商品贸易网络的等级效应潜力将呈波动下降。对 HS84 商品而言，在观测网络中 021C 模体的 *SP* 波动上升，从 2010 年的 -0.033 上升至 2019 年的 -0.027；而 030T 模体在观测网络中未发生显著变化，始

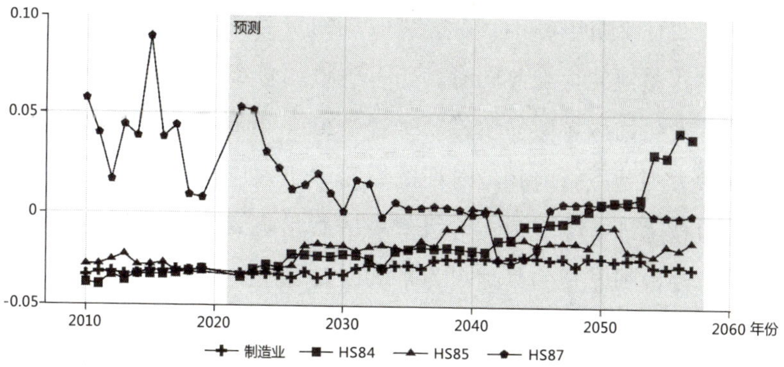

图6-7 030T模体相对显著性的演变趋势

终在-0.03附近波动。在预测网络中，RCEP生效时，021C模体的*SP*出现了较为显著的下降，到2025年下降至-0.038，随后其值持续波动、略有上升，在2057年回归至-0.036；030T模体*SP*在2053年前始终处于波动状态，直到2053—2057年出现较为显著的上升，最终在2057年上升至0.04。这意味着在RCEP生效前HS84商品的贸易等级效应潜力波动上升，相应时间的贸易等级效应水平无明显变化，说明在此期间不断有新的具有弱等级效应的贸易模式产生。2053年前贸易等级效应潜力波动下降，而等级效应水平保持稳定，这代表着具有弱等级效应的贸易模式在向其他更为平衡的贸易模式转化；2053年后贸易等级效应潜力保持下降趋势，但等级效应水平上升，这说明在马太效应作用下，区域内等级效应潜力发挥作用，新的区域贸易阶梯形成。

本书预测HS85商品贸易网络的等级效应潜力将在RCEP生效前中期波动上升、中后期波动下降。对HS85商品而言，在观测网络中021C模体波动剧烈，而030T模体的*SP*未发生显著变化。预测网络中，在2022—2030年021C模体的*SP*波动上升，到2030年达到峰值0.01，2031—2057年不断波动下降，最终在2057年下降至-0.035。对030T模体而言，2022—2030年*SP*同样处于平缓波动上升状态，到2040年达到峰值0，接着在2041—2057年平缓下降，最终在2057年下降至-0.01。这意味着在RCEP生效前，HS85商品贸易网络的等级效应潜力处于稳定状态。2022—2030年，贸易等级效应潜力不断上升，相应时期的贸易等级效应水平也在上升，这表明在该阶段，不具有等级效应的贸易模式在快速转化为具有弱等级效应的贸易模式。与此同时，还有少量弱等级效应的贸易模式在马太效应作用下转化为区域贸易阶梯。2031—2057 年上述过程发生逆转，贸易等级效应潜力不断下降，相应时期的贸易等级效应水平也在下降，这说明区域贸易阶梯逐渐解体成为弱等级效应的贸易模式，同时存在更多的弱等级效应的贸易模式转化为其他更为平衡的贸易模式。

本书预测 HS87 商品贸易网络的等级效应潜力波动上升。对于 HS87 商品而言，在观测网络中 021C 模体 *SP* 从 2011 年的 -0.04 上升到 2015 年的 -0.01，再次下跌到 -0.04 左右；而相应时期的 030T 模体 *SP* 则从 0.08 下降至 0.01。预测网络中，021C 模体 *SP* 在 2022—2025 年出现显著下降，到 2025 年下降至 -0.045，2025 年以后该值以递减的速度递增，在 2057 年上升至 0。对 030T 模体而言，*SP* 首先在 2022—2023 年出现较大幅度的上升，2023 年达到近 0.06，随后在 2023—2057 年波动下降，到 2057 年达到 0。这意味着在 RCEP 生效前，HS87 商品的贸易等级效应潜力上升，相应的等级效应水平下降，说明存在部分贸易阶梯退化为具有较弱等级效应的贸易模式。而在 RCEP 刚开始生效时，贸易等级效应潜力下降，同时等级效应水平上升，马太效应被激发，等级效应潜力发挥作用，区域贸易阶梯重新形成。在 RCEP 生效后的中长期，区域贸易等级效应潜力出现较大幅度的上升，同时期的贸易等级效应水平下降，代表着大量具有强等级效应的贸易阶梯再次退化为具有弱等级效应的贸易模式，且该退化在整个时间序列中起到主导作用。

6.4.3 基于模体统计 *SP* 结果的净效应分析

RCEP 生效将对区域制造业贸易的等级效应潜力与集团化潜力产生正向影响。由表 6-7 测算结果可见，RCEP 生效将使制造业网络 021C 模体与 201 模体的 *SP* 分别上升 0.657% 与 11.831%，而 030T 模体与 300 模体的 *SP* 分别下降了 1.710% 与 0.235%。这说明 RCEP 将促进贸易集团化潜力与贸易等级效应潜力的提升，新关税政策将对区域等级效应潜力及贸易集团化潜力产生较强的正效应，对贸易集团化水平产生较弱的负效应，弱集团化贸易模式以及弱等级效应贸易模式是形成强连接贸易集团及贸易阶梯的唯一通路。

表6-7　基于模体统计*SP*的净效应

单位：%

	021C	030T	201	300
HS84	0.787	-2.924	-293.395	0.955
HS85	-4.607	-3.838	52.880	-0.079
HS87	1.486	-25.262	-14.099	0.604
制造业	0.657	-1.710	11.831	-0.235

资料来源：笔者根据网络统计量整理获得。

新关税政策对HS84、HS87两类商品的贸易等级效应潜力产生正向影响，并对贸易集团化潜力产生负影响。RCEP生效将使这两类商品网络021C模体的*SP*分别上升0.787%及1.486%，030T模体的*SP*分别下降2.924%及25.262%，以及201模体的*SP*分别下降293.395%及14.099%，最后300模体的*SP*分别提升0.955%及0.604%。以上数据说明，RCEP生效将进一步促进区域贸易等级效应潜力的上升，新关税政策产生的正向等级效应远大于它对等级效应潜力产生的负效应，RCEP生效实质上促进了区域贸易阶梯模式到弱等级效应贸易模式再到其他贸易模式的转化。

新关税政策对HS85产品的贸易等级效应潜力产生负影响，对贸易集团化潜力产生正向净效应，与此同时还对等级效应产生负效应。新关税政策生效将使HS85商品网络021C模体与030T模体的*SP*分别下降4.607%与3.838%，201模体的*SP*上升52.880%，300模体的*SP*下降0.079%。以上数据说明，RCEP生效本质上促进了贸易阶梯模式到弱等级效应贸易模式再到其他贸易模式的转换。在此过程中一部分贸易阶梯模式转化为弱等级效应的贸易模式，更多的弱等级效应贸易模式转化为其他贸易模式，在两者共同作用下产生对贸易等级效应潜力的抑制作用，由此说明新政策将在某种程度上抑制贸易等级化潜力。

第 7 章　RCEP 制造业贸易网络动态演化机制研究

7.1　指数随机图模型（ERGM）

RCEP 制造业贸易网络格局的形成与发展既受到网络内生结构的影响，例如网络内两个节点之间的贸易关系会受到与第三个节点的贸易关系的影响，还会受到网络外生变量的影响。传统的统计分析方法建立在模型变量彼此相互独立的假设条件上，因此无法解决网络内生性问题。ERGM 是一种针对网络关系揭示网络生成机制的前沿研究方法，突破了传统回归方法中的独立性假设，既可以对网络关系中的交互关系与依赖关系进行研究，还可以研究网络演化进程中自身形成的内生机制及外生影响因素。因此，本章首先基于 ERGM 探究网络的演化机理。

7.1.1　ERGM 结构

在 ERGM 中，设 $E_t(j) \subseteq \{1, \cdots, n_t(j)\}^2$ 为图 $G_t(j)$ 中 $n_t(j)$ 的节点潜在边集。定义样本空间 $\varepsilon(j) \subseteq 2^{E_t(j)}$，那么以边集代表的网络可表示为 $E_t(j) \in \varepsilon(j)$。定义网络节点与边属性向量为 $X(j)$。ERGM 将随机变量 $\varepsilon_t(j)$ 的概率质量函数定义为：

$$Pr_{\theta_t(j)}(\varepsilon_t(j) = E_t(j) \mid X(j)) = \frac{\exp\{\theta_t(j) \times g(E_t(j), X_t(j))\}}{c(\theta_t(j), X(j), E(j))} \qquad (7-1)$$

$$c(\theta_t(j), X(j), E(j)) = \sum_{E'_t(j) \in E(j)} \exp\{\theta_t(j), g(E_t'(j), X(j))\} \quad (7-2)$$

其中，$g(E_t(j), X_t(j))$ 为含有 p 个元素的网络特征向量，$\theta_t(j) \in R^p$ 为参数向量，$c(\theta_t(j), X(j), E(j))$ 为标准化常数向量。具体而言，样本空间 $E(j)$ 中具有相同 $X(j)$ 所有潜在网络的和。

7.1.2　模型构建与模型求解

本章对构建模型需要的数据进行说明，首先基于固定贸易流量阈值将加权贸易网络转化为二值网络。本节将聚类后的制造业以及高、中、低端制造业贸易网络阈值设定为 10 亿美元。其次分别对 2010 年、2015 年、2019 年的制造业、高端制造业、中端制造业以及低端制造业贸易网络在 ERGM 框架下建立零模型、主效应模型、交互效应模型以及外生网络模型。

在参数估计方面，本书采用马尔可夫—蒙特卡罗极大似然估计法对模型参数进行估计。其基本原理是在初始参数基础上，采用马尔可夫—蒙特卡罗算法生成大量仿真图，然后将仿真图各类统计量的期望值与观测到的网络统计指标值进行比对，如果存在偏差，就对参数进行修正，直至收敛。

7.1.3　变量选取

7.1.3.1　网络内生结构变量

1. 边（Edge）

本节将从零模型开始引入边统计量作为回归中的常数，其描述网络中边的个数，在贸易网络中用于代表区域整体贸易规模。

2. 贸易集团化

Doehne 和 Herz（2019）将 *SimmelianTies* 定义为两个有互惠边的节点分别和网络中另外至少一个节点间有互惠边相连的模体。该统计量不仅可以刻画网络中关系的强弱，还考量了这种关系的牢固性(Krackhardt & Handcock, 2006)。本书采用 *SimmelianTies* 衡量贸易网络的集团化特征。

3. 贸易不平衡性

Davis 和 Leinhardt（1967）提炼出了三种节点间边的对称关系，并在所有三节点模体中一一统计这三种对称关系存在的数量。依据它们的分类，将本书中的 111D、201、111U、021C 或 030C 等三节点模体设定为 Intransitive 模体，并用这五个模体来衡量贸易平衡性。

7.1.3.2 国家属性变量

1. 入边主效应

节点协变量，本节从主效应模型开始引入入边主效应统计量，并以此描述接收边节点外生属性，其计算公式如下：

$$Nodeicov_t(j,Y) = \sum_{r \neq s} e_t(j,r,s) \times Y(r) \quad (7-3)$$

2. 出边主效应

同样地，本节从主效应模型开始引入出边主效应统计量来描述发出边节点外生属性，其计算方式如公式（7-4）所示。

$$Nodeocov_t(j,Y) = \sum_{r \neq s} e_t(j,r,s) \times Y(s) \quad (7-4)$$

3. 双边主效应

本节从主效应模型开始引入双边主效应统计量来描述节点外生属性，其计算公式如下：

$$Nodecov_t(j,Y) = \sum_{r \neq s} e_t(j,r,s) \times (Y(r) + Y(s)) \quad (7-5)$$

7.1.3.3 外生网络变量

本节在最后的外生网络效应模型中引入外生网络统计量描述外生网络关系，以此来考察地理距离因素。其计算公式如下：

$$Edgecov_t(j,Distance) = \sum_{r \neq s} e_t(j,r,s) \times Distance(r,s) \quad (7-6)$$

7.1.4　基于 ERGM 的实证结果及分析

7.1.4.1　ERGM 外生网络模型回归结果

表 7－1 的回归结果显示：网络结构效应中，制造业网络以及低端、中端、高端制造业四个网络中 *Intransitive* 变量均在 0.1% 显著性水平上为负。而在三个研究时间节点的四个网络中，该变量与高端制造业贸易网络形成的负相关性最强，与低端制造业贸易网络形成的负相关性最弱。

节点协变量效应中，R&D 投入的发出与接受主效应在制造业以及低端、中端、高端制造业贸易网络中整体在 0.1% 水平显著为正。四个网络中，无论是在发出主效应还是接受主效应中，R&D 都与高端制造业贸易网络形成的正相关性最强。值得注意的是，从 2010 年到 2015 年，再到 2019 年，R&D 发出与接受主效应与中端制造业网络形成的负相关关系转变为正相关关系。具体地，R&D 发出主效应的系数由 2010 年的 －3.738 转变为 2015 年的 75.399 和 2019 年的 80.765，而 R&D 接受主效应的系数则由 2010 年的 －7.452 转变为 2015 年的 67.678 和 2019 年的 79.210。

关税发出主效应与关税接受主效应变量与制造业及中、低端制造业网络的形成呈负相关，其与中端制造业贸易网络的负相关性最大。但关税发出主效应及接受主效应变量与高端制造业贸易网络的相关性则不同，自 2010 年到 2015 年再到 2019 年由较强的负相关转变为正相关。具体分析，关税接受主效应的系数从 2010 年的 －44.748 转变为 2015 年的 13.787 和 2019 年的 16.473，关税发出主效应系数由 2010 年的 －29.499 转变为 2015 年的 17.868 和 2019 年的 17.930。

GDP 同配性在研究年份的四个网络中均呈现出 0.1% 显著水平的负相关。通货膨胀同配性呈现 0.1% 显著水平下的正相关。对于研究时间节点的四个网络中，商业自由度的双边主效应与制造业及其细分行业贸易基本呈负相关；财政自由度的双边主效应在四个网络中基本没有通过 5% 显著性检验，这也表明财政自由度与 RCEP 区域制造业贸易网络无明显相关性；而金融自由度的双边主效应对四个网络的影响基本在 0.1% 显著水平下为正，但相关系数相对较小。

表 7-1 ERGM 外生网络模型拟合摘要

	制造业			高端制造业			中端制造业			低端制造业		
	2010年	2015年	2019年	2010年	2015年	2019年	2010年	2015年	2019年	2010年	2015年	2019年
Edges	1.606 ***	5.316 ***	9.529 ***	-0.805 ***	22.214 ***	8.054 ***	0.935 ***	18.167 ***	13.735 ***	2.674 ***	3.870 ***	3.677 ***
	(0.114)	(0.118)	(0.126)	(0.241)	(0.128)	(0.132)	(0.113)	(0.237)	(0.170)	(0.182)	(0.171)	(0.150)
Nodecov (Business Freedom)	-0.044 ***	-0.061 ***	-0.024 *	-0.155 ***	0.017	-0.030 **	-0.041 ***	-0.146 ***	-0.115 ***	-0.044 ***	-0.067 ***	-0.038 ***
	(0.009)	(0.009)	(0.009)	(0.024)	(0.012)	(0.012)	(0.010)	(0.018)	(0.009)	(0.011)	(0.011)	(0.009)
Nodecov (Financial Freedom)	-0.016	0.004	0.008	1.056 ***	0.037 **	0.011	-0.015	0.035 *	0.052 ***	-0.005	-0.004	-0.002
	(0.010)	(0.010)	(0.010)	(0.016)	(0.012)	(0.012)	(0.011)	(0.014)	(0.011)	(0.010)	(0.011)	(0.009)
Nodecov (Monetary Freedom)	0.039 ***	0.026 ***	-0.042 ***	0.117 ***	-0.192 ***	-0.045 ***	0.049 ***	0.004	-0.007	0.027 **	0.047 ***	0.019 **
	(0.007)	(0.007)	(0.007)	(0.016)	(0.009)	(0.007)	(0.008)	(0.014)	(0.008)	(0.009)	(0.008)	(0.007)
Nodeicov (R&D)	21.235 ***	48.106 ***	28.156 ***	107.987 ***	93.972 ***	64.621 ***	-3.738 ***	75.399 ***	80.765 ***	11.260 ***	21.397 ***	16.570 ***
	(0.472)	(0.496)	(0.484)	(1.329)	(0.491)	(0.549)	(0.457)	(0.993)	(0.729)	(0.794)	(0.716)	(0.62[illegible])
Nodeocov (R&D)	19.545 ***	46.089 ***	26.389 ***	103.716 ***	96.907 ***	77.605 ***	-7.452 ***	67.678 ***	79.210 ***	13.466 ***	25.517 ***	17.988 ***
	(0.472)	(0.499)	(0.480)	(1.340)	(0.495)	(0.588)	(0.446)	(1.005)	(0.707)	(0.789)	(0.730)	(0.614)
Nodeicov (Tariff)	-13.891 ***	-28.150 ***	-10.326 ***	-44.748 ***	13.787 ***	16.473 ***	-11.443 ***	-52.651 ***	-55.637 ***	-15.348 ***	-26.864 ***	-18.473 ***
	(0.229)	(0.244)	(0.244)	(0.735)	(0.230)	(0.296)	(0.245)	(0.528)	(0.415)	(0.428)	(0.364)	(0.327)
Nodeocov (Tariff)	-13.365 ***	-28.761 ***	-11.100 ***	-29.499 ***	17.868 ***	17.930 ***	-11.087 ***	-56.911 ***	-57.162 ***	-9.672 ***	-27.334 ***	-18.219 ***
	(0.235)	(0.251)	(0.243)	(0.660)	(0.226)	(0.292)	(0.235)	(0.566)	(0.411)	(0.423)	(0.357)	(0.324)
Intransitive	-0.300 ***	-0.260 ***	-0.232 ***	-0.330 ***	-0.442 ***	-0.384 ***	-0.321 ***	-0.286 ***	-0.258 ***	-0.239 ***	-0.261 ***	-0.26[illegible] ***
	(0.035)	(0.031)	(0.029)	(0.070)	(0.054)	(0.046)	(0.043)	(0.042)	(0.036)	(0.051)	(0.044)	(0.085)

续表

	制造业			高端制造业			中端制造业			低端制造业		
	2010年	2015年	2019年	2010年	2015年	2019年	2010年	2015年	2019年	2010年	2015年	2019年
Nodematch	-0.479 ***	-0.429 ***	-0.522 ***	-0.957 ***	-0.583 ***	-0.823 ***	-1.151 ***	-0.830 ***	-0.126 ***	-0.089 ***	-0.810 ***	-0.715 ***
(GDP)	(0.010)	(0.009)	(0.012)	(0.025)	(0.010)	(0.010)	(0.010)	(0.018)	(0.014)	(0.015)	(0.014)	(0.014)
Nodematch	0.384 ***	0.452 ***	0.697 ***	0.901 ***	0.261 ***	0.457 ***	-0.254 ***	0.684 ***	0.845 ***	0.189 ***	0.388 ***	0.806 ***
(Inflation)	(0.009)	(0.009)	(0.010)	(0.022)	(0.010)	(0.010)	(0.010)	(0.018)	(0.014)	(0.015)	(0.014)	(0.012)
Edgecov	2.453e-04 ***	-1.997E-05	-6.724E-06	-3.364E-04 **	-2.226E-04 **	-3.768E-05	1.830E-04 *	2.489E-05	-1.494e-04 *	6.244E-05	6.300E-05	-1.650E-05
(Distance)	(7.156E-05)	(6.031E-05)	(6.112E-05)	(1.112E-04)	(8.568E-05)	(7.642E-05)	(7.291E-05)	(7.075E-05)	(6.738E-05)	(7.150E-05)	(6.652E-05)	(6.347E-05)
AIC	216.563	224.877	250.265	99.426	118.481	135.153	165.407	141.716	193.112	201.798	201.97	245.893
BIC	256.729	265.042	290.431	131.832	153.075	171.751	202.005	180.164	233.277	238.396	240.418	286.058

注：括号内为标准差；***、** 和 * 分别表示在0.1%、1%和5%水平上显著。

资料来源：笔者依据建模结果整理获得。

7.1.4.2 高端制造业贸易网络演化机制回归结果

如表7－2回归结果所示，本节单独考察了不同时间节点高端制造业贸易网络的零模型、主效应模型、交互效应模型及外生网络效应模型。值得注意的是，由于一次回归过程只能考察两个网络效应中的一个，故本书在交互效应模型中进行两次回归，分别考察网络结构效应中的不平衡性与集团化特征。

在外生网络效应模型中，*Intransitive* 变量在 0.1% 显著水平下始终为负。*SimmelianTies* 变量2015 年、2019 年在0.1%显著水平下显著为正，且系数逐年增加。这说明贸易模式的不平衡性与 RCEP 高端贸易网络的形成具有负相关性，而集团化的贸易模式则与该区域高端制造业贸易网络的形成呈正相关。

7.1.5 模型评价

本节基于 MCMC 链中参数的观测值与仿真值差异生成可视化图，如图7－1所示，当该值服从近似正态分布，且期望为 0 时，模型不存在退化问题，故得出本节构建的外生网络具有较好的拟合优度。

本节采用 Cranmer 等（2012）提出的可视化检验方法评价模型的拟合优度。以高端制造业贸易网络的拟合优度检验为例，图7－2、图7－3、图7－4对比展示了观测到的网络统计特征（用黑线表示）与仿真网络诊断的统计特征（用箱线图代表），显示本节构建的模型具有较好的拟合优度。

表 7－2　高端制造业贸易网络 ERGM 建模演化摘要

	零模型			主效应模型			交互效应模型						外生网络效应模型					
	2010 年	2015 年	2019 年	2010 年	2015 年	2019 年	2010 年	2015 年	2019 年	2010 年	2015 年	2019 年	2010 年	2015 年	2019 年	2010 年	2015 年	2019 年
Edges	0.33	0.305	-0.051	1.474	12.563 *	6.009	-0.969	6.993 ***	7.112 ***	3.057	7.156 *	3.251	-0.805 ***	22.214 ***	8.054 ***	4.104 ***	9.010 ***	3.758 ***
	(0.193)	(0.176)	(0.160)	(5.788)	(5.132)	(4.805)	(5.485)	(0.152)	(1.635)	(4.830)	(3.224)	(3.219)	(0.241)	(0.128)	(0.132)	(0.296)	(0.234)	(0.180)
Nodecov (Business				-0.171 ***	-0.02	-0.066 **	-0.132 ***	0.005	-0.031 *	-0.139 ***	-0.012	-0.034 **	-0.155 ***	0.017	-0.030 **	-0.158 ***	-0.01	-0.035 **
Freedom)				(0.038)	(0.022)	(0.023)	(0.025)	(0.012)	(0.013)	(0.024)	(0.013)	(0.012)	(0.024)	(0.012)	(0.012)	(0.022)	(0.012)	(0.011)
Nodecov (Financial				0.040 *	0.007	0.009	0.024	0.011	0.005	0.035 *	0.005	0.006	0.056 ***	0.037 **	0.011	0.059 ***	0.013	0.008
Freedom)				(0.017)	(0.013)	(0.013)	(0.014)	(0.010)	(0.010)	(0.014)	(0.010)	(0.010)	(0.016)	(0.012)	(0.012)	(0.015)	(0.009)	(0.009)
Nodecov (Monetary				0.111	-0.081	-0.003	0.106 *	-0.132 ***	-0.035	0.071	-0.056	-0.018	0.117 ***	-0.192 ***	-0.045 ***	0.075 ***	-0.072 ***	-0.021 *
Freedom)				(0.059)	(0.048)	(0.045)	(0.053)	(0.010)	(0.018)	(0.047)	(0.029)	(0.030)	(0.016)	(0.009)	(0.007)	(0.017)	(0.009)	(0.008)
Nodeicov				107.223 ***	66.253 **	62.153 **	85.857 ***	70.400 ***	63.135 ***	86.557 ***	30.880 ***	1.528	107.987 ***	93.972 ***	64.621 ***	114.706 ***	40.860 ***	4.545 ***
(R&D)				(28.765)	(20.936)	(20.585)	(1.171)	(0.590)	(0.737)	(1.519)	(0.997)	(1.022)	(1.329)	(0.491)	(0.549)	(1.897)	(1.014)	(0.987)
Nodeocov				124.502 ***	85.722 ***	105.051 ***	86.975 ***	74.045 ***	75.378 ***	106.901 ***	70.822 ***	100.633 ***	103.716 ***	96.907 ***	77.605 ***	133.252 ***	81.164 ***	104.586 ***
(R&D)				(30.486)	(22.806)	(23.540)	(1.267)	(0.596)	(0.889)	(1.577)	(1.042)	(0.996)	(1.340)	(0.495)	(0.588)	(1.936)	(1.126)	(1.084)
Nodeicov				-43.825 **	-1.336	0.162	-31.749 ***	12.673 ***	15.750 ***	-40.595 ***	-13.703 ***	-15.142 ***	-44.748 ***	13.787 ***	16.473 ***	-51.827 ***	-15.734 ***	-15.449 ***
(Tariff)				(15.988)	(11.596)	(10.933)	(1.106)	(0.301)	(2.350)	(0.923)	(0.636)	(0.508)	(0.735)	(0.230)	(0.296)	(0.880)	(0.520)	(0.472)

续表

	零模型			主效应模型			交互效应模型						外生网络效应模型					
	2010年	2015年	2019年	2010年	2015年	2019年	2010年	2015年	2019年	2010年	2015年	2019年	2010年	2015年	2019年	2010年	2015年	2019年
Nodeocov (Tariff)				-19.961	16.442	16.886	-16.593 ***	16.062 ***	16.914 ***	-9.063 ***	24.134 ***	27.278 ***	-29.499 ***	17.868 ***	17.930 ***	-18.008 ***	21.717 ***	27.326 ***
				(15.153)	(12.295)	(11.623)	(0.788)	(0.305)	(2.637)	(0.814)	(0.606)	(0.518)	(0.660)	(0.226)	(0.292)	(0.854)	(0.524)	(0.4[illegible]3)
Intransitive							-0.287 ***	-0.410 ***	-0.384 ***				-0.330 ***	-0.442 ***	-0.384 ***			
							(0.077)	(0.052)	(0.052)				(0.070)	(0.054)	(0.046)			
Simmelian Ties										0.602	1.243 ***	1.777 ***				0.534	1.233 ***	1.785 ***
										(0.309)	(0.298)	(0.302)				(0.292)	(0.010)	(0.[illegible]14)
Nodematch (GDP)							-0.822	-0.692	-0.856	-0.491	-0.149	-0.195	-0.957 ***	-0.583 ***	-0.823 ***	-0.423 ***	-0.136 ***	-0.2[illegible]4 ***
							(0.663)	(0.603)	(0.570)	(0.571)	(0.342)	(0.337)	(0.025)	(0.010)	(0.010)	(0.037)	(0.017)	(0.[illegible]16)
Nodematch (Inflation)							0.572	0.046	0.437	0.427	0.166	0.298	0.901 ***	0.261 ***	0.457 ***	0.619 ***	0.260 ***	0.31[illegible] ***
							(0.529)	(0.484)	(0.426)	(0.478)	(0.329)	(0.317)	(0.022)	(0.010)	(0.010)	(0.032)	(0.018)	(0.016)
Edgecov (Distance)													-3.364e-04 **	-2.226e-04 **	-3.768E-05	-3.212e-04 **	-1.437E-04	-3.[illegible]61E-05
													(1.112E-04)	-(1.437E-04)	(7.642E-05)	(1.168E-04)	(7.763E-05)	(6.[illegible]40E-05)
AIC	151.534	181.949	218.159	112.776	164.997	174.855	106.771	121.405	133.265	113.234	152.086	150.48	99.426	118.481	135.153	108.371	151.654	1[illegible]1.597
BIC	154.234	184.832	221.209	134.38	188.059	199.254	136.476	153.116	166.813	142.94	183.797	184.029	131.832	153.075	171.751	140.777	186.248	1[illegible]8.195

注：括号内为标准差；***、** 和 * 分别表示在 0.1%、1% 和 5% 水平上显著。

资料来源：笔者依据建模结果整理获得。

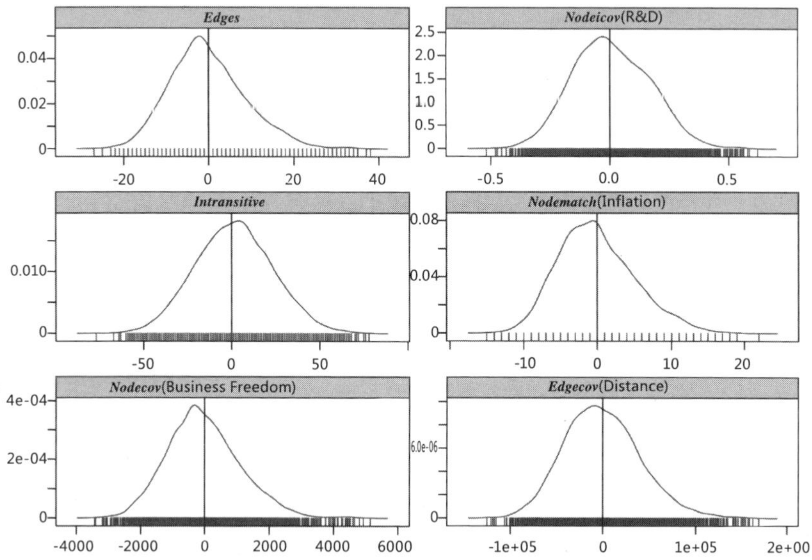

图 7－1　2019 年高端制造业贸易网络 ERGM 马尔可夫—蒙特卡罗过程诊断

资料来源：笔者依据建模结果整理获得。

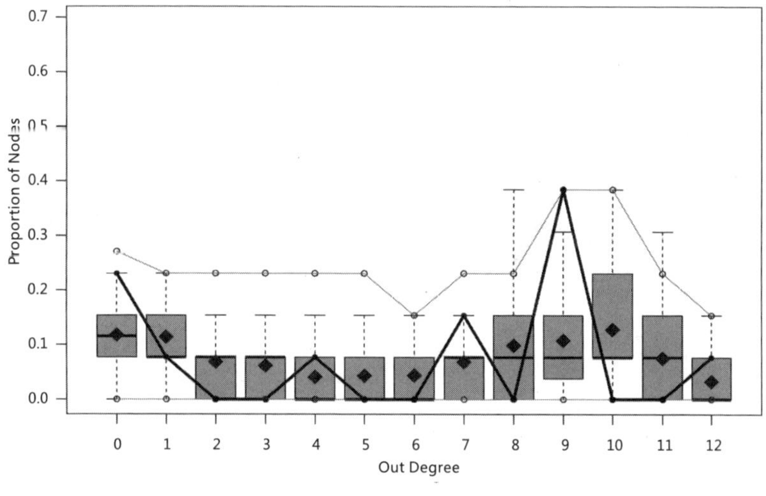

图 7－2　2019 年高端制造业贸易网络 ERGM 仿真结果出度分布

资料来源：笔者依据建模结果整理获得。

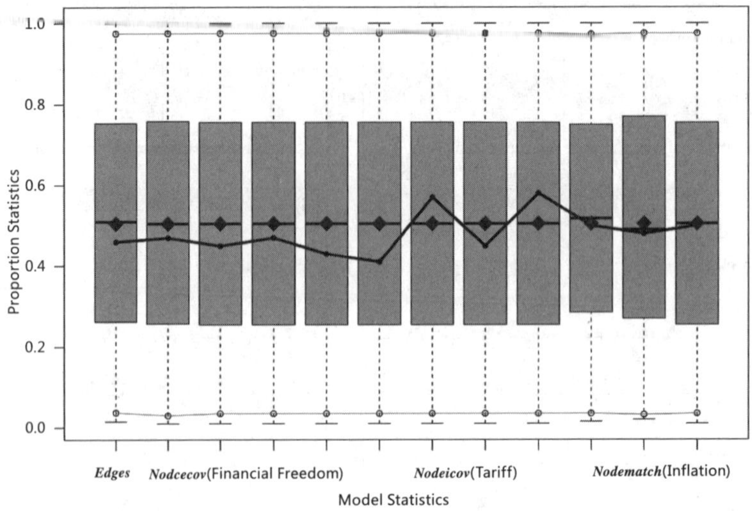

图7-3 2019年高端制造业贸易网络ERGM仿真结果变量统计

资料来源：笔者依据建模结果整理获得。

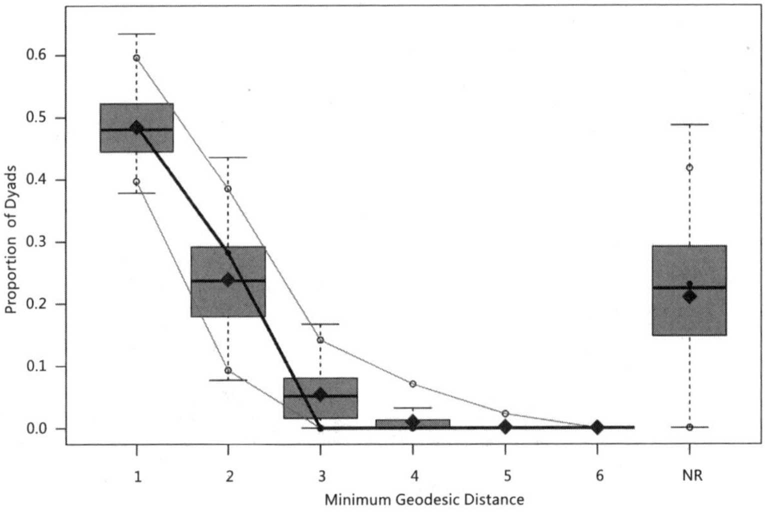

图7-4 2019年高端制造业贸易网络ERGM仿真最小测地距离

资料来源：笔者依据建模结果整理获得。

7.2　可分离时态的指数随机图模型（STERGM）

上文中采用的 ERGM 虽然可以有效地对某一时点的网络形成机理进行解释，但在连续的动态演变进程中，RCEP 生效后的关税递减是一个持续近 30 年的过程。因此本节更加关注在该过程中 RCEP 国家贸易网络的动态演化机制，将对关税冲击下 2010—2057 年制造业贸易网络以及 HS84、HS85 及 HS87 商品贸易网络构建 STERGM。

STERGM 是指数随机图模型较为前沿的研究方向。该方法主要有两个特点：首先，STERGM 是基于马尔可夫假设将网络序列作为一个整体进行分析，充分考虑了网络在时间维度上的演化过程；其次，STERGM 将网络演化过程中边的形成过程与保持过程分开考虑，将模型拆分为形成（Formation）与维持（Persistence）子模型。由于 STERGM 具备以上特点，本节借助其对贸易网络演化过程中新贸易关系的产生过程与旧贸易关系的保持机理进行研究。

在模型构建过程中，本节将依次构建零模型、主效应模型、交互效应模型、依赖效应模型以及外生网络效应模型。其中零模型仅包含网络的“边”这个变量作为常数项，该模型为基准模型（Benchmark Model）。在主效应模型中，引入出边主效应、入边主效应、双边主效应变量，以此研究成员国的 FDI 流入、FDI 流出、研发（R&D）、关税（Tariff）、财政自由度（Financial Freedom）、金融自由度（Monetary Freedom）、知识产权（Property Rights）、投资自由度（Investment Freedom）、基础设施（Infrastructure）变量对出口国、进口国或贸易参与国建立新贸易关系或维持旧贸易关系的影响机理。在交互效应模型中，首先引入外生属性的交互效应，包含网络同质性（Homophily）变量，用来研究国家间 GDP、关税、专利及通货膨胀匹配程度对建立新贸易关系或维持旧贸易关系的影响机制；随后引入内生结构交互效应，包含互惠边（Reciprocal Edges）及 *Near Simelian Triads* 变量，以此研究贸易等级发展潜力（Potential of Trade Hierarchical）及区域贸易互补（Regional Trade Complementarity）变量对建立新贸易关系或维持旧贸易关系的影响机制。在依赖效应模型中，引入几何加权的沿边共享伙伴分布（Geometrically Weighted Non - edgewise Shared Partner Distribution）及几何加权的出度分布（Geometrically Weighted Out - degree Distribution）变量，用来研究等级发展潜力及区域贸易互补对建立新贸易关系或维持旧贸易关系的影响机制。在外生网络模型中，引入边协变量（Edge Covariate），用以探究国家间地理距离（Distance）、服务贸易协定（Services RTA）、商品贸易协定（Goods RTA）及语言异同（Language）对建立新贸易关系或维持旧贸易关系的影响机制。

7.2.1 模型数据说明与模型求解

本节基于 Krivitsky 和 Handcock（2014）提出的 STERGM 构建模型。在对网络进行二值化处理后，虽然部分网络特征得以保留，但在时间序列上网络特征的演化趋势会遭到破坏。因此，本节基于最大化网络演化特征的原则选取阈值。基于该方法将加权贸易网络转化为二值网络后，选取关税冲击场景下 2010—2057 年每间隔 8 年的制造业贸易网络进行建模。在 STERGM 框架内逐一建立零模型、主效应模型、交互效应模型、依赖效应模型及外生网络模型，同时采用马尔可夫—蒙特卡罗极大似然估计法对模型参数进行估计。

7.2.2 变量选取

通常来说，网络关系演化会受到错综复杂的社会因素影响。这些影响基本上通过两条传导路径实现：一条是内生机制，另一条是外生机制。这两种机制都会影响特定结构的网络形成（Lusher et al.，2013）。

内生机制是网络自组织的社会过程，可以理解为网络通过自我组织，形成特定的网络子结构，进而促进网络其他关系形成的过程。对于网络内生机制而言，本书将重点讨论贸易集团化潜力、贸易等级效应潜力、贸易互惠性以及区域贸易互补性，这四个变量分别以网络内生结构变量形式进入模型。

外生机制是指一个国家的资源禀赋等属性会影响其贸易网络中的行为（De Andrade & Rêgo, 2018）。本书将研究国家属性效应与外生网络效应对网络演化的作用机制。

7.2.2.1　内生网络效应

1. 贸易集团化潜力

Doehne 和 Herz（2019）定义 *Near Simelian Triads* 为仅差一条边就可以形成 *Simelian Triads* 的三节点团体，用于度量潜在的网络子结构关系强度以及潜在网络子结构关系的牢固性。本书首次将这一网络统计变量引入贸易网络指数随机图模型。*Near Simelian Triads* 在贸易网络中代表了三国间存在两组双边贸易关系及一组单边贸易关系的贸易模式。在该贸易模式中仅需新增一组单边贸易关系，便可形成具有牢固关系的三国贸易集团，故该统计量可以对贸易网络集团化潜力及潜在的贸易关系牢固性进行描述。其计算方式如方程（7－7）所示。

$$Near\ Simelian\ Triads_t^+(j) = \sum_{r \neq s \neq k} (j, s, r) \times e_t^+(j, r, s) \times e_t^+(j, s, t) \times e_t^+(j, t, s) \times e_t^+(j, r, t) \quad (7-7)$$

2. 贸易等级效应潜力

本节从依赖效应模型开始引入几何加权的沿边共享伙伴分布统计量。该变量是 Hunter 和 Handcock（2006）为解释网络的条件依赖效应而设计的非线性统计量。该变量最初用于考察观测网络中不断递减的 non－edgewise OTP shared partner 分布特征，进而描述网络的预传递性特征。其计算方式如方程（7－8）所示。

$$GWNSP_t^+(j) = e^{\alpha} \sum_{i=1}^{n_t^+(j)-2} (1-(1-e^{-\alpha})^i) OTP_t^{i+}(j) \quad (7-8)$$

其中，$GWNSP_t^+(j)$ 为生成的子模型中，基线场景下 t 时刻 j 商品贸易网络中的 Geometrically weighted non－edgewise shared partner distribution 统计量，$1-(1-e^{-\alpha})^i$ 为用于加权的几何函数，α 为一个用于控制权重的衰减参数，本书将 α 设定为 0.75，OTP_t^i 为贸易网络中具有 i 个 outgoing two－path shared partner 的二元组的数量。

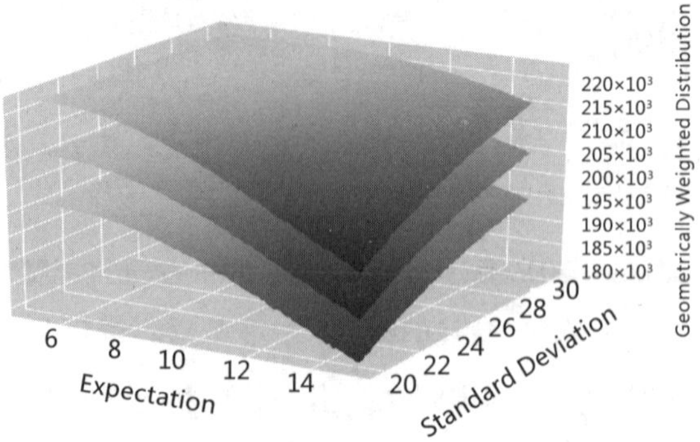

图7-5 几何加权的沿边共享伙伴分布统计量的检验

资料来源：笔者依据建模结果整理获得。

通过图7-5对该统计量的检验效果进行验证，可见网络中二元组之间的预传递性的平均水平越高，整体水平越相似，将带来越小的 *GWNSP* 统计量。在贸易网络中，non-edgewise OTP shared partner 代表两国间没有直接的贸易关系，由于它是单向贸易链的起点与终点次数，该贸易模式在马太效应作用下将形成具有最高等级效应的贸易模式即出口阶梯，故其代表两国间的潜在贸易等级效应。而 *GWNSP* 变量则代表了区域整体的贸易等级效应潜力，该变量系数越小表明区域内等级效应潜力平均水平越高，且区域内贸易等级效应潜力的趋同性越强。

3. 贸易互惠性

互惠性（*Reciprocity*）统计量常被用于描述网络的互惠性，是有向网络的一个重要且基本的特征。在复杂网络建模中得到广泛应用（Yin & Zhu，2016）。Garlaschelli 和 Loffredo（2004b）研究发现，检测互惠性有助于揭示所观察网络拓扑结构的形成机制并解释网络组织原则。本节引入 *Reciprocity* 统计量用于衡量 RCEP 区域贸易的互惠性，*Reciprocity* 系数越大表明区域中存在越高比重的双边贸易，区域贸易互惠程度越高。其计算方式如方程（7-9）所示。

$$Reciprocity_t^+(j) = \sum_{r \neq s} e_t^+(j,r,s) \times e_t^+(j,s,r) \qquad (7-9)$$

其中，$Reciprocity_t^+(j)$ 为生成子模型中 t 时刻 j 商品贸易网络中的 Reciprocity 统计量。

4. 区域贸易互补性

本节从依赖效应模型开始引入 Geometrically weighted out - degree distribution 统计量。该变量同样是 Hunter 和 Handcock（2006）为解释网络的条件依赖效应设计的非线性统计量，对每一个出度值所对应的频数乘以一个加权参数后求平均，可以考察观测网络中不断递减的出度分布特征。其计算方式如方程（7－10）所示。

$$GWODEG_t^+(j) = e^{0.75}\sum_{i=1}^{n_t^+(j)-1}(1-(1-e^{-0.75})^i)ODEG_t^{i+}(j) \quad (7-10)$$

其中，$GWODEG_t^+(j)$ 为生成子模型中 t 时刻 j 商品贸易网络中的 Geometrically weighted out - degree distribution 统计量，$ODEG_t^i$ 为贸易网络中出度为 i 的节点的数量。

同样由于较高的期望将带来更高比例的大数值出度，正态分布的期望与该统计量呈负相关。同时，由于较小的标准差将使高期望带来高比例的大数值出度更为显著，正态分布的标准差对正态分布的期望与该统计量的负相关关系起调节作用，即较小的标准差将使二者之间的负相关更加显著。因此，网络中出度的平均水平越高，整体水平越相似，这将导致更低的 *GWODEG* 统计量。

贸易网络中出度代表一国作为出口方的贸易伙伴个数，在特定商品的区域贸易网络中，*GWODEG* 统计量越小，对于特定商品网络而言，区域内出口国贸易伙伴个数的平均水平越高，整体水平越相似，说明区域内出口可以更大程度地在内部找到与之匹配的进口需求，区域内贸易匹配度较为均匀。因此，选取 *GWODEG* 统计量衡量区域贸易互补性。

7.2.2.2　国家属性变量

经研究，具有相同特征的国家更可能会建立贸易关系（Lazarsfeld, Merton, et al.，1954）。在选取入边主效应、出边主效应及双边主效应的基础上，本节从交互效应模型开始引入同配性（Attribute homophily）统计量，用来描述有关系的节点间属性的趋同程度。其计算方式如方程（7－11）、方程（7－12）所示。

$$Nodematch_t^+(j,Y) = \sum_{r \neq s} e_t^+(j,r,s) \times YLevel(r) \times YLevel(s) \quad (7-11)$$

$$YLevel(r) = \begin{cases} High, & Y(r) \geqslant Q_{75}(Y(s)) \\ Medium, & Q_{25}(Y(s) < Y(r) \leqslant Q_{75}(Y(S)) \\ Low, & Y(r) \leqslant Q_{25}(Y(S)) \end{cases} \quad (7-12)$$

其中，$Nodematch_t^+$（j，$Y Level$）为生成子模型中 t 时刻 j 商品贸易网络中的 *Y Level homophily* 的统计量，*Y Level*（r）为区域 r 的 Y 等级，Q_{75} 为75分位数。

7.2.2.3 外生网络变量

本节同样在最后一个外生网络效应模型中引入外生网络效应统计量来描述外生网络关系。

7.2.3 基于STERGM的回归结果

7.2.3.1 内生变量估计结果

如表7－3所示，首先，在生成网络子模型中，对贸易集团化潜力而言，HS84商品的 *Near Simelian Triads* 系数为－0.300并在0.1%置信水平显著，这说明贸易集团化潜力与HS84商品市场中新贸易关系的建立呈负相关。就贸易互惠性而言，制造业网络、HS84及HS87商品网络的 *Reciprocity* 系数分别是－0.050、－0.496及－0.118，而HS85的 *Reciprocity* 系数为0.649，这意味着贸易互惠性与制造业、HS84及HS87商品市场中新贸易关系的建立呈负相关，与HS85商品市场中新贸易关系的建立呈正相关。最后来看区域贸易互补性，制造业的 *GWODEG* 系数为1.452，而HS84、HS85、HS87的 *GWODEG* 系数分别为－4.296、－4.319、－2.513，*GWODEG* 统计量越大代表着区域贸易互补性越小，这意味着区域贸易互补性与制造业商品市场中新贸易关系的建立呈负相关，与HS84、HS85、

HS87 商品市场中新贸易关系的建立呈正相关。同理对贸易等级效应潜力而言，制造业网络、HS85 及 HS84 商品网络的 *GWNSP* 系数分别为 -0.119、-0.155 与 0.154，这意味着贸易等级效应潜力与制造业及 HS85 市场中新贸易关系的建立呈正相关，与 HS84 商品市场中新贸易关系的建立呈负相关。

其次，在维持网络子模型中，对贸易集团化潜力而言，HS84 及 HS85 商品的 *Near Simelian Triads* 系数分别是 0.276 及 -0.249，这说明贸易集团化潜力与 HS84 商品市场中旧贸易关系的维持呈正相关，与 HS85 商品市场中旧贸易关系的维持呈负相关。就贸易互惠性而言，制造业与三类商品的 *Reciprocity* 系数分别为 1.021、4.004、0.345、0.372，这说明贸易互惠性与这四个市场中已形成的贸易关系维持呈正相关。再来看贸易互补性，制造业、HS84、HS87 商品的 *GWODEG* 系数分别为 -0.848、-1.396、-1.333，而 HS85 商品的 *GWODEG* 变量系数为 8.427，这说明区域贸易互补性与制造业、HS84、HS87 商品市场中旧贸易关系的维持呈正相关，与 HS85 商品市场中旧贸易关系的维持呈负相关。同理，对贸易等级效应潜力而言，制造业与三类商品的 *GWNSP* 系数分别为 -0.398、-0.288、-0.344、-0.361，且均在 0.1% 置信水平显著，这说明贸易等级效应潜力与这四个市场中已形成的旧贸易关系维持呈正相关。

7.2.3.2 外生变量估计结果

结合制造业贸易网络外生变量回归系数对网络外生机制进行分析。首先是国家特定属性。回归结果显示，各国的商业、财政、金融自由度以及基础设施水平与新关系建立和旧关系维持都呈显著正相关，而知识产权以及投资自由度与新贸易关系建立和旧关系维持都呈显著负相关。其次是进口国与出口国的国家属性。贸易双方的 FDI 流入和 R&D 投入水平均与新关系建立和旧关系维持呈显著负相关，而 FDI 流出与这两者呈现显著正相关，贸易双方的关税水平与新贸易关系建立呈显著负相关，与旧关系的维持呈正相关。再次是进口国与出口国属性匹配度，贸易伙伴国的 GDP 等级和通胀等级匹配度与新关系建立和旧关系维持呈显著负相关，而关税等级的匹配度与二者呈显著正相关，贸易双方的专利等级水平与新关系建立呈显著正相关，与旧关系维持呈显著负相关。最后是国家之间的外生关系，两国距离及签署的 Goods RTA 数量与新关系建立呈显著负相关，而签署的 Services RTA 数量以及相同语系与其呈显著正相关。国家间签署的 Goods RTA 个数与相同语系都对旧贸易关系维持有显著正影响。

7.2.4 模型评价

图 7 – 6 对马尔可夫—蒙特卡罗过程中参数的观测值与仿真值的差异进行了可视化展示。当该值服从近似正态分布，且期望为 0 时，模型不具有退化问题。以 HS84 外生网络模型中的生成子模型为例，本书构建的模型无退化问题。

表 7 – 3 STERGM 外生网络模型拟合摘要

	制造业		HS84		HS85		HS87	
	生成网络	维持网络	生成网络	维持网络	生成网络	维持网络	生成网络	维持网络
Edges	-17.266 ***	-53.058 ***	-27.233 ***	-33.531 ***	-21.385 ***	-13.861 ***	-26.200 ***	-12.575 ***
	(0.063)	(0.505)	(0.063)	(0.315)	(0.075)	(0.469)	(0.071)	(0.264)
Nodecov (Business Freedom)	0.084 ***	0.347 ***	0.027	-0.092 *	0.255 ***	0.120 **	-0.017	0.032
	(0.019)	(0.026)	(0.020)	(0.043)	(0.026)	(0.041)	(0.021)	(0.027)
Nodecov (Financial Freedom)	0.087 ***	0.063 *	0.215 ***	-0.077 **	0.113 ***	0.231 ***	0.119 ***	0.028
	(0.017)	(0.027)	(0.017)	(0.029)	(0.024)	(0.035)	(0.017)	(0.023)
Nodecov (Monetary Freedom)	0.079 ***	0.204 ***	0.154 ***	0.276 ***	-0.028	0.111 **	0.177 ***	0.113 ***
	(0.014)	(0.022)	(0.012)	(0.023)	(0.022)	(0.036)	(0.015)	(0.022)
Nodecov (Property Rights)	-0.180 ***	-0.412 ***	-0.209 ***	0.031	-0.369 ***	-0.295 ***	-0.316 ***	-0.059
	(0.023)	(0.031)	(0.020)	(0.036)	(0.040)	(0.057)	(0.023)	(0.037)
Nodecov (Investment Freedom)	-0.052 **	-0.071 **	-0.144 ***	-0.158 ***	0.035	-0.101 *	0.021	-0.030
	(0.020)	(0.026)	(0.022)	(0.035)	(0.035)	(0.048)	(0.020)	(0.031)

续表

	制造业		HS84		HS85		HS87	
	生成网络	维持网络	生成网络	维持网络	生成网络	维持网络	生成网络	维持网络
Nodecov	0.089 ***	0.211 ***	0.082 ***	0.165 ***	0.113 ***	0.022	0.174 ***	0.039
(Infrastructure)	(0.016)	(0.026)	(0.013)	(0.020)	(0.028)	(0.039)	(0.017)	(0.029)
Nodeicov	-27.179 ***	-36.372 ***	-19.020 ***	0.503 ***	-49.559 ***	-29.936 ***	-52.127 ***	-22.812 ***
(FDI Inflow)	(0.076)	(0.545)	(0.102)	(0.508)	(0.159)	(0.825)	(0.136)	(0.475)
Nodeocov	-34.187 ***	-34.843 ***	-43.270 ***	1.344	-27.128 ***	-60.153 ***	-68.211 ***	-16.806 ***
(FDI Inflow)	(0.076)	(0.581)	(0.121)	(0.697)	(0.170)	(0.711)	(0.146)	(0.533)
Nodeicov	73.382 ***	80.447 ***	80.006 ***	16.640 ***	132.721 ***	81.683 ***	91.031 ***	69.849 ***
(FDI Outflow)	(0.166)	(1.301)	(0.240)	(1.150)	(0.385)	(1.771)	(0.287)	(1.018)
Nodeocov	95.254 ***	122.957 ***	133.053 ***	97.306 ***	96.162 ***	173.787 ***	115.205 ***	28.811 ***
(FDI Outflow)	(0.161)	(1.482)	(0.285)	(1.522)	(0.397)	(1.848)	(0.287)	(0.958)
Nodeicov	-11.025 ***	-39.367 ***	150.298 ***	28.651 ***	-68.986 ***	97.637 ***	116.869 ***	-79.146 ***
(R&D)	(0.419)	(2.476)	(0.385)	(2.497)	(0.425)	(1.793)	(0.411)	(1.413)
Nodeocov	-31.950 ***	-116.064 ***	100.646 ***	-63.971 ***	-60.497 ***	72.307 ***	242.002 ***	-53.547 ***
(R&D)	(0.422)	(2.387)	(0.372)	(2.538)	(0.337)	(1.789)	(0.469)	(1.413)
Nodeicov	-1.671 ***	35.100 ***	-53.863 ***	13.163 ***	36.594 ***	-9.472 ***	-46.418 ***	-0.008
(Tariff)	(0.120)	(0.663)	(0.126)	(0.837)	(0.140)	(1.033)	(0.145)	(0.602)
Nodeocov	0.842 ***	37.806 ***	3.241 ***	174.974 ***	35.481 ***	-9.841 ***	-22.585 ***	13.891 ***
(Tariff)	(0.120)	(0.679)	(0.124)	(1.207)	(0.103)	(0.733)	(0.165)	(0.734)
Reciprocity	-0.050 ***	1.021 ***	-0.496 ***	4.004 ***	0.649 ***	0.345 ***	-0.118 ***	0.372 ***
	(0.004)	(0.022)	(0.010)	(0.027)	(0.009)	(0.029)	(0.009)	(0.028)
Near Simelian Triads	-0.055	-0.078	-0.300 ***	0.276 **	-0.023	-0.249 *	-0.105	-0.132
	(0.044)	(0.057)	(0.073)	(0.087)	(0.096)	(0.115)	(0.092)	(0.147)
Nodematch	0.663 ***	-0.929 ***	-0.125 ***	1.080 ***	-2.236 ***	1.155 ***	-0.122 ***	-0.340 ***
(*Patent Level*)	(0.004)	(0.041)	(0.008)	(0.050)	(0.009)	(0.066)	(0.008)	(0.022)
Nodematch	0.761 ***	0.950 ***	0.896 ***	-2.159 ***	0.279 ***	0.613 ***	-0.502 ***	-0.430 ***
(Tariff Level)	(0.006)	(0.024)	(0.004)	(0.028)	(0.009)	(0.038)	(0.007)	(0.036)
Nodematch	-0.467 ***	-0.940 ***	-1.253 ***	-2.296 ***	0.124 ***	-0.429 ***	-0.795 ***	0.765 ***
(GDP Level)	(0.008)	(0.041)	(0.011)	(0.027)	(0.014)	(0.038)	(0.007)	(0.021)

续表

	制造业		HS84		HS85		HS87	
	生成网络	维持网络	生成网络	维持网络	生成网络	维持网络	生成网络	维持网络
Nodematch (Inflation Level)	-0.001	-0.821***	1.216***	1.721***	-0.135***	1.008***	0.037***	-0.720***
	(0.004)	(0.021)	(0.008)	(0.031)	(0.005)	(0.026)	(0.006)	(0.022)
GWNSP	-0.119**	-0.398***	0.154**	-0.288***	-0.155**	-0.344***	0.029	-0.361***
	(0.043)	(0.055)	(0.050)	(0.064)	(0.060)	(0.076)	(0.053)	(0.064)
GWODEG	1.452***	-0.848***	-4.296***	-1.396***	-4.319***	8.427***	-2.513***	-1.333***
	(0.009)	(0.047)	(0.011)	(0.046)	(0.015)	(0.083)	(0.014)	(0.035)
Edgecov (Distance)	-5.567E-04***	6.060E-06	-3.867E-04***	-2.989E-04*	-6.525E-06	-1.581E-04	-1.322E-03***	-3.542E-05
	(1.189E-04)	(2.365E-04)	(1.001E-04)	(1.174E-04)	(1.439E-04)	(1.477E-04)	(1.280E-04)	(1.206E-04)
Edgecov (Services RTA)	0.312***	-0.137	0.362***	1.224***	-2.567***	-2.025***	1.091***	-1.445***
	(0.034)	(0.070)	(0.038)	(0.073)	(0.051)	(0.075)	(0.036)	(0.049)
Edgecov (Goods RTA)	-0.524***	0.234*	-0.065	-0.456***	1.444***	0.982***	-0.208***	0.742***
	(0.049)	(0.095)	(0.052)	(0.092)	(0.074)	(0.106)	(0.055)	(0.065)
Edgecov (Language)	0.342***	1.706***	0.058***	1.697***	2.069***	-0.508***	-0.288***	2.087***
	(0.006)	(0.040)	(0.008)	(0.033)	(0.009)	(0.062)	(0.008)	(0.043)
AIC	1019.869	1019.869	916.345	916.345	758.791	758.791	948.325	948.325
BIC	1406.173	1406.173	1302.649	1302.649	1145.095	1145.095	1334.629	1334.629

注：括号内为标准差；***、**和*分别表示在0.1%、1%和5%水平上显著。
资料来源：笔者依据建模结果整理获得。

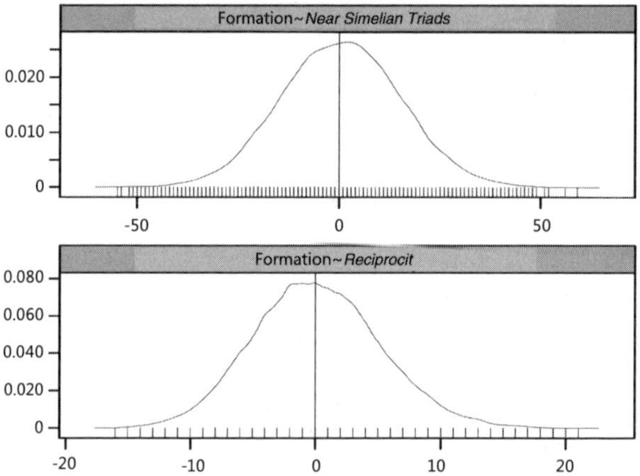

图7-6　HS84贸易网络STERGM马尔可夫—蒙特卡罗过程诊断

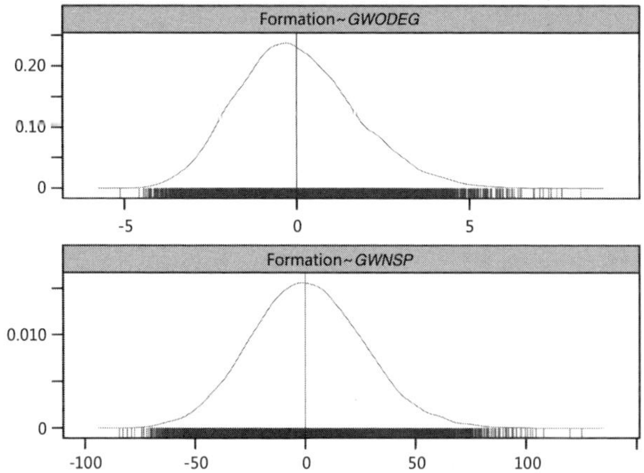

图7-6 HS84贸易网络STERGM马尔可夫—蒙特卡罗过程诊断（续图）

资料来源：笔者依据建模结果整理获得。

第 8 章　总结及展望

8.1　本书总结

8.1.1　主要研究结论

8.1.1.1　RCEP 制造业贸易网络结构特征

基于本书构建的 RCEP 制造业贸易网络，RCEP 高端制造业、中端制造业以及低端制造业贸易网络，HS87 类商品、HS85 类商品以及 HS84 类商品贸易网络的拓扑结构特征可知，中国、泰国、日本、新加坡属于网络核心节点，在各类制造业贸易网络中基本位于网络核心位置，缅甸、柬埔寨、老挝、文莱和新西兰在各类制造业贸易网络中基本属于边缘节点，其他国家为中间节点。

RCEP 签署并生效后，新关税减让承诺并未使各类制造业的贸易网络发生较大幅度的改变，各节点的国家构成也基本保持原样。但从网络中心度指标来看，RCEP 生效使各成员国的度数中心度与接近中心度整体上升，说明各成员国在贸易网络中的影响力和不受他国控制的能力均有所上升；而各国的中间中心度则出现部分国家上升、部分国家下降，但总体下降的国家更多的情况，这说明贸易网络中各国对其他国家的控制或影响能力逐渐减弱，各国之间的贸易更加平等。从关联度指标来看，RCEP 生效使各类制造业贸易网络的网密度和关联度均呈现上升趋势，说明 RCEP 进一步促进了各成员国的贸易往来，各国之间的贸易关系更加紧密，更加容易与其他成员国开展贸易。

对 RCEP 制造业贸易网络中最具影响力的国家——中国和日本进行分析后发现，两国因签署 RCEP，在各类制造业贸易领域中，无论是出口额还是进口额，对区域内贸易伙伴的增长始终大于对区域外贸易伙伴的减少，即贸易创造效应高于贸易转移效应，说明 RCEP 为两国区域内贸易带来了实际的增长。因此，中国和日本两国扩大了对其他成员国的出口和进口，既增加了 RCEP 区域内制造商品市场的多样性，也让其他成员国因扩大出口规模而获益，基于区域内产业互补性原则，进一步促进区域国际分工，完善制造产业区域价值链，推动整个 RCEP 区域经济增长。

8.1.1.2 RCEP 制造业贸易网络动态演化机制

1. 贸易集团化潜力

对于贸易集团化潜力而言，本书发现 RCEP 区域制造业以及 HS84、HS85 商品的贸易集团化潜力将有所提升，HS87 商品的贸易集团化潜力将下降。RCEP 生效将对制造业及 HS85 的贸易集团化潜力产生正净效应，并对 HS84 及 HS87 的贸易集团化潜力产生负净效应。贸易集团化潜力与 HS84 商品市场中新贸易关系的建立呈负相关，且与 HS84 商品市场中旧贸易关系的维持呈正相关，与 HS85 商品市场中贸易关系的维持呈负相关。RCEP 生效将降低贸易集团化潜力对 HS84 商品贸易关系建立的负效应，降低它对 HS85 商品贸易关系维持的负效应，还降低其对于 HS84 商品贸易关系维持的正效应。综上可知，RCEP 关税减让承诺的实施将弱化贸易集团化潜力对 HS84、HS85、HS87 贸易关系建立及维持的影响，这意味着各国在政策上应减少用于调整三类商品区域贸易集团化潜力的投入。对于寻求贸易增长的国家，不应将自身限制在 HS84 商品市场中个别强联系的小贸易集团内，而应广泛参与多边贸易；与此同时，如果这些国家在贸易政策中锚定贸易集团化潜力，应当积极实施 RCEP 中有关 HS84 商品的条款。对于寻求贸易稳定的国家，应当寻求自身在 HS84 贸易网络中嵌入强度的机会，并在 HS85 市场中开展广泛的多边贸易；同时如果此类国家在贸易政策中锚定贸易集团化潜力，应当制定政策用于调节 RCEP 中 HS84 与

HS85 相关条款产生的影响。

2. 贸易等级效应潜力

基于本书对贸易等级效应潜力的研究发现，RCEP 区域内 HS87 商品贸易的等级效应潜力将有所上升，HS85 商品贸易的等级效应潜力将在 RCEP 生效前中期波动上升、中后期波动下降，而制造业的贸易等级效应潜力发展趋势与之相反，HS84 商品的贸易等级效应潜力将波动下降 。RCEP 生效将对制造业、HS84 及 HS87 的贸易等级效应潜力产生正净效应，并对 HS85 的贸易等级效应潜力产生负净效应。贸易等级效应潜力与制造业及 HS85 市场中新贸易关系的建立呈负相关，与 HS84 商品市场中新贸易关系的建立呈正相关。同时贸易等级效应潜力将与四种商品市场中已形成的旧贸易关系维持呈负相关。RCEP 生效将提升贸易等级效应潜力对 HS85 商品贸易关系建立的正效应，提升其对制造业贸易关系建立的负效应，提升其对 HS84 及 HS85 商品贸易关系维持的负效应；同时降低贸易等级效应潜力对 HS84 商品贸易新关系建立的正效应，降低其对制造业及 HS87 商品旧贸易关系维持的负效应。

以上结论说明，RCEP 区域内汽车制造品（HS87）贸易的等级潜力以及机械制造品（HS85）贸易的等级潜力均呈现增长趋势，这也充分说明 RCEP 生效后，区域内成员国在以上两类商品生产的某些特定环节将会进一步增强协同合作，产业分工更加明确，各国在区域价值链所处位置逐步稳定，行业整体的区域贸易等级化潜力增强，但同时等级化水平下降。

鉴于此，对寻求贸易增长的国家来说，应当加大用于调节 HS85 贸易等级效应潜力的投入，降低用于调整 HS84 贸易等级效应潜力的投入。此类国家应当维护 HS84 市场中存在的贸易等级效应潜力，并逐步脱离 HS85 市场中具有贸易等级效应倾向的贸易团体。同时，如果此类国家在贸易政策中锚定贸易等级效应潜力，就应当积极推行 RCEP 中关于 HS84 及 HS85 商品的具体细则的实施。对于寻求贸易稳定的国家，应当加大用于调整 HS84、HS85 贸易等级效应潜力的投入，降低用于调整 HS87 贸易等级效应潜力的投入。此类国家应当逐步脱离 HS84、HS85、HS87 市场中具有贸易等级效应倾向的贸易团体。同时，如果此类国家在贸易政策中锚定贸易等级效应潜力，应当积极实施 RCEP 中有关 HS85 商品的条款，并制定政策用于调节 RCEP 中 HS84 与 HS87 相关条款对本国产生的影响。

3. 贸易互惠性

对于贸易互惠性而言，本书研究发现 RCEP 区域内 HS87 商品贸易互惠性将在协定生效后有所上升，而 HS84 及 HS85 的贸易互惠性将在 RCEP 生效后下降。RCEP 制造业的贸易互惠性将在 RCEP 生效前中期下降、后期上升。协定生效对制造业、HS84、HS85、HS87 商品贸易互惠性产生正向净效应。贸易互惠性与制造业、HS84 及 HS87 商品市场中新贸易关系的建立呈负相关，与四种商品市场中已经形成的原有贸易关系呈正相关。RCEP 生效将降低贸易互惠性对制造业及 HS87 商品贸易关系建立的负效应，降低对 HS85 商品贸易关系建立的正效应，降低对制造业、HS85 及 HS87 商品贸易关系维持的正效应；并提升贸易互惠性对 HS84 商品贸易关系建立的负效应，提升对 HS84 商品贸易关系维持的正效应。综上可知，各国应当加大用于调整 HS84 贸易互惠性的投入，降低用于调整 HS85、HS87 贸易互惠性的投入。对于寻求贸易增长的国家，不应当局限于 HS84 及 HS87 商品市场中的互惠贸易；同时如果此类国家在贸易政策中锚定贸易互惠性，应当制定政策用于调节 RCEP 中 HS84 与 HS87 相关条款实施后产生的影响。对于寻求贸易稳定的国家，应该积极建立互惠贸易关系；同时如果此类国家在贸易政策中锚定贸易互惠性，应当积极推行 RCEP 对以上三种商品的减税政策。

4. 区域贸易互补性

基于本书对区域贸易互补性的研究发现，RCEP 区域内 HS84、HS87 及制造业贸易互补性将有所提高，而 HS85 商品的贸易互补性无明显变化。区域贸易互补性与制造业商品市场中新贸易关系的建立呈负相关，与 HS84、HS85、HS87 商品市场中新贸易关系的建立呈正相关。区域贸易互补性将与制造业、HS84、HS87 商品市场中旧贸易关系的维持呈正相关，与 HS85 商品市场中原有贸易关系的维持呈负相关。RCEP 生效将降低区域贸易互补性对制造业贸易关系建立的正效应，提升其对 HS84、HS85、HS87 商品贸易关系建立的负效应，同时提升对 HS84 商品贸易旧关系维持的负效应，以及对制造业、HS87 商品贸易旧关系维持的负效应，降低区域贸易互补性对 HS85 商品贸易旧关系维持的负效应。

综上可知，对寻求贸易增长的国家，应该加大用于调整 HS84、HS85、HS87 商品贸易互补性的投入。此类国家应当积极调整三种商品的进出口结构，加强与 RCEP 区域内其他成员的贸易互补性。对于寻求贸易稳定的国家，应该加大用于调整 HS84、HS87 商品贸易互补性的投入，降低用于调整 HS85 商品贸易互补性的投入。此类国家应当积极调整 HS84、HS87 商品进出口结构，加强与 RCEP 区域内其他成员的贸易互补性；同时不必过分考虑自身与 RCEP 区域其他成员对于 HS85 商品的贸易互补性，应考虑自身在 HS85 商品中的资源禀赋优势，从而制定此类商品的进出口比重。

8.1.2 中国在 RCEP 区域内发展制造业贸易的对策建议

中国作为 RCEP 制造业贸易网络内少数几个核心节点成员之一，将在协定生效中后期进一步发挥其“网络中间人”优势。中、日、韩三国与其他成员国的网络等级差距有逐步扩大的可能，作为网络桥梁及核心枢纽，中国有必要协同其他网络核心成员共同制定更加合理的区域贸易利益分配机制，切实提升网络边缘成员的贸易获利机会，也要携手网络内其他成员共同思考 RCEP 作为全新的自由贸易区如何在全球化发展阶段与世界其他几个超级自贸区展开竞争。由此，本书提出以下几点建议：

8.1.2.1 切实加强与网络边缘国家的基础设施合作

RCEP 各类制造业贸易网络中存在许多边缘节点国家，如缅甸、柬埔寨、老挝、文莱，这些边缘国家的贸易能力相对较弱的原因在于基础设施建设水平较低，导致生产规模不能进一步扩大，各类企业之间无法进行充分合作，制约它们对外贸易的发展。我国对这些边缘国家的基础设施建设投入可以增强其开展贸易的能力，有利于本国转移国内过剩产能、利用本地资源、增加外汇储备等。

首先，在交通设施方面，我国应当充分利用在公路、高铁建设和管理运营上的优势，尽快完成中缅铁路、雅万高铁等的建设，同时对公路进行升级改造，使道路更加畅通，并进一步扩大在港口建设上的合作，提高运输效率。其次，在电信等通信领域加强合作，通过建设数据中心、物流信息运营设施，增强信息交流、完善信息共享、提高运营效率；加快中国—东盟信息港的建设，提升与东盟各国开展贸易的便利性，增强信息互通，降低运输的时间成本，进一步扩大 RCEP 的整体贸易规模。

8.1.2.2　逐步提升我国在高端制造领域的国际竞争力

在 RCEP 区域内的中、高端制造业贸易中，日本是我国最大的竞争国家，中、高端制造业产品的技术含量较高。虽然我国近年来在高新技术产业上也取得一定的突破，但在一些核心技术领域离日本还有些差距，处于高端制造价值链的低端位置，很可能被其他成员国替代，因此我国应当进一步提高在高端制造领域的竞争力。

首先，我国应当充分重视并加大科研经费投入，为高精尖技术研发人员的科学研究工作提供物质基础和研发保障，重点扶持量子通信、人工智能等战略性领域的技术研究，同时为科研人才提供优质的研发生活保障，减少科研人员的后顾之忧。其次，我国应加快科研成果的转化，尽快将高新技术领域的突破性成果应用到生产制造中，降低生产成本，提高我国国际制造品的竞争力。最后，注重完善科研人才的培养机制，保证我国科研人才不会出现技术断层，不仅要快速掌握前沿科技，还应持续关注研发人才的成长，尽最大努力推动我国高端制造技术的发展。

8.1.2.3　提高制造企业创新能力，升级制造产业结构

近年来，我国的人口红利逐渐消失，人口结构特征呈现老龄化趋势，劳动力成本逐渐上升。然而，RCEP 区域中存在许多人口众多、劳动力成本相对较低的国家，这些国家将会在劳动密集型产业上与我国制造企业展开竞争。为了保持我国在 RCEP 中低端制造业贸易中的地位，一方面，我国应当积极推动制造企业创新驱动战略的执行，为企业提供良好的技术创新环境，提升企业创新积极性；另一方面，我国制造业企业也应当抓住此

次区域贸易合作机遇，增强自身创新能力，深入调研 RCEP 各成员国国内居民生活环境以及各国市场需求，制定个性化商品供给方案，满足当地居民市场需求，在增加自身产品多样性的基础上做好市场服务，进而抢占更大的市场空间，与此同时，中国企业在商品生产模式上也需要增强创新能力，切实提高商品质量，完成本国制造行业的产业结构优化升级。

8.2 研究展望

近年来，基于复杂网络理论的贸易网络研究成果逐渐丰富，研究方法不断出新。本书正是在复杂网络分析框架内实现了对贸易政策实施效果的评估以及预测研究。然而本书的复杂网络构建与分析主要是基于单层复杂网络完成的，单层复杂网络的贸易模式研究通常局限在宏观的、国家之间的多边贸易视角，无法进一步探索微观层面企业之间的贸易行为方式。

近年来一部分经济学家提出了多层网络（Multi－level Network）研究，它的出现可以有效整合宏观层面国家间贸易信息与微观层面企业行为方式。基于多层复杂网络建模，进而展开网络实证研究，可以对企业跨国生产行为中的并购与跨境交易行动进行全面分析，甚至可以实现企业间行为与国家双边贸易相关性问题的深入研究。因此借助多层网络分析方法对 RCEP 区域贸易框架内的企业行为进行追踪研究是本书撰写团队下一步主要的研究方向。

另外，经济学家 John Stachurski 和 Thomas J. Sargent（2022）在他们公开出版的 *Economic Networks：Theory and Computation* 中提出了复杂网络与国际投入产出模型（Input－Output Model）相结合的国际生产网络研究思路，在该分析框架内，可以将全球价值链分解中的前向、后向关联应用到复杂网络分析框架中，由此实现全球生产网络中供给—需求价值链的分解。基于此，本书撰写团队下一步将结合 RCEP 区域价值链与二模网络（多层网络）构建并研究制造品中间贸易以及价值增值的分解机制。

参考文献

[1]刘林青，陈紫若，田毕飞．结构依赖如何影响贸易网络形成及演化:以“一带一路”为例[J]．世界经济研究，2020(6)．

[2]唐晓彬，崔茂生．“一带一路”货物贸易网络结构动态变化及其影响机制[J]．财经研究，2020，46(7)：138－153．

[3]姜文学，王妍．“一带一路”电子产品贸易格局演变特征及影响因素研究:基于复杂网络分析方法[J]．国际商务研究，2020，41(5)：26－40．

[4]屈敏．RCEP 货物贸易网络演化及我国的响应策略研究[D]．大连:大连海事大学，2018．

[5]李敬，陈旎，万广华，等．“一带一路”沿线国家货物贸易的竞争互补关系及动态变化:基于网络分析方法[J]．管理世界，2017(4)：10－19．

[6]杨文龙，杜德斌．“一带一路”沿线国家投资网络结构及其影响因素:基于 ERGM 模型的研究[J]．世界经济研究，2018(5)：80－94．

[7]盛斌,果婷．亚太区域经济一体化博弈与中国的战略选择[J]．世界经济与政治，2014(10)：4－21．

[8]牛华，兰森，马艳昕．“一带一路”沿线国家服务贸易网络结构动态演化及影响机制[J]．国际商务，2020(5)：78－93．

[9]牛华，崔茂生，曾燕萍．网络视角下研发投入、贸易自由化与高技术产品出口:兼论高技术产品贸易网络的动态特征[J]．统计与信息论坛，2020，35(7)：66－76．

[10]缪莉莉，韩传峰，刘亮，曹吉鸣．基于模体的科学家合作网络基元特征分析[J]．科学学研究，2012，30(10)：1468－1475．

[11]许和连，孙天阳，成丽红．“一带一路”高端制造业贸易格局及影响因素研究：基于复杂网络的指数随机图分析[J]．财贸经济，2015(12)：74－88.

[12]赵昌平，徐晓江．中日在 RCEP 贸易网络中的影响力比较与对策研究[J]．东北亚经济研究，2019，3(5)：88－101.

[13]赵昌平，齐芯莉，屈敏．RCEP 货物贸易网络的互惠性演化与我国的响应战略研究：基于中国和东盟视角[J]．东北亚经济研究，2021(3)：27－42.

[14]陈淑梅，全毅．TPP、RCEP 谈判与亚太经济一体化进程[J]．亚太经济，2013(2)：3－9.

[15]韩冬，李光泗．中国与“一带一路”沿线国家粮食贸易格局演变与影响机制：基于社会网络学视角[J]．农业经济问题，2020(8)：24－40.

[16]韩华，刘婉璐，吴翎燕．基于模体的复杂网络测度量研究[J]．物理学报，2013，62(16)：168904.

[17]马远，徐俐俐．“一带一路”沿线国家天然气贸易网络结构及影响因素[J]．世界经济研究，2017(3)：109－122.

[18]魏彦杰，钟娟，赵有广．文化产品贸易的同质化效应与发展中国家的角色[J]．财贸经济，2011(12)：75－81.

[19]ADJEMIAN M K，SMITH A，HE W. Estimating the market effect of a trade war：The case of soybean tariffs[J]. Food Policy，2021，105：102－152.

[20]ATHEY S，IMBENS G W. The state of applied econometrics：Causality and policy evaluation[J]. Journal of Economic Perspectives，2017，31(2)：3－32.

[21] ATHUKORALA P C. Global production sharing and Asian trade patterns：Implications for the Regional Comprehensive Economic Partnership (RCEP)[M]//Global Economic Cooperation：Views from G20 Countries. New Delhi：Springer India，2016：241－253.

[22]BAO－QUAN L，JIAN－HUA J，WEN－QI D. The architecture of weighted world trade network[C]//2007 International Conference on Management Science and Engineering. [S. l. ：s. n.]，2007：1260－1264.

[23]BATAGELJ V, MRVAR A. A sub – quadratic triad census algorithm for large sparse networks with small maximum degree[J]. Social Networks, 2001, 23(3): 237 –243.

[24]BEHRENS K, GAIGNÉ C, OTTAVIANO G I, et al. Countries, regions and trade: On the welfare impacts of economic integration[J]. European Economic Review, 2007, 51(5): 1277 –1301.

[25]BLAVASCIUNAITE D, GARSVIENE L, MATUZEVICIUTE K. Trade balance effects on economic growth: Evidence from European Union Countries [J]. Economies, 2020, 8(3): 54.

[26] BLÁZQUEZ L, DÍAZ – MORA C, GONZÁLEZ – DÍAZ B. The role of services content for manufacturing competitiveness: A network analysis[J]. Plos One, 2020, 15(1): 1 –22.

[27]BLUMENTHAL D B, GAMPER J. On the exact computation of the graph edit distance[J]. Pattern Recognition Letters, 2020(134): 46 –57.

[28]BÖHRINGER C, RUTHERFORD T F, WIEGARD W. Computable general equilibrium analysis: Opening a black box [EB/OL]. https://madoc. bib. uni – mannheim. de/363/ ,2003.

[29]BORGATTI S P, EVERETT M G. Models of core/periphery structures [J]. Social Networks, 2000, 21(4): 375 –395.

[30]BORGATTI S P, EVERETT M G. A graph – theorctic perspective on centrality[J]. Social Networks, 2006, 28(4): 466 –484.

[31]BURT R S. Structural holes[M]. Cambridge, MA: Harvard University Press, 2021.

[32]BURT R S. The structure of competition[Z]. 1992.

[33]BURT R S. The network structure of social capital[J]. Research in Organizational Behavior, 2000, 22: 345 –423.

[34]BURT R S. Structural holes and good ideas[J]. American Journal of Sociology, 2004, 110(2): 349 –399.

[35]CARAKA R E, WIJAYA N, ULKHAQ M M, et al. Analysis of corre-

lations between postal and trade network data within ASEAN countries and beyond[J]. The Fourth Research Dive on Trade and Competitiveness, 2017, 15.

[36]CEPEDA – LÓPEZ F, GAMBOA – ESTRADA F, LEÓN C, et al. The evolution of world trade from 1995 to 2014: A network approach[J]. The Journal of International Trade & Economic Development, 2019, 28(4): 452 – 485.

[37]CHAKRABORTY D, CHAISSE J, XU Q. Is it finally time for India's free trade agreements? The ASEAN "Present" and the RCEP "Future"[J]. Asian Journal of International Law, 2019, 9(2): 359 – 391.

[38]CHANG Y C. Accelerating domestic and international dual circulation in the Chinese shipping industry: An assessment from the aspect of participating RCEP[J]. Marine Policy, 2022, 135: 104862.

[39]CHEN M. Research on the regional economic effects of "The Belt & Road Initiative" and China's countermeasures_based on GTAP model[C]//2020 2nd International Conference on Economic Management and Model Engineering (ICEMME). [S. l. : s. n.], 2020: 564 – 569.

[40]CHEONG I, TONGZON J. Comparing the economic impact of the Trans – Pacific Partnership and the Regional Comprehensive Economic Partnership[J]. Asian Economic Papers, 2013, 12(2): 144 – 164.

[41]CHONG Z, QIN C, PAN S. The evolution of the Belt and Road trade network and its determinant factors[J]. Emerging Markets Finance and Trade, 2019, 55(14): 3166 – 3177.

[42]CORONG E L, HERTEL T W, MCDOUGALL R, et al. The standard GTAP model, version 7[J]. Journal of Global Economic Analysis, 2017, 2(1): 1 – 119.

[43]CRANMER S J, DESMARAIS B A, MENNINGA E J. Complex dependencies in the alliance network[J]. Conflict Management and Peace Science, 2012, 29(3): 279 – 313.

[44]DE ANDRADE R L, RÊGO L C. The use of nodes attributes in social network analysis with an application to an international trade network[J]. Physi-

ca A: Statistical Mechanics and its Applications, 2018(491): 249 – 270.

[45]DE BENEDICTIS L, NENCI S, SANTONI G, et al. Network analysis of world trade using the BACI – CEPII dataset[J]. Global Economy Journal, 2014, 14 (3 –4): 287 –343.

[46]DE BENEDICTIS L, TAJOLI L. The world trade network[J]. The World Economy, 2011, 34(8): 1417 – 1454.

[47]DESMARAIS B A, CRANMER S J. Statistical inference in political networks research[M]. Oxford: Oxford University Press, 2016.

[48]DIXON P B, JORGENSON D. Handbook of computable general equilibrium modeling: vol. 1[M]. Newnes, 2012.

[49]DOEHNE M, HERZ A. Krackhardt (1999): The ties that torture: Simmelian tie analysis in organizations[M]//Schlüsselwerke der Netzwerkforschung. Wiesbaden: Springer, 2019: 305 – 307.

[50]DORUSSEN H, WARD H. Trade networks and the Kantian peace [J]. Journal of Peace Research, 2010, 47(1): 29 –42.

[51]DRYSDALE P, ARMSTRONG S. RCEP: A strategic opportunity for multilateralism[J]. China Economic Journal, 2021,14(2):128 – 143.

[52]ELMS D K. Getting RCEP across the Line[J]. World Trade Review, 2021,20(3):373 –380.

[53]FAGIOLO G. The international – trade network: Gravity equations and topological properties[J]. Journal of Economic Interaction and Coordination, 2010, 5(1): 1 –25.

[54]FAGIOLO G, REYES J, SCHIAVO S. World – trade web: Topological properties, dynamics, and evolution[J]. Physical Review E, 2009, 79(3): 036115.

[55]FAGIOLO G, REYES J, SCHIAVO S. The evolution of the world trade web: A weighted – network analysis[J]. Journal of Evolutionary Economics, 2010, 20(4): 479 –514.

[56]FENG L, XU H, WU G, et al. Exploring the structure and influence

factors of trade competitive advantage network along the Belt and Road[J]. Physica A: Statistical Mechanics and its Applications, 2020, 559: 125057.

[57]FERTÖI, BAKUCS Z, FAŁKOWSKI J. Dairy sector trade dynamics: Some insights on the evolution of trade linkages within the EU[J]. Journal of Agricultural Economics, 2021,559.

[58]FINGER J M, KREININ M E. A measure of export similarity and its possible uses[J]. The Economic Journal, 1979, 89(356): 905 -912.

[59]FRANK O, STRAUSS D. Markov graphs[J]. Journal of the American Statistical Association, 1986, 81(395): 832 -842.

[60]FREEMAN L C. Centrality in social networks conceptual clarification [J]. Social Networks, 1978, 1(3): 215 -239.

[61]FRITZ C, LEBACHER M, KAUERMANN G. Tempus volat, hora fugit: A survey of tie -oriented dynamic network models in discrete and continuous time[J]. Statistica Neerlandica, 2020, 74(3): 275 -299.

[62]FU Y, HUANG G, LIU L, et al. A factorial CGE model for analyzing the impacts of stepped carbon tax on Chinese economy and carbon emission[J]. Science of the Total Environment, 2021, 759: 143512.

[63]FUGAZZA M, MAUR J C. Non -tariff barriers in CGE models: How useful for policy? [J]. Journal of Policy Modeling, 2008, 30(3): 475 -490.

[64]GARLASCHELLI D, DI MATTEO T, ASTE T, et al. Interplay between topology and dynamics in the World Trade Web[J]. The European Physical Journal B, 2007, 57(2): 159 -164.

[65]GARLASCHELLI D, LOFFREDO M I. Fitness -dependent topological properties of the world trade web[J]. Physical Review Letters, 2004, 93(18): 188701.

[66]GARLASCHELLI D, LOFFREDO M I. Patterns of link reciprocity in directed networks[J]. Physical Review Letters, 2004, 93(26): 268701.

[67]GARLASCHELLI D, LOFFREDO M I. Structure and evolution of the world trade network[J]. Physica A: Statistical Mechanics and its Applications,

2005, 355(1): 138 -144.

[68]GLIGOR M, AUSLOOS M. Clusters in weighted macroeconomic networks: The EU case. Introducing the overlapping index of GDP/capita fluctuation correlations [J]. The European Physical Journal B, 2008, 63 (4): 533 -539.

[69]GUAN Q, AN H, WANG K, et al. Functional trade patterns and their contributions to international photovoltaic trade revealed by network motifs[J]. Energy, 2020, 195: 116989.

[70]GUTIÉRREZ - MOYA E, ADENSO - DÍAZ B, LOZANO S. Analysis and vulnerability of the international wheat trade network[J]. Food Security, 2021, 13(1): 113 -128.

[71]HAMANAKA S. TPP versus RCEP: Control of membership and agenda setting[J]. Journal of East Asian Economic Integration, 2014, 18(2): 163 -186.

[72]HANNEKE S, FU W, XING E P. Discrete temporal models of social networks[J]. Electronic Journal of Statistics, 2010, 4: 585 -605.

[73]HANSLOW K. The Structure of the FTAP model[R/OL]. Productivity Commission, Canberra, ACT, Australia. Department of Agricultural Economics, Purdue University, West Lafayette, IN: Global Trade Analysis Project (GTAP), 1999.

[74]HARRIS J K. An introduction to exponential random graph modeling [M]. California: Sage Publications, 2013.

[75]HASSAN T, SONG H, KIRIKKALELI D. International trade and consumption - based carbon emissions: Evaluating the role of composite risk for RCEP economies[J]. Environmental Science and Pollution Research, 2021,29 (3): 1 -21.

[76]HAVELIWALA T H. Topic - sensitive pagerank: A context - sensitive ranking algorithm for web search[J]. IEEE Transactions on Knowledge and Data Engineering, 2003, 15(4): 784 -796.

[77]HEAD K, RIES J. Rationalization effects of tariff reductions[J].

Journal of International Economics, 1999, 47(2): 295 -320.

[78] HERMAN P R. Modeling complex network patterns in international trade[J]. Review of World Economics, 2022, 158(1): 127 -179.

[79] HERTEL T, HUMMELS D, IVANIC M, et al. How confident can we be of CGE - based assessments of Free Trade Agreements? [J]. Economic Modelling, 2007, 24(4): 611 -635.

[80] HERTEL T W. Global trade analysis: Modeling and applications [M]. Cambridge: Cambridge University Press, 1997.

[81] HOLLAND P W, LEINHARDT S. An exponential family of probability distributions for directed graphs[J]. Journal of the American Statistical Association, 1981, 76(373): 33 -50.

[82] HOU W, LIU H, WANG H, et al. Structure and patterns of the international rare earths trade: A complex network analysis[J]. Resources Policy, 2018, 55: 133 -142.

[83] HOUSE R J. An overview of the GLOBE research program [J]. Transformative Organizations: A GLobal Perspective, 2004, 483.

[84] HU X, WANG C, LIM M K, et al. Characteristics of the global copper raw materials and scrap trade systems and the policy impacts of China's import ban[J]. Ecological Economics, 2020, 172: 106626.

[85] HUNTER D R. Curved exponential family models for social networks [J]. Social Networks, 2007, 29(2): 216 -230.

[86] HUNTER D R, HANDCOCK M S. Inference in curved exponential family models for networks[J]. Journal of Computational and Graphical Statistics, 2006, 15(3): 565 -583.

[87] IANCHOVICHINA E, MCDOUGALL R. Theoretical structure of dynamic GTAP, GTAP technical paper No. 17[R]. Global Trade Analysis Project, Department of Agricultural Economics, Purdue University, West Lafayette, 2001.

[88] IANCHOVICHINA E, WALMSLEY T L. Dynamic modeling and ap-

plications for global economic analysis [M]. Cambridge: Cambridge University Press, 2012.

[89] ITAKURA K. Impact of liberalization and improved connectivity and facilitation in ASEAN [J]. Journal of Asian Economics, 2014, 35: 2 – 11.

[90] JAIN H. Implications of SAFTA for Indian economy: Trade, compatibility and welfare effects [J]. Foreign Trade Review, 2019, 54(4): 355 – 374.

[91] KALI R, REYES J. Financial contagion on the international trade network [J]. Economic Inquiry, 2010, 48(4): 1072 – 1101.

[92] KARPF A, MANDEL A, BATTISTON S. Price and network dynamics in the European carbon market [J]. Journal of Economic Behavior & Organization, 2018, 153: 103 – 122.

[93] KAWASAKI K. The relative significance of EPAs in Asia – Pacific [J]. Journal of Asian Economics, 2015, 39: 19 – 30.

[94] KHAN M A, ZADA N, MUKHOPADHYAY K. Economic implications of the comprehensive and progressive agreement for Trans – Pacific Partnership (CPTPP) on Pakistan: A CGE approach [J]. Journal of Economic Structures, 2018, 7(1): 1 – 20.

[95] KHASTAR M, ASLANI A, NEJATI M. How does carbon tax affect social welfare and emission reduction in Finland? [J]. Energy Reports, 2020, 6: 736 – 744.

[96] KIKUCHI T, YANAGIDA K, VO H. The effects of mega – regional trade agreements on Vietnam [J]. Journal of Asian Economics, 2018, 55: 4 – 19.

[97] KIM S, SHIN E H. A longitudinal analysis of globalization and regionalization in international trade: A social network approach [J]. Social Forces, 2002, 81(2): 445 – 468.

[98] KOSTOSKA O, MITIKJ S, JOVANOVSKI P, et al. Core – periphery structure in sectoral international trade networks: A new approach to an old theory [J]. PloS one, 2020, 15(4): 1 – 24.

[99] KRACKHARDT D, HANDCOCK M S. Heider vs Simmel: Emergent features in dynamic structures[C]//Statistical Network Analysis. Berlin, Heidelberg: Springer, 2007: 14 – 27.

[100] KRAPOHL S, FINK S. Different paths of regional integration: Trade networks and regional institution – building in Europe, Southeast Asia and Southern Africa[J]. JCMS: Journal of Common Market Studies, 2013, 51(3): 472 – 488.

[101] KRIVITSKY P N, HANDCOCK M S. A separable model for dynamic networks[J]. Journal of the Royal Statistical Society: Series B, Statistical Methodology, 2014, 76(1): 29.

[102] LAKATOS C, WALMSLEY T. Investment creation and diversion effects of the ASEAN – China free trade agreement[J]. Economic Modelling, 2012, 29(3): 766 – 779.

[103] LATORA V, MARCHIORI M. Economic small – world behavior in weighted networks[J]. The European Physical Journal B – Condensed Matter and Complex Systems, 2003, 32(2): 249 – 263.

[104] LAZARSFELD P F, MERTON R K, et al. Friendship as a social process: A substantive and methodological analysis[J]. Freedom and Control in Modern Society, 1954, 18(1): 18 – 66.

[105] LEBACHER M, THURNER P W, KAUERMANN G. A dynamic separable network model with actor heterogeneity: An application to global weapons transfers[J]. Journal of the Royal Statistical Society: Series A (Statistics in Society), 2021, 184(1): 201 – 226.

[106] LEE H, ITAKURA K, et al. TPP, RCEP, and Japan's agricultural policy reforms[R]. OSIPP Discussion Paper, Osaka School of International Public Policy, Osaka, 2014.

[107] LEE H, ITAKURA K. The welfare and sectoral adjustment effects of mega – regional trade agreements on ASEAN countries[J]. Journal of Asian Economics, 2018, 55: 20 – 32.

[108]LEIFELD P, CRANMER S J, DESMARAIS B A. Temporal exponential random graph models with btergm: Estimation and bootstrap confidence intervals[J]. Journal of Statistical Software, 2018, 83(6).

[109]LI B, LI H, DONG Z, et al. The global copper material trade network and risk evaluation: A industry chain perspective[J]. Resources Policy, 2021, 74: 102275.

[110]LI C, WANG J, WHALLEY J. Impact of mega trade deals on China: A computational general equilibrium analysis[J]. Economic Modelling, 2016, 57: 13 – 25.

[111]LI M, BALISTRERI E J, ZHANG W. The US – China trade war: Tariff data and general equilibrium analysis[J]. Journal of Asian Economics, 2020, 69: 101216.

[112]LI Q, MOON H C. The trade and income effects of RCEP: Implications for China and Korea[J]. Journal of Korea Trade, 2018,22(3):306 – 318.

[113]LI X, JIN Y Y, CHEN G. Complexity and synchronization of the world trade web[J]. Physica A: Statistical Mechanics and its Applications, 2003, 328(1 – 2): 287 – 296.

[114]LIU C, XU J, ZHANG H. Competitiveness or complementarity? A dynamic network analysis of international agri – trade along the Belt and Road [J]. Applied Spatial Analysis and Policy, 2020, 13(2): 349 – 374.

[115]LIU C, WU X, NIU R, et al. A new SAIR model on complex networks for analysing the 2019 novel coronavirus (COVID – 19)[J]. Nonlinear Dynamics, 2020, 101(3): 1777 – 1787.

[116]LIU S, ZHANG D G, LIU X H, et al. Dynamic analysis for the average shortest path length of mobile ad hoc networks under random failure scenarios [J]. IEEE Access, 2019, 7: 21343 – 21358.

[117]LIU Y, LI H, GUAN J, et al. The role of the world's major steel markets in price spillover networks: An analysis based on complex network motifs [J]. Journal of Economic Interaction and Coordination, 2019, 14(4):

697 – 720.

[118]LIU Y, GAO X, GUO J. Network features of the EU carbon trade system: An evolutionary perspective[J]. Energies, 2018, 11(6): 1501.

[119]LU S. Regional Comprehensive Economic Partnership (RCEP): Impact on the integration of textile and apparel supply chain in the Asia – Pacific region[M]//Fashion Supply Chain Management in Asia: Concepts, Models, and Cases. Singapore:Springer, 2019: 21 – 41.

[120]LUSHER D, KOSKINEN J, ROBINS G. Exponential random graph models for social networks: Theory, methods, and applications[M]. Cambridge: Cambridge University Press, 2013.

[121]MAHADEVAN R, NUGROHO A. Can the Regional Comprehensive Economic Partnership minimise the harm from the United States – China trade war? [J]. The World Economy, 2019, 42(11): 3148 – 3167.

[122] MALCOLM G. Adjusting tax rates in the GTAP data base[R]. GTAP Technical Paper 12. Department of Agricultural Economics, Purdue University, West Lafayette, IN: Global Trade Analysis Project (GTAP), 1998.

[123]MCKIBBIN W J, WILCOXEN P J. The theoretical and empirical structure of the G – Cubed model[J]. Economic Modelling, 1999, 16(1): 123 – 148.

[124] MILO R, ITZKOVITZ S, KASHTAN N, et al. Superfamilies of evolved and designed networks[J]. Science, 2004, 303(5663): 1538 – 1542.

[125]MILO R, SHEN – ORR S, ITZKOVITZ S, et al. Network motifs: simple building blocks of complex networks[J]. Science, 2002, 298(5594): 824 – 827.

[126]AGUIAR A,CHEPELIEV M,CORONG E L,MCDOUGALL R,VAN DER MENSBRUGGHE D. The GTAP data base:version 10[J]. Journal of Global Economic Analysis ,2019,4(1):1 – 27.

[127]NARAYANAN B G, SEN R, SRIVASTAVA S, et al. A method to analyze the sectoral impact of Fiscal support for COVID – 19 affected economies:

The case of Oceania[J]. MethodsX, 2021, 8: 101293.

[128]NEWMAN M E, WATTS D J, STROGATZ S H. Random graph models of social networks[J]. Proceedings of the National Academy of Sciences, 2002, 99(suppl 1): 2566 - 2572.

[129]NGUYEN T N A, PHAM T H H, VALLÉE T. Economic integration in ASEAN + 3: A network analysis[J]. Journal of Economic Integration, 2016, 31(2): 275 - 325.

[130]NKOLO J C, MOTEL P C, DJIMELI C G. Income - generating effects of biofuel policies: A meta - analysis of the CGE literature[J]. Ecological Economics, 2018, 147: 230 - 242.

[131]NUGROHO A, IRAWAN T, AMALIAH S, et al. Does the US - China trade war increase poverty in a developing country? A dynamic general equilibrium analysis for Indonesia[J]. Economic Analysis and Policy, 2021, 71: 279 - 290.

[132]OKAMOTO K, CHEN W, LI X Y. Ranking of closeness centrality for large - scale social networks[C]//Frontiers in Algorithmics. Berlin, Heidelberg: Springer Berlin Heidelberg, 2008: 186 - 195.

[133]PAGE L, BRIN S, MOTWANI R, et al. The PageRank citation ranking: Bringing order to the web[R/OL]. Stanford InfoLab, 1999.

[134]PAN W, CHANG W Y, WU T, et al. Impacts of the China - US trade restrictions on the global forest sector: A bilateral trade flow analysis[J]. Forest Policy and Economics, 2021, 123: 102375.

[135]PAN Z. Varieties of intergovernmental organization memberships and structural effects in the world trade network[J]. Advances in Complex Systems, 2018, 21(2): 1850001.

[136]PANDA J P. Factoring the RCEP and the TPP: China, India and the Politics of Regional Integration[J]. Strategic Analysis, 2014, 38(1): 49 - 67.

[137]PARK C Y, PETRI P A, PLUMMER M G. The economics of conflict and cooperation in the Asia - Pacific: RCEP, CPTPP and the US - China Trade

War[J]. East Asian Economic Review, 2021, 25(3): 233 - 272.

[138]PARTRIDGE M D, RICKMAN D S. Regional computable general equilibrium modeling: A survey and critical appraisal[J]. International Regional Science Review, 1998, 21(3): 205 - 248.

[139]PATTON C V, SAWICKI D S. Basic methods of policy analysis and planning[M]. NJ: Prentice Hall Englewood Cliffs, 1993.

[140]PEARL J. Theoretical impediments to machine learning with seven sparks from the causal revolution[C]//WSDM '18: Proceedings of the Eleventh ACM International Conference on Web Search and Data Mining. Marina Del Rey, CA, USA: Association for Computing Machinery, 2018: 3.

[141]PERALI F, PIERONI L, STANDARDI G. World tariff liberalization in agriculture: An assessment using a global CGE trade model for EU15 regions [J]. Journal of Policy Modeling, 2012, 34(2): 155 - 180.

[142]PETRI P A, PLUMMER M G. East Asia decouples from the United States: Trade War, COVID - 19, and East Asia's New Trade Blocs [R]. Working Paper Series WP20 - 09. Peterson Institute for International Economics, 2020.

[143]QIAN Z, ZHAO Y, SHI Q, et al. Global value chains participation and CO_2 emissions in RCEP countries[J]. Journal of Cleaner Production, 2021, 332: 130070.

[144]RAFF H. Preferential trade agreements and tax competition for foreign direct investment[J]. Journal of Public Economics, 2004, 88(12): 2745 - 2763.

[145]RAHMAN M M, ARA L A. TPP, TTIP and RCEP: Implications for South Asian economies[J]. South Asia Economic Journal, 2015, 16(1): 27 - 45.

[146]REYES J, SCHIAVO S, FAGIOLO G. Assessing the evolution of international economic integration using random walk betweenness centrality: The cases of East Asia and Latin America[J]. Advances in Complex Systems, 2008, 11(5): 685 - 702.

[147]ROBINS G, SNIJDERS T, WANG P, et al. Recent developments in

exponential random graph (p*) models for social networks[J]. Social Networks, 2007, 29(2): 192-215.

[148] ROBINSON S. Macroeconomics, financial variables, and computable general equilibrium models[J]. World Development, 1991, 19(11): 1509-1525.

[149] ROBINSON S, YÙNEZ-NAUDE A, HINOJOSA-OJEDA R, et al. From stylized to applied models: Building multisector CGE models for policy analysis[J]. The North American Journal of Economics and Finance, 1999, 10(1): 5-38.

[150] ROSYADI S A, WIDODO T. Impact of Donald Trump's tariff increase against Chinese imports on global economy: Global Trade Analysis Project (GTAP) model[J]. Journal of Chinese Economic and Business Studies, 2018, 16(2): 125-145.

[151] RUBINOV M, SPORNS O. Complex network measures of brain connectivity: Uses and interpretations[J]. Neuroimage, 2010, 52(3): 1059-1069.

[152] RUZZENENTI F, GARLASCHELLI D, BASOSI R. Complex networks and symmetry Ⅱ: Reciprocity and evolution of world trade[J]. Symmetry, 2010, 2(3): 1710-1744.

[153] SARAMÄKI J, KIVELÄ M, ONNELA J P, et al. Generalizations of the clustering coefficient to weighted complex networks[J]. Physical Review E, 2007, 75(2): 027105.

[154] SAVITZKY A, GOLAY M J. Smoothing and differentiation of data by simplified least squares procedures[J]. Analytical Chemistry, 1964, 36(8): 1627-1639.

[155] SCHIMIT P H, PEREIRA F H. Disease spreading in complex networks: A numerical study with Principal Component Analysis[J]. Expert Systems with Applications, 2018, 97: 41-50.

[156] SCHLOSSER F, MAIER B F, JACK O, et al. COVID-19 lockdown induces disease-mitigating structural changes in mobility networks[J]. Proceedings of the National Academy of Sciences, 2020, 117(52): 32883-32890.

[157] SENO – ALDAY S. Varieties of regional integration, international trade networks and risk[J]. The World Economy, 2019, 42(9): 2790 – 2815.

[158] SERRANO M A, BOGUNÁ M. Topology of the world trade web[J]. Physical Review E, 2003, 68(1): 015101.

[159] SHI B, WANG X, GAO B. Transmission and diffusion effect of Sino – US trade friction along global value chains[J]. Finance Research Letters, 2022, 46, 102057.

[160] SHIMIZU K. The ASEAN economic community and the RCEP in the world economy[J]. Journal of Contemporary East Asia Studies, 2021, 10(1): 1 – 23.

[161] SMITH M, GORGONI S, CRONIN B. International production and trade in a high – tech industry: A multilevel network analysis[J]. Social Networks, 2019, 59: 50 – 60.

[162] SNIJDERS T A, PATTISON P E, ROBINS G L, et al. New specifications for exponential random graph models[J]. Sociological Methodology, 2006, 36(1): 99 – 153.

[163] SONG Z, ZHU Q, HAN M. Tele – connection of global crude oil network: Comparisons between direct trade and embodied flows[J]. Energy, 2021, 217: 119359.

[164] SQUARTINI T, GARLASCHELLI D. Triadic motifs and dyadic self – organization in the World Trade Network[C]//Self – Organizing Systems. Berlin, Heidelberg: Springer Berlin Heidelberg, 2012: 24 – 35.

[165] THEIS N. The global trade in e – waste: A network approach[J]. Environmental Sociology, 2021, 7(1): 76 – 89.

[166] TZEKINA I, DANTHI K, ROCKMORE D N. Evolution of community structure in the world trade web[J]. The European Physical Journal B, 2008, 63(4): 541 – 545.

[167] VAN HA P, KOMPAS T, NGUYEN H T M, et al. Building a better trade model to determine local effects: A regional and intertemporal GTAP model [J]. Economic Modelling, 2017, 67: 102 – 113.

[168] WALMSLEY T, DIMARANAN B, MCDOUGALL R. A base case scenario for the dynamic GTAP model[J/OL]. 2000.

[169] WALMSLEY T L, DIMARANAN B V, MCDOUGALL R A. A base-line scenario for the dynamic GTAP model[R]. Dynamic Modeling and Applications for Global Economic Analysis, 2006: 136.

[170] WANG C, SHARMA V. India's RCEP Dilemma with China: Beyond the Legal Texts[J]. Pacific Focus, 2021, 36(1): 40-62.

[171] WANG C, ZHAO L, LIM M K, et al. Structure of the global plastic waste trade network and the impact of China's import Ban[J]. Resources, Conservation and Recycling, 2020, 153: 104591.

[172] WANG M, HU J, ABBASS H A. BrainPrint: EEG biometric identification based on analyzing brain connectivity graphs[J]. Pattern Recognition, 2020, 105: 107381.

[173] WANG Z. The impact of China's WTO accession on patterns of world trade[J]. Journal of Policy Modeling, 2003, 25(1): 1-41.

[174] WARD M D, AHLQUIST J S, ROZENAS A. Gravity's rainbow: A dynamic latent space model for the world trade network[J]. Network Science, 2013, 1(1): 95-118.

[175] WASSERMAN S, FAUST K. Social network analysis: Methods and applications[M]. Cambridge: Cambridge University Press, 1994.

[176] WELFENS P J. Trump's trade policy, BREXIT, Corona dynamics, EU crisis and declining multilateralism[J]. International Economics and Economic Policy, 2020, 17(3): 563-634.

[177] WILSON J D. Mega-regional trade deals in the Asia-Pacific: choosing between the TPP and RCEP? [J]. Journal of Contemporary Asia, 2015, 45(2): 345-353.

[178] WING I S. Computable general equilibrium models and their use in economy-wide policy analysis[R]. Technical Note, Joint Program on the Science and Policy of Global Change, MIT, 2004.

[179]WU G, FENG L, PERES M, et al. Do self – organization and relational embeddedness influence free trade agreements network formation? Evidence from an exponential random graph model [J]. The Journal of International Trade & Economic Development, 2020, 29(8): 995 – 1017.

[180]YANG Y, DONG Y, CHAWLA N V. Predicting node degree centrality with the node prominence profile[J]. Scientific Reports, 2014, 4(1): 1 – 7.

[181]YIN M, ZHU L. Reciprocity in directed networks[J]. Physica A: Statistical Mechanics and its Applications, 2016(447): 71 – 84.

[182]ZHANG H, WANG Y, YANG C, et al. The impact of country risk on energy trade patterns based on complex network and panel regression analyses [J]. Energy, 2021(222): 119979.

[183]ZHANG L, ZHANG C, TANG W, et al. Analysis of the impact of Sino – US trade friction on China's major industries based on dynamic GTAP model[C]//International Conference on Education, Economics and Information Management (ICEEIM 2019). Atlantis Press, 2020: 186 – 192.

[184]ZHANG X, ZHANG W, LEE P T W. Importance rankings of nodes in the China Railway Express network under the Belt and Road Initiative[J]. Transportation Research Part A: Policy and Practice, 2020, 139: 134 – 147.

[185]ZHAO C, QI X, GONG Y, et al. Is there reciprocity between India and RCEP member countries' goods trade? [J]. Journal of the Asia Pacific Economy, 2021: 1 – 22.

[186]ZHOU M, WU G, XU H. Structure and formation of top networks in international trade, 2001 – 2010[J]. Social Networks, 2016, 44: 9 – 21.

[187]ZHOU Y, CHEN S, CHEN M. Global value chain, regional trade networks and Sino – EU FTA[J]. Structural Change and Economic Dynamics, 2019, 50: 26 – 38.

[188]ZONGO A. The impact of services trade restrictiveness on food trade [J]. International Economics, 2021, 166: 71 – 94.

附录A 基于GTAP预测的各国产出变动①

表A－1 HS84商品各国产出变动预测

国家	2022年			2040年			2057年		
	基准模型	变化率	关税冲击模型	基准模型	变化率	关税冲击模型	基准模型	变化率	关税冲击模型
澳大利亚	0.164	－0.031	0.128	0.912	－0.025	0.865	3.069	－0.001	3.067
文莱	1.860	－0.044	1.734	0.004	－0.022	－0.018	－0.997	－0.033	－0.997
中国	0.636	0.000	0.636	1.414	－0.002	1.409	1.180	－0.006	1.168
印度尼西亚	0.229	0.000	0.228	0.657	0.004	0.664	1.838	0.008	1.862
日本	－0.192	0.005	－0.188	0.133	0.019	0.155	2.396	0.005	2.413
柬埔寨	1.613	0.000	1.613	13.226	0.103	14.685	34.990	0.038	36.344
韩国	0.027	－0.009	0.018	1.675	－0.016	1.632	6.256	－0.007	6.203
老挝	0.386	0.023	0.419	3.063	0.263	4.132	3.307	0.148	3.944
缅甸	－0.311	－0.085	－0.369	－0.324	－0.120	－0.406	－0.225	0.009	－0.219
马来西亚	－0.027	－0.031	－0.057	0.562	0.018	0.590	1.588	0.052	1.722
新西兰	－0.198	－0.013	－0.208	0.103	－0.046	0.052	4.274	－0.024	4.147
菲律宾	0.070	0.084	0.160	0.358	0.112	0.510	0.756	0.081	0.899
非RCEP	－0.001	0.000	－0.001	0.665	0.000	0.665	3.342	0.002	3.353
新加坡	－0.566	－0.014	－0.573	－0.972	0.006	－0.972	－0.977	0.009	－0.977
泰国	0.183	0.053	0.246	0.676	0.097	0.839	1.537	0.120	1.840
越南	0.108	－0.032	0.072	0.172	－0.002	0.169	0.308	0.006	0.315

① 附录A中的全部数据均为笔者根据GTAP数据整理获得。

表 A-2　HS85 商品各国产出变动预测

国家	2022 年			2040 年			2057 年		
	基准模型	变化率	关税冲击模型	基准模型	变化率	关税冲击模型	基准模型	变化率	关税冲击模型
澳大利亚	0.042	-0.046	-0.006	0.369	-0.055	0.294	2.710	-0.033	2.587
文莱	1.832	0.143	2.237	-0.263	0.064	-0.216	-0.994	-0.082	-0.995
中国	0.568	0.003	0.573	2.143	-0.002	2.138	3.459	0.003	3.472
印度尼西亚	0.241	0.007	0.250	0.031	0.001	0.033	0.022	-0.017	0.005
日本	-0.262	-0.009	-0.268	-0.264	-0.011	-0.272	2.177	-0.045	2.034
柬埔寨	1.991	0.102	2.295	0.548	0.046	0.619	-0.829	-0.216	-0.866
韩国	0.002	-0.008	-0.006	1.319	0.055	1.446	5.622	0.036	5.863
老挝	0.350	0.222	0.650	3.253	0.544	5.567	1.948	0.572	3.634
缅甸	-0.315	-0.089	-0.376	-0.510	-0.186	-0.601	-0.858	-0.035	-0.863
马来西亚	0.038	0.020	0.058	0.154	0.040	0.200	0.884	0.021	0.923
新西兰	-0.314	-0.021	-0.329	-0.249	-0.088	-0.316	4.864	-0.076	4.418
菲律宾	-0.060	0.058	-0.005	0.014	0.106	0.122	0.761	0.079	0.901
非 RCEP	-0.044	-0.007	-0.051	0.140	-0.014	0.124	2.278	-0.006	2.257
新加坡	-0.268	0.020	-0.253	-0.972	0.002	-0.972	-0.979	-0.007	-0.979
泰国	0.084	0.056	0.146	0.173	0.077	0.264	1.075	0.085	1.252
越南	0.099	0.017	0.117	0.378	0.082	0.492	1.295	0.077	1.472

表 A-3　HS87 商品各国产出变动预测

国家	2022 年			2040 年			2057 年		
	基准模型	变化率	关税冲击模型	基准模型	变化率	关税冲击模型	基准模型	变化率	关税冲击模型
澳大利亚	0.233	-0.014	0.216	1.328	-0.011	1.302	3.437	-0.004	3.419
文莱	47.083	-0.032	45.535	7.897	-0.010	7.806	-0.972	-0.019	-0.972
中国	0.604	0.000	0.604	1.547	0.001	1.548	1.984	0.000	1.983
印度尼西亚	0.187	-0.014	0.171	1.138	-0.017	1.103	3.896	-0.009	3.852
日本	0.010	0.003	0.013	0.344	0.001	0.345	1.471	-0.009	1.449
柬埔寨	2.053	-0.033	1.951	112.857	0.154	130.424	332.801	0.040	346.309
韩国	0.079	-0.015	0.062	1.741	-0.034	1.647	6.702	-0.032	6.459
老挝	0.584	0.033	0.637	9.631	0.649	16.532	5.764	0.412	8.551

续表

国家	2022 年			2040 年			2057 年		
	基准模型	变化率	关税冲击模型	基准模型	变化率	关税冲击模型	基准模型	变化率	关税冲击模型
缅甸	-0.046	-0.041	-0.085	-0.091	-0.069	-0.154	-0.498	0.003	-0.496
马来西亚	0.280	-0.018	0.257	1.583	0.010	1.609	3.686	0.015	3.757
新西兰	-0.218	-0.017	-0.231	0.285	-0.049	0.223	6.178	-0.038	5.906
菲律宾	0.028	-0.029	-0.002	1.018	0.011	1.041	2.549	0.031	2.659
非 RCEP	0.119	0.002	0.122	0.793	-0.001	0.791	2.496	0.001	2.499
新加坡	-0.417	-0.019	-0.428	-0.860	0.064	-0.851	-0.872	0.057	-0.865
泰国	0.146	0.004	0.151	1.244	0.097	1.462	3.162	0.143	3.758
越南	0.078	-0.053	0.021	0.404	-0.069	0.307	1.142	-0.068	0.996

表 A-4　制造业商品各国产出变动预测

国家	2022 年			2040 年			2057 年		
	基准模型	变化率	关税冲击模型	基准模型	变化率	关税冲击模型	基准模型	变化率	关税冲击模型
澳大利亚	0.118	-0.007	0.110	1.082	-0.013	1.055	4.227	-0.012	4.166
文莱	4.296	0.023	4.415	0.756	0.021	0.793	-0.831	-0.012	-0.833
中国	0.603	-0.001	0.602	0.966	0.002	0.970	1.883	0.001	1.886
印度尼西亚	0.194	0.002	0.196	0.711	-0.002	0.708	2.142	-0.007	2.119
日本	-0.124	-0.005	-0.128	0.116	-0.010	0.105	1.999	-0.004	1.987
柬埔寨	0.974	0.040	1.053	21.957	0.124	24.813	64.345	0.051	67.650
韩国	0.074	0.015	0.091	1.559	0.000	1.559	5.429	0.002	5.443
老挝	0.311	0.043	0.367	3.333	0.298	4.627	5.011	0.180	6.093
缅甸	-0.182	-0.009	-0.190	-0.293	-0.033	-0.317	-0.452	-0.011	-0.458
马来西亚	0.019	-0.005	0.014	0.885	0.009	0.901	2.762	0.017	2.825
新西兰	-0.149	0.003	-0.146	0.308	-0.024	0.277	5.119	-0.019	5.000
菲律宾	0.040	-0.022	0.017	0.761	0.006	0.771	2.200	0.027	2.285
非 RCEP	0.006	-0.001	0.005	0.672	-0.002	0.669	2.971	-0.001	2.966
新加坡	-0.361	-0.016	-0.371	-0.659	0.006	-0.657	-0.547	0.006	-0.545
泰国	0.001	-0.001	0.001	0.999	0.008	1.016	4.308	0.001	4.311
越南	0.131	0.034	0.169	0.904	0.066	1.028	3.330	0.106	3.791

表 A－5　高端制造业商品各国产出变动预测

国家	2022 年			2040 年			2057 年		
	基准模型	变化率	关税冲击模型	基准模型	变化率	关税冲击模型	基准模型	变化率	关税冲击模型
澳大利亚	0.144	－0.020	0.120	0.959	－0.015	0.931	3.705	－0.002	3.697
文莱	1.421	－0.021	1.369	0.008	－0.018	－0.011	－0.993	－0.049	－0.993
中国	0.633	0.001	0.636	1.757	－0.001	1.756	2.068	0.000	2.068
印度尼西亚	0.265	0.000	0.265	0.715	－0.002	0.711	1.810	－0.002	1.805
日本	－0.143	0.000	－0.143	0.099	－0.001	0.098	1.960	－0.017	1.911
柬埔寨	2.302	－0.006	2.282	119.789	0.159	138.980	358.938	0.042	373.988
韩国	0.084	－0.007	0.076	1.611	0.025	1.677	5.213	0.028	5.384
老挝	0.564	0.118	0.749	10.367	0.760	19.011	4.934	0.661	8.857
缅甸	－0.174	－0.067	－0.229	－0.341	－0.120	－0.420	－0.735	－0.007	－0.737
马来西亚	0.006	－0.017	－0.011	0.651	0.018	0.680	1.877	0.033	1.972
新西兰	－0.268	－0.020	－0.283	－0.017	－0.050	－0.067	5.118	－0.048	4.823
菲律宾	0.073	0.022	0.096	0.640	0.023	0.678	1.445	0.026	1.508
非 RCEP	0.016	－0.003	0.013	0.574	－0.009	0.559	3.041	－0.005	3.022
新加坡	－0.525	0.019	－0.516	－0.968	－0.006	－0.968	－0.959	－0.009	－0.960
泰国	0.100	0.011	0.113	0.898	0.046	0.986	2.721	0.065	2.962
越南	0.145	－0.017	0.125	0.589	0.015	0.613	1.387	0.024	1.445

表 A－6　中端制造业商品各国产出变动预测

国家	2022 年			2040 年			2057 年		
	基准模型	变化率	关税冲击模型	基准模型	变化率	关税冲击模型	基准模型	变化率	关税冲击模型
澳大利亚	0.069	－0.003	0.066	0.949	－0.007	0.936	3.748	－0.011	3.695
文莱	8.368	0.013	8.493	1.285	0.024	1.341	－0.798	－0.001	－0.798
中国	0.577	－0.002	0.574	0.944	0.002	0.947	3.401	0.000	3.401
印度尼西亚	0.138	－0.002	0.136	0.687	－0.012	0.667	2.208	－0.017	2.155
日本	－0.076	0.008	－0.069	0.239	0.001	0.241	2.202	－0.024	2.125
柬埔寨	1.033	0.000	1.033	18.659	0.050	19.635	48.655	0.037	50.487
韩国	0.087	0.023	0.112	1.386	－0.008	1.368	5.037	－0.006	4.998
老挝	0.236	0.108	0.369	2.219	0.257	3.046	4.233	0.226	5.417

续表

国家	2022 年			2040 年			2057 年		
	基准模型	变化率	关税冲击模型	基准模型	变化率	关税冲击模型	基准模型	变化率	关税冲击模型
缅甸	-0. 236	-0. 020	-0. 252	-0. 343	-0. 060	-0. 383	-0. 517	-0. 013	-0. 523
马来西亚	0. 048	0. 002	0. 051	1. 127	0. 009	1. 147	3. 621	0. 013	3. 683
新西兰	-0. 166	0. 012	-0. 156	0. 342	-0. 019	0. 316	5. 030	-0. 024	4. 886
菲律宾	-0. 029	0. 001	-0. 028	0. 552	0. 029	0. 597	2. 908	0. 057	3. 132
非 RCEP	-0. 028	-0. 001	-0. 029	0. 614	-0. 001	0. 613	2. 785	0. 002	2. 793
新加坡	-0. 130	-0. 037	-0. 162	-0. 332	-0. 004	-0. 334	-0. 032	0. 000	-0. 031
泰国	-0. 047	-0. 005	-0. 052	1. 131	0. 002	1. 135	6. 573	-0. 025	6. 383
越南	0. 052	-0. 053	-0. 004	0. 533	-0. 039	0. 473	2. 230	-0. 039	2. 103

表 A-7　低端制造业商品各国产出变动预测

国家	2022 年			2040 年			2057 年		
	基准模型	变化率	关税冲击模型	基准模型	变化率	关税冲击模型	基准模型	变化率	关税冲击模型
澳大利亚	0. 152	-0. 008	0. 143	1. 213	-0. 017	1. 175	4. 716	-0. 014	4. 637
文莱	1. 686	0. 056	1. 837	0. 495	0. 023	0. 530	-0. 822	-0. 021	-0. 826
中国	0. 618	0. 000	0. 618	0. 818	0. 003	0. 823	0. 645	0. 004	0. 651
印度尼西亚	0. 224	0. 004	0. 229	0. 729	0. 007	0. 740	2. 160	-0. 001	2. 157
日本	-0. 157	-0. 017	-0. 171	0. 023	-0. 024	-0. 001	1. 847	0. 017	1. 895
柬埔寨	0. 647	0. 099	0. 811	3. 964	0. 181	4. 865	14. 712	0. 127	16. 706
韩国	0. 063	0. 014	0. 078	1. 684	0. 000	1. 685	5. 783	0. 003	5. 806
老挝	0. 317	-0. 024	0. 285	2. 732	0. 031	2. 846	5. 640	0. 061	6. 045
缅甸	-0. 140	0. 010	-0. 132	-0. 244	0. 002	-0. 243	-0. 341	-0. 011	-0. 348
马来西亚	-0. 002	-0. 008	-0. 010	0. 743	0. 007	0. 754	2. 269	0. 018	2. 328
新西兰	-0. 110	0. 001	-0. 109	0. 349	-0. 023	0. 318	5. 188	-0. 010	5. 128
菲律宾	0. 087	-0. 048	0. 035	0. 952	-0. 012	0. 929	1. 799	-0. 007	1. 780
非 RCEP	0. 031	-0. 001	0. 030	0. 739	-0. 002	0. 735	3. 103	-0. 003	3. 090
新加坡	-0. 509	0. 007	-0. 505	-0. 853	0. 043	-0. 847	-0. 867	0. 037	-0. 863
泰国	0. 019	0. 000	0. 019	0. 915	0. 006	0. 928	2. 853	0. 028	2. 960
越南	0. 191	0. 104	0. 315	1. 262	0. 129	1. 554	4. 608	0. 180	5. 617

附录 B　模体预测分析补充数据[①]

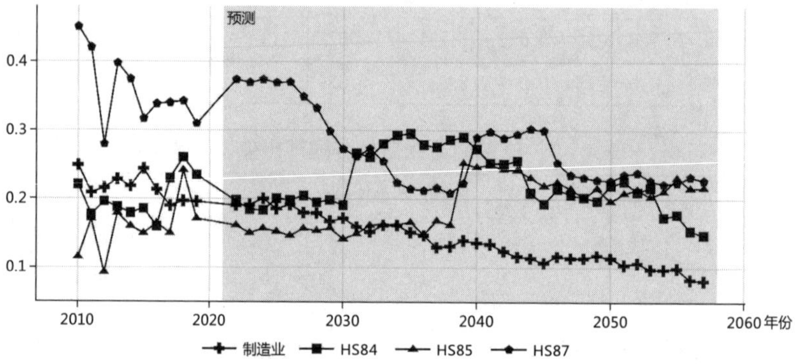

图 B－1　贸易网络 003 模体相对显著性演化趋势预测

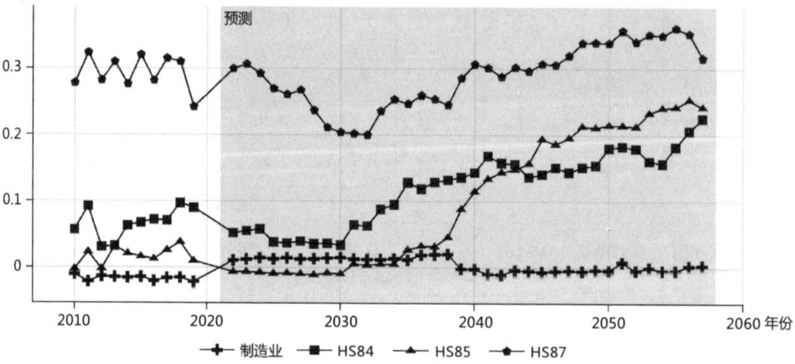

图 B－2　贸易网络 012 模体相对显著性演化趋势预测

① 附录 B 中的全部数据均为笔者根据网络数据整理获得。

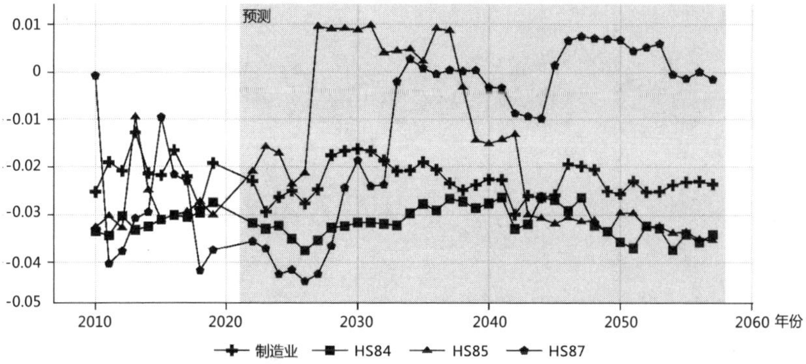

图 B－3 贸易网络 021C 模体相对显著性演化趋势预测

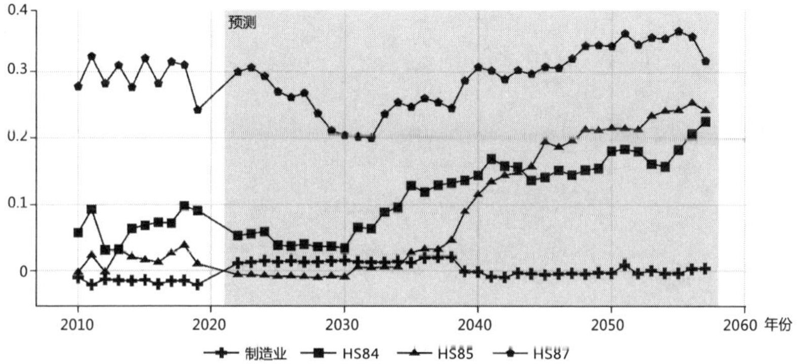

图 B－4 贸易网络 021D 模体相对显著性演化趋势预测

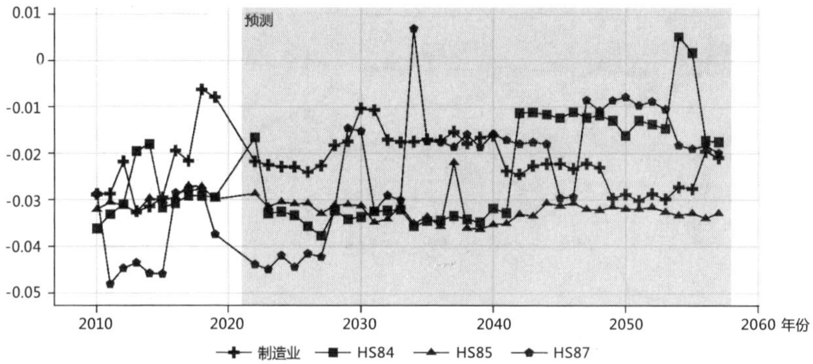

图 B－5 贸易网络 021U 模体相对显著性演化趋势预测

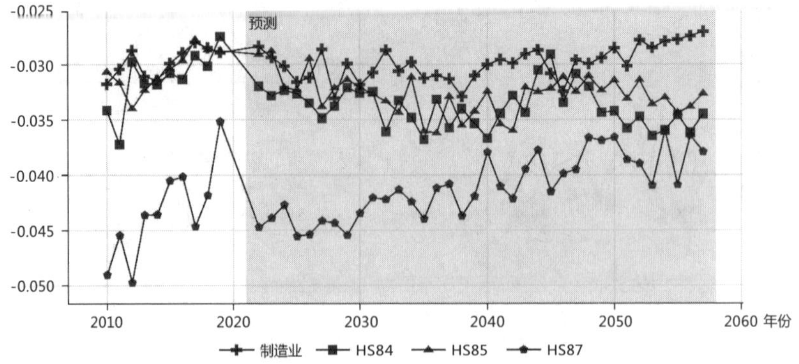

图 B－6　贸易网络 030C 模体相对显著性演化趋势预测

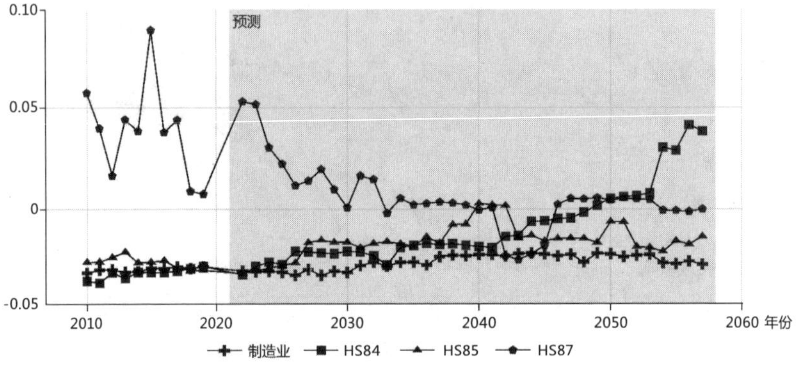

图 B－7　贸易网络 030T 模体相对显著性演化趋势预测

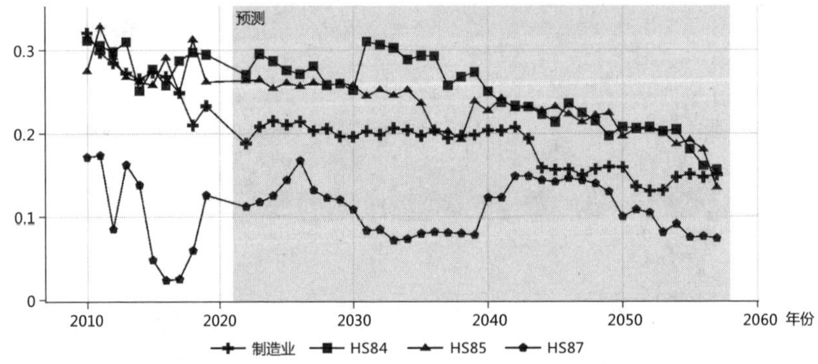

图 B－8　贸易网络 102 模体相对显著性演化趋势预测

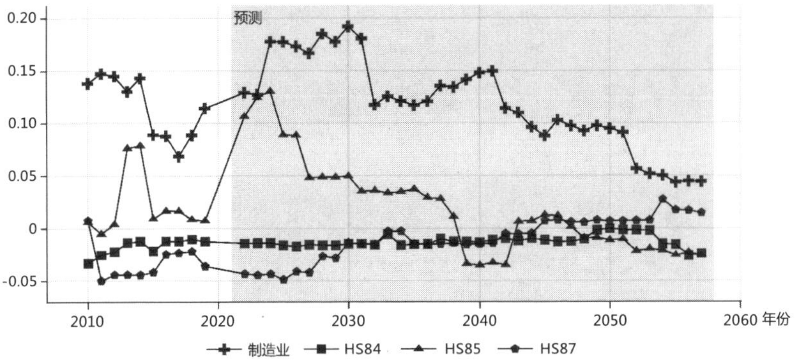

图 B-9 贸易网络 111D 模体相对显著性演化趋势预测

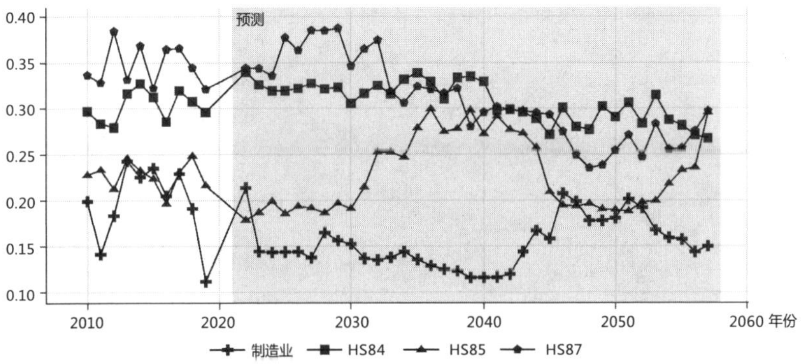

图 B-10 贸易网络 111U 模体相对显著性演化趋势预测

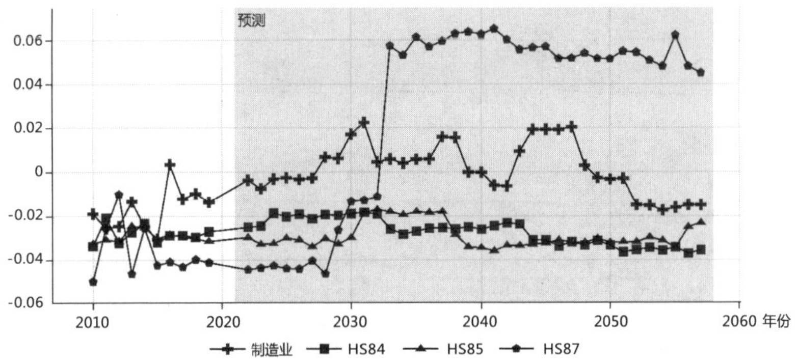

图 B-11 贸易网络 120C 模体相对显著性演化趋势预测

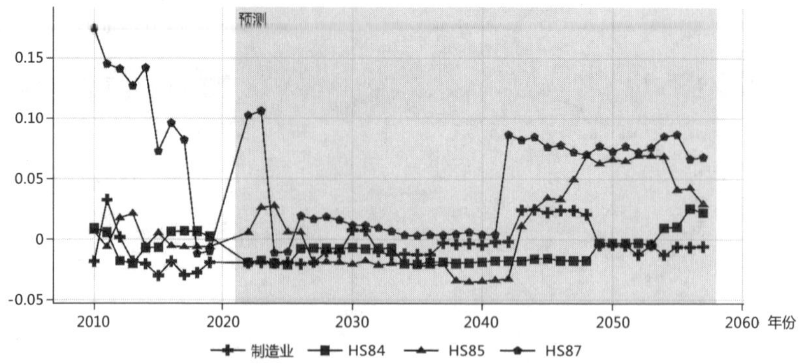

图 B-12 贸易网络 120D 模体相对显著性演化趋势预测

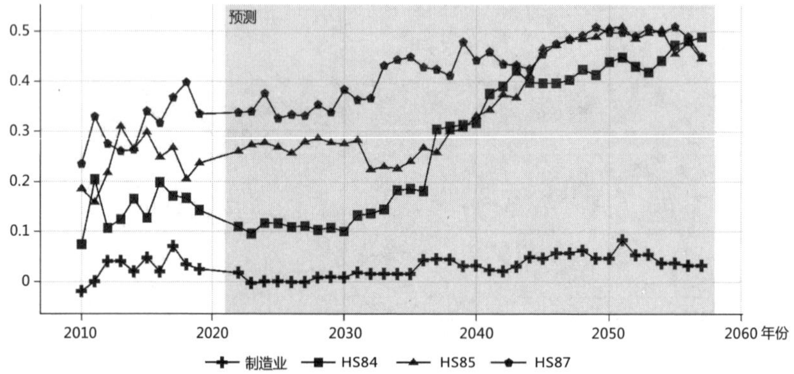

图 B-13 贸易网络 120U 模体相对显著性演化趋势预测

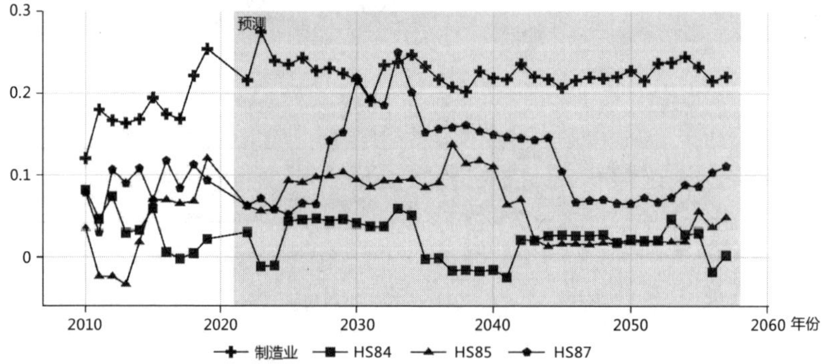

图 B-14 贸易网络 201 模体相对显著性演化趋势预测

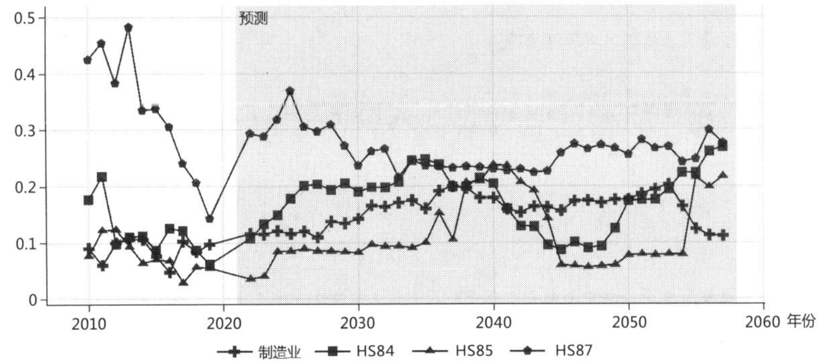

图 B－15　贸易网络 210 模体相对显著性演化趋势预测

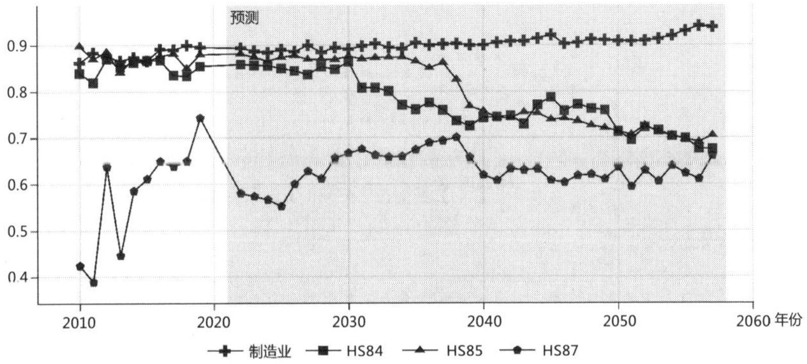

图 B－16　贸易网络 300 模体相对显著性演化趋势预测

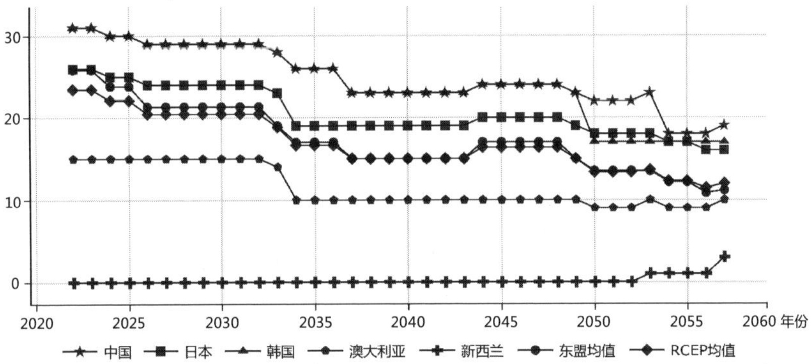

图 B－17　HS84 贸易网络 300 模体个数的演变趋势预测

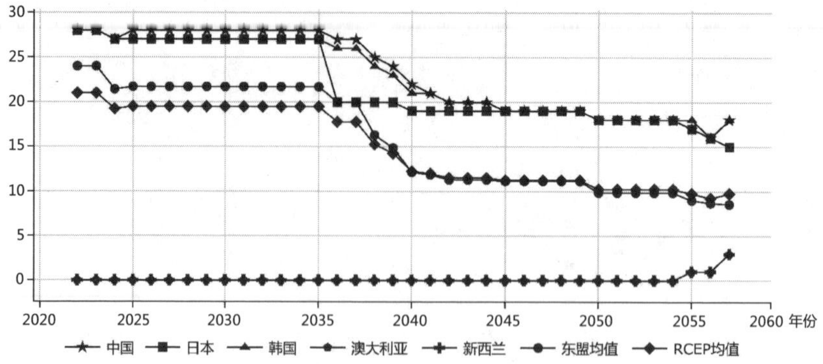

图 B－18　HS85 贸易网络 300 模体个数的演变趋势预测

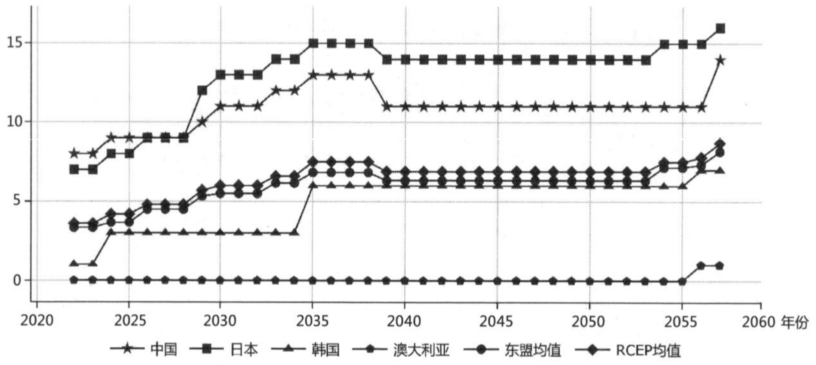

图 B－19　HS87 贸易网络 300 模体个数的演变趋势预测

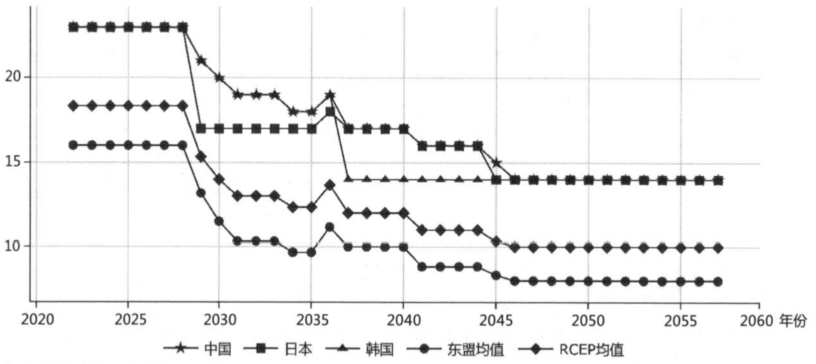

图 B－20　高端制造业贸易网络 300 模体个数的演变趋势预测

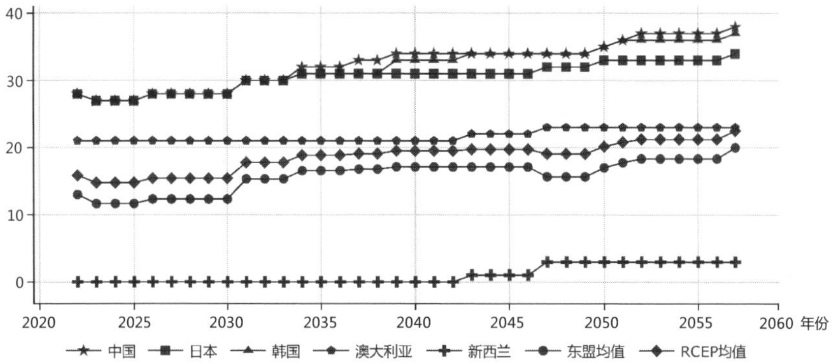

图 B－21　中端制造业贸易网络 300 模体个数的演变趋势预测

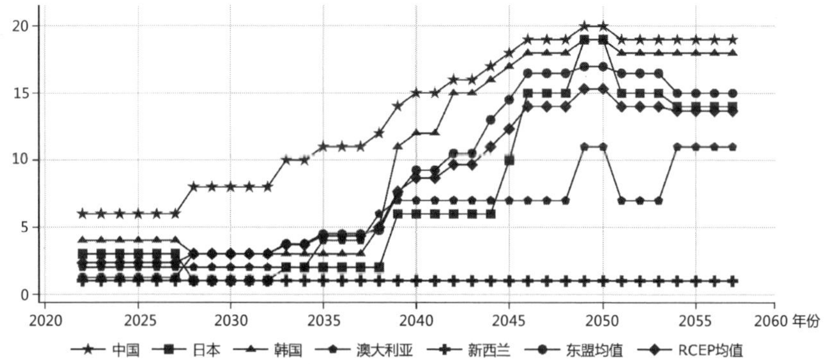

图 B－22　低端制造业贸易网络 300 模体个数的演变趋势预测